高等院校市场营销专业系列教材

# 企业营销战略管理

刘 昊 李 勇 编著

清华大学出版社
北 京

## 内 容 简 介

本书在系统地介绍企业营销战略概念和理论的基础上，吸收了营销战略近年来的新成果，注重企业进行市场营销活动的实用性和可操作性，做到理论与实际并重，旨在使本书所述内容在企业进行市场营销、制定营销战略方案时，能起到积极的指导作用。本书共 10 章，主要阐述了企业营销战略管理概论、企业营销目标、企业营销环境分析、企业营销战略调研、企业营销战略选择、市场细分战略、目标市场、企业市场战略、企业营销竞争战略、企业营销战略实施与管理。

本书内容全面、结构新颖、重点突出、理论与实践紧密结合，既可作为市场营销、电子商务、网络营销、工商管理或其他相关专业的大学本专科、在职研究生的企业营销战略管理教材，也可作为企业营销管理者的培训用书或企业营销人员的参考书。

**图书在版编目(CIP)数据**

企业营销战略管理/刘昊，李勇编著. —北京：清华大学出版社，2016(2025.2 重印)
(高等院校市场营销专业系列教材)
ISBN 978-7-302-44437-4

Ⅰ. ①企… Ⅱ. ①刘… ②李… Ⅲ. ①企业管理—市场营销学—高等学校—教材 Ⅳ. ①F274

中国版本图书馆 CIP 数据核字(2016)第 168493 号

责任编辑：陈冬梅　吴艳华
封面设计：刘孝琼
责任校对：王　晖
责任印制：宋　林

出版发行：清华大学出版社
　　　　　网　　址：https://www.tup.com.cn，https://www.wqxuetang.com
　　　　　地　　址：北京清华大学学研大厦 A 座　　　　邮　　编：100084
　　　　　社 总 机：010-83470000　　　　　　　　　邮　　购：010-62786544
　　　　　投稿与读者服务：010-62776969，c-service@tup.tsinghua.edu.cn
　　　　　质量反馈：010-62772015，zhiliang@tup.tsinghua.edu.cn
　　　　　课件下载：https://www.tup.com.cn，010-62791865

印 装 者：三河市铭诚印务有限公司
经　　销：全国新华书店
开　　本：185mm×260mm　　印　张：13　　　字　数：266 千字
版　　次：2016 年 8 月第 1 版　　　　　　印　次：2025 年 2 月第 9 次印刷
印　　数：8101～8400
定　　价：38.00 元

产品编号：069525-02

# 前　言

在市场环境不断变化的今天，企业营销在企业中的地位与作用越来越重要。然而，一家企业的营销活动能否达到目标，与其制定的营销战略以及营销战略的质量关系很大。企业只有实施有效的营销战略，才能保持一定的市场占有率并开拓新市场。

尽管企业营销战略对企业营销活动能产生巨大促进作用，但在我国企业界却没有得到足够的重视，这与我国缺少企业营销战略的理论知识和相关的人才有关，也与我国的经济体制有一定的关系。企业营销战略要全面进入企业，必须加快经济体制改革，构建一个自由、开放的市场秩序，否则，企业营销战略难以顺利开展。

在全球化的经济形势下，企业面临着更大的挑战，为了促使企业从战略的高度认识营销战略的重要性，帮助企业培养高素质的营销人才，也为了满足高校培养高素质人才的教学需要，本书将结合实际阐述营销战略理论知识，培养学生的营销战略实战能力，根据企业需求有效提高企业营销人员的综合素质。

本书共分为 10 章。第 1 章在全面介绍企业营销战略的概念与特征的基础上，揭示了企业营销战略管理的内容与过程。第 2 章主要介绍了企业营销目标的确立流程，详细介绍了确立企业营销目标的原则。第 3 章对企业营销环境进行分析，从宏观环境和微观环境入手，并介绍了四种营销战略分析方法。第 4 章介绍企业营销调研，详细阐述了企业营销调研的概念、分类以及原则，并详细介绍了营销调研的方法。第 5 章详细介绍了发展型、稳定型和紧缩型三种企业营销战略的选择，提出它们的适用范围并进行利弊分析。第 6 章介绍了市场细分战略的内容与类型，并阐述了实施市场细分战略的过程。第 7 章对目标市场进行概述，并介绍了目标市场确立流程。第 8 章从企业营销市场战略入手，介绍了产品战略、品牌战略、价格战略和促销战略四种市场战略。第 9 章主要从竞争的角度入手，通过对竞争者进行分析，选定四种竞争战略，依据企业自身情况制定企业营销竞争战略。第 10 章对营销战略进行实施和管理，并对结果进行评估与调整，以实现企业发展优势最大化。

本书具有以下几个方面的特点。

(1) 理论系统性强。在本书中力争对一些基本概念进行详细准确的定义，力图使读者对营销战略的基本理论和方法有清晰的认识，能够全面地理解和掌握营销战略的基本内容。

(2) 实用性强。按照正常、合理的教学顺序设计教材结构与内容，突出教学与管理实践相结合，更加贴近教学与教改的需要，更有利于培养实用的营销战略人才。

(3) 内容精简。与多媒体教学手段相结合，以深入浅出的方式进行表述，增强教材的易读性，使学生便于理解。

本书由李勇编写第 1～6 章，刘昊编写第 7～10 章。全书由李勇负责设计、策划、组织和定稿，刘昊负责图片整理和数据搜集工作。在本书写作过程中，我们查阅了大量国内外同行、专家的研究成果，在此一并向有关人士致以诚挚的谢意。

尽管我们做了大量的准备，尽心竭力地想使本书能最大限度地满足读者的需要，但是由于学术水平有限，肯定有诸多不足和偏颇之处，敬请各位专家、读者提出意见并能及时反馈，以便逐步完善。

编　者

# 目　　录

# 第1章　企业营销战略管理概论

企业营销战略管理兴起于 20 世纪 30 年代后，它是企业战略体系的一个重要组成部分，是指企业为实现其整体经营战略目标，在充分预测和把握企业外部环境和内部条件变化的基础上，集合企业的经营专长，对企业市场运营的有关方面所作出的高瞻远瞩的总体谋划，以期达到使顾客满意和企业能长期生存与发展的目的。企业营销战略管理将企业计划的重点由单纯业务性计划推向战略性计划的高度，从而使计划的内容更加丰富，作用也更加显著。

## 1.1　企业战略营销观念的形成及其影响

### 1.1.1　战略营销观念的形成

一直到 20 世纪 30 年代，企业管理主要还是以提高企业内部生产效率为目标，以源源不断地提供低价的、标准的产品为主要内容的生产管理和成本管理。这种状况与当时工业革命开始席卷全世界的背景是分不开的，西方工业国家国内外工业品市场急剧扩大，为企业提供了巨大的发展机会。

1938 年，美国学者切斯特·巴纳德(Chester I. Barnard)在《经理人员的职能》一书中首次将组织理论从管理理论和战略理论中分离出来，认为管理和战略主要是与企业领导人有关的工作，提出了企业组织生存和发展的必要条件这一课题，并对影响企业发展的各种因素之间的相互关系进行了分析，归纳为对企业外部各种机会的利用能力和企业自身调动职工积极性的能力两个方面。简而言之，管理工作应当注意外部环境和企业内部环境相适应。这种组织与环境"匹配"的主张成为现代战略分析方法的基础。

第二次世界大战后，企业战略问题日益受到研究者的关注。20 世纪 60 年代初，美国著名的管理学学者小阿尔福莱德·D. 钱德勒(Alfred D.Chandler Jr.)的《战略与结构》一书问世，揭开了企业营销战略问题研究的序幕。钱德勒在这部著作中，给企业战略管理下了一个明确的定义：企业战略是影响和决定企业的基本长期目标与目的，选择企业达到既定目标所遵循的路线途径，并为实现这些目标和途径对企业已有资源进行最优化配置。他认为：企业战略应当适应环境变化，满足市场需求，而组织结构又必须适应企业战略的要求，随着战略的发展变化而变化。因此，钱德勒是研究"环境(E)-战略(s)-组织结构(O)"之间相互关系的开山鼻祖。在 20 世纪 60 年代的战略理论发展中，形成了战略构造中的基本学派——设计学派，代表人物就是哈佛大学的著名教授安德鲁斯(Andrews)。他提出的基本模型将战略构造区分为制订和实施两大部分。在制订过程中使用 SWOT 分析法，即全面分析组织的优势与劣势、机会与威胁的相互制约因素。与设计学派几乎同一时间产生的另一学派便是计划学派，其代表人物就是美国学者安索夫(Ansoff)，他在 1965 年出版《公司战略》一书。由此开始，西方战略管理文献一般将战略分为企业总体战略和经营战略两大类，提出了"战略四要素"说，认为战略构成要素应当包括产品与市场范围、增长向量、协同效果和竞争优势。这对推动战略管理的进一步发展起到了积极的作用。

从 20 世纪 60 年代到 70 年代初总的情况可以看到，当时的企业战略管理主要研究以下三个问题：一是研究战略与环境的关系；二是战略沿从上至下的方向，由高层管理者构思设计；三是战略应该通过正式计划予以实施。

1971 年，美国管理学者肯尼斯·R. 安得鲁斯(Kenneth R. Andrews)出版了《公司战略思想》一书，他首次提出了公司的战略思想问题，充分阐述了制定、实施公司战略的分析方法。同时，他深入研究了高层管理者在战略制定与实施中的地位和作用，认为高层管理者是制定战略的设计师与指导者，并督促战略的实施过程。

与此同时，安索夫(Ansoff)根据已有的战略研究理论和自己在企业中总结的实际经验，提出了一整套关于制定公司战略的方法。1972 年，他在《企业经营政策》杂志上发表了"战略管理思想"一文，正式提出了"战略管理"的概念，为以后的企业营销战略管理理论的进一步拓展奠定了基础。至 1979 年，安索夫又出版了《战略管理》一书，系统地提出了营销战略管理模式，即企业的战略行为模式，这也是他的战略管理的核心内容。安索夫认为，战略行为是一个组织对其环境的交感过程以及由此引起的组织内部结构变化过程，他的战略行为模式即企业战略管理模式。他提出了"外部环境""战略预算""战略动力""管理能力""权力""权力结构""战略领导""战略行为"八大要素。安索夫提出的理论在企业战略管理发展史上留下了光辉灿烂的一页。此外，由于 20 世纪 70 年代美国公司在全球性行业的领先地位面临严重的挑战，迫使这些企业放弃了其长期计划，转而求助于更为灵活的企业营销战略管理方法，在这个转变过程中企业营销战略管理的理论研究发挥了先导作用，它大大推动了企业的战略管理实践。于是一些美国企业家和学者的兴趣开始由规划新的产品转向发展竞争能力，其结果是：高层管理人员开始从战略管理而不是从公司计划的角度来审视其任务。根据资料表明，到 20 世纪 70 年代，美国前 500 家公司中，85%的企业已经建立了企业营销战略管理部门，而欧洲和日本也不甘落后，将企业营销战略管理摆到了极其重要的位置上。

与此同时，企业战略管理的理论研究不仅更多地拓展其研究内容和层次，还逐步转向实际应用，广泛地开展了战略管理的方法研究。各个大学的工商管理学院也纷纷将企业战略管理列入工商管理学硕士教学计划，一些管理咨询公司也推出了战略管理服务，获得了巨大的效益。在这个时期，企业战略管理在理论和实践两方面均获得了巨大的成功，普遍得到社会公认，实践生活中出现了几乎席卷全球的"战略热"现象。同时，管理理论中的战略研究也逐步与市场营销理论联姻，萌生了营销管理中的"市场营销战略"研究课题。

20 世纪 80 年代以后，世界经济格局进一步发生深刻变化，不仅以西欧、日本为代表的经济发达国家在国际市场上与美国展开了激烈的竞争，而且新兴的发展中国家经济实力日益增强，也逐步摆脱了对西方经济的依附，形成了独立与欧美抗衡的经济力量。在这种背景下，企业战略管理的研究又出现了新的内容，其主要表现为：强调战略思考、强调创新的极端重要性、强调企业家要做战略思考、运用创新与企业家精神进行企业战略管理。这方面的代表作有美国学者彼德·德鲁克(Peter F. Drucker)的《管理——任务、责任、实践》和日本学者大前研一的《企业家的战略头脑》。

战略管理理论研究工作者将"系统论"的研究运用于企业经济分析，运用于企业经营战略管理取得了成功。其代表人物是迈克尔·波特(Michael E.Porter)，代表作为《竞争战略》(1980)、《竞争优势》(1985)。他在这两本书中提出了战略定位的观点。他认为企业战略的核心是获取竞争优势，而获取竞争优势的因素有两个：一是企业所处产业的整体盈利能力，即产业吸引力；二是企业在产业内相对的竞争地位。因此，战略管理有两项重要任务：一是选择有潜在高利润的产业，其中最著名的方法是波特的产业五种竞争力量模型，这一模型说明产业的盈利能力主要取决于潜在进入者、替代品、供应商、购买者及产业内现有竞争者五种因素。二是在已选定的产业中进行自我定位。企业的定位决定了其盈利能力是高于还是低于产业的平均水平。企业的定位可以考虑选择适当的战略，以增强其在产业内盈利的平均水平。企业的定位还可以考虑选择适当的战略，以增加其在产业中的竞争地位。成本领先、差异化和集中等三种战略为最常用的基本竞争战略。波特的战略思想被认为是一种"由外向内"的思维模式。

提倡企业经营战略管理与企业文化相结合，从而使企业战略管理的研究深入到人的心理、文化与组织结构、组织行为等更深的层次，重视广大员工参与企业战略管理的巨大作用。其代表作是肯尼迪(Allan A.Kennedy)和迪尔(Tewence E.Deal)合著的《公司文化》和米勒(Miller)写的《美国精神》等。到了 20 世纪 90 年代，随着企业组织向"复杂的适应性系统"转变，战略管理的思维模式开始"由内向外"转化。1990 年，普雷哈拉德(C.K.Prahalad)和哈梅尔(G. Hamel)在对世界上优秀公司的经验进行研究的基础上提出，竞争优势的真正源泉在于"管理层将公司范围内的技术和生产技能合并为使各业务可以迅速适应变化机会的能力。"自 20世纪 90 年代以来，越来越多的企业因发展核心竞争能力而获得效益，战略管理也越来越注重企业独特的战略资源和能力。由于各个公司的资源和能力是不相同的，同一产业中的公司不一定拥有相同的战略资源和能力，资源差异性和公司利用这些资源的独特方式成为公司竞争力的来源。因此，战略管理的主要目标是培植企业对自身拥有的战略资源的独特的运用能力，即核心能力。核心能力事实上是企业在特定经营中的竞争力和企业的多方面技能、互补性资产和组织运作机制的有机融合。企业的核心能力不同，产生战略的基础就不同，企业所选择的战略原则，应当有利于最大限度地培养和发展核心竞争力。

综上所述，从 20 世纪 70 年代初以来，战略思想被逐步移植到市场营销活动中。例如，波士顿咨询公司就提出，不要对其所有的业务一视同仁，而应该根据各种业务的市场份额成长情况，决定哪些业务必须建立，哪些应该保留，哪些应该淘汰，这就是著名的"业务经营组合法"，或者叫作"波士顿分析矩阵"的战略分析评价方法。对营销者而言，营销并不仅仅意味着增加销售额。从这一思想中产生了"战略营销"这一概念。1986 年，菲利普·科特勒提出了"10Ps"的战略营销过程这一命题，对我们从根本上理解营销战略管理大有启发。

## 1.1.2 战略营销观念对企业营销计划制订的影响

战略营销观念的出现，使企业的营销计划发生了根本性的变化，它要求企业在制订计划时把其目标定为满足顾客的需要、并以对顾客的贡献作为报酬的依据。在计划的方法上，要从顾客、人口、现实情况、顾客的需要、顾客的价值等开始，运用市场调研和市场预测的手段，结合企业本身的资源和能力，对生产和营销做出最佳战略决策。这就把企业计划的重点由单纯业务性的计划推向战略性计划的高度，从而使营销计划的内容更加丰富，作用也更加显著。

企业营销计划的演变，是企业为了适应营销环境变化，寻求企业生存和发展而不断调整企业经营思想的必然结果，它经历了以产品为中心、以推销或销售为中心和以营销为中心三个阶段。这也就是说，企业营销指导思想已由生产导向转向市场导向，在做法上已由较单纯的生产活动、销售活动走向营销战略整合。在这一转变过程中，企业营销的计划也由注重企业内部生产与注重企业的外部环境并重，由短期的业务性计划走向长期的战略性计划，由采用简单的计划方法走向采用复杂的计划方法的转变，而转变的关键因素就是战略营销观念的形成。

## 1.1.3 战略营销观念对企业决策的支持作用

正确的战略营销观念是企业获得成功的关键要素，这是因为它概括了人们正要进行或将要进行的事业的主题，正是这个主题，确定了企业的发展方向，并促使企业内的每一个人都朝这个方向努力。可以想象，即便是一个很小的企业，它也要做上百个决策，大到是否进入其他产业进行发展，小到是否给一个顾客进行价格上优惠。如果说，每一个大大小小的决策都需要企业的领导人去考虑的话，那是不现实的。在这种情况下，企业的领导人通过限制决策的范围和简化决策程序，使战略性营销计划为很多经营决策问题提供可以接受的解决方案。

### 1. 作为合作和交流的工具

战略性思维有助于保持决策在时间上的一致性，也能让大型组织中不同部门和个人之间保持决策一致。事实上，公司的计划和战略的发展大部分是由于公司规模的扩大和复杂化所造成的。战略观念和战略本身的重要作用之一就是为整个组织确定一个共同的方向，借此来统一企业内部上下的思想，使企业内部朝既定目标努力的同时产生巨大的合力。世界著名的惠普公司在战略的灵活使用方面有着自己独到之处，其用人政策是：给你提供永久的工作，只要员工表现良好，公司就永远雇佣你。早在 20 世纪 40 年代，公司总裁就决定，该公司不能办成"要用人时就雇，不用人时就辞"的企业。在那个时候，这可是一项颇具胆识的决策，因为当时电子业几乎全靠政府订货。后来，惠普集团的运气又在 1970 年的经济衰退期经受了一次严峻的考验。惠普公司没有裁撤一名员工，而是全体人员，一律都减薪 20%，每人的工作时数也减少了 20%，包括公司领导在内。结果，惠普保持了全员就业，顺利地熬过了衰退期。惠普公司最不同凡响的是人人都齐心协力搞好工作，所取方法和所持的态度又是始终一致的。不管你到惠普公司的哪个地方，都会听到人们谈论着产品质量，对他们自己的分部在这方面所取得的成就感到自豪。

**2. 增强了组织的适应性和灵活性**

企业保持战略营销观念，可以促进营销管理人员密切关注外部环境的变化，对影响企业经营的种种重要变化保持高度的警惕，当一些问题发生时不至于惊慌失措，而且还可以预防某些不利事件的发生。据 2001 年 8 月美国《福布斯》杂志刊登的资料表明，中国海尔已经在全世界白色家电制造商中排名第六位，这表明海尔的综合竞争力已达世界一流水平。为什么海尔有这样的竞争力呢？海尔的成功充分表明了战略性经营思路在增强企业适应性和灵活性方面的作用。在 1984 年到 1991 年企业名牌战略之间，别的企业注重于提高产量，而海尔全力抓质量，7 年时间只做一个冰箱产品，硬是"磨"出了一把海尔管理之剑："OEC 管理法"，为未来的发展奠定了坚实的基础。在 1992 年到 1998 年的多元化战略期间，别的企业搞"独生子"，海尔走低成本扩张之路，吃"休克鱼"，建海尔园，"东方亮了再亮西方"，以无形资产盘活有形资产，成功地实现了规模的扩张。在 1999 年至今的国际化战略阶段，别的企业认为海尔走出去是"不在国内吃肉，偏要到国外喝汤"；而海尔坚持"先难后易""出口创牌"的战略，逐步在国际市场上闯出了海尔的市场，创出了海尔的美誉。从 1984 年至今，家电市场竞争日趋激烈，而海尔却始终保持了高速稳定发展的势头，奥秘只有两个字——创新，站在战略高度对市场经营活动创新是海尔文化的核心，正是这样的战略思维使海尔不断使用灵活有效的营销方式来获得竞争的胜利。

# 1.2　企业营销战略的概念与特征

## 1.2.1　企业营销战略的概念

什么是企业营销战略？西方有关的战略管理和营销管理文献中没有一个统一的定义，不同的学者与经理人对其有不同的理解，所以赋予它的含义也不同。事实上，企业营销战略管理的概念并不是一个简单的概念，或者能够仅仅从一个方面来描述的。理解这一概念需要多维的视角，它不仅涉及企业所有的关键活动，确定企业未来的方向和使命，而且需要根据环境的变化加以调整并有助于战略变革的实现。这里将综合国内外的一些学者的观点，对企业战略管理的概念进行一些探讨。

美国哈佛大学迈克尔·波特(Michael Porter)教授是企业战略传统定义的典型代表之一。他在《竞争战略》一书中提出了"战略是公司为之奋斗的一些终点与公司为达到它们而寻求的途径的结合物。"这里的企业的"终点"的概念更多的企业将它理解为企业的使命和目标，即企业生存、发展、获利的根本性目的。波特的定义概括了 20 世纪 60 年代到 70 年代对企业营销战略管理的普遍认识。它强调了企业战略的一个方面属性——计划性、全局性和整体性。

近年来，由于企业外部环境变化速度加快，使得以计划为基点的传统定义受到了不少批评，于是企业战略的现代化概念受到了广泛的重视。加拿大麦吉尔大学的管理学教授明兹伯格(H. Minztberg)指出：以计划为基点的战略并不能概括企业战略全部，企业战略除了计划的前导性之外，还具有主观性，即战略是人们有意识有目的制定的，更多地反映了人们对未来行动的主观愿望，而且，它还可以作为一种策略出现。他将战略定义为"一系列或整套的决策和行动方式"，这套方式包括计划性战略和突发性战略。事实上，企业大部分战略是事先的计划和突发性的组合。许多学者开始研究组织的有限理性，并将重点放在组织不可预测的或未知的内外部因素约束下的适应性上。从本质上我们可以看出，现代概念更强调企业战略的另一个属性，即应变性、竞争性和风险性。

上述的定义，不管是传统概念还是现代概念，都仅仅从管理学出发，站在所有经营管理活动角度来阐述的，它们与市场营销战略的概念并不完全等同。我们认为，所谓企业营销战略，它是企业战略体系的一个重要组成部分，是指企业为实现其整体经营战略目标，在充分预测和把握企业外部环境和内部条件变化的基础上，集合企业的经营专长，对企业的市场运营的有关方面(业务发展态势确定、目标市场选择、产品市场定位、营销组合等)所做出的高瞻远瞩的总体谋划，以期达到顾客满意和企业的长期生存与发展。我们在理解企业营销战略管理概念时，应当注意以下几个要点。

(1) 企业应该把未来的生存和发展作为制定营销战略的出发点和归宿。也就是说，一个好的营销战略首先应当有助于企业实现长期生存和发展的目标。目前，社会各种环境的变化复杂而且迅速，仅仅凭借经验和传统分析已经跟不上时代的要求，这样必然会失去对未来动态的充分估计和把握，企业也将失去目标和方向。反之，则有可能抓住有利时机，建立起自己的竞争优势，从而获得快速的发展。

(2) 营销战略应为企业确定一个简单、一致和长期的市场经营目标。自古以来，无论个人还是群体，成功者的一个重要特征就是始终不渝地追求一个目标，并为此付出不懈的努力。对于一家企业来说，这种目标不仅指明未来的发展方向和引导资源的配置，而且有助于协调不同部门和个人之间的关系，增强企业的凝聚力。需要特别强调的是，企业营销战略所限定的经营目标应表明企业存在的合法性，并与主要利益相关者的期望保持一致。

(3) 为了在日益复杂和变化的环境中生存和发展，企业应该未雨绸缪，主动地迎接和适应环境变化所带来的挑战。换句话说，企业营销战略应是在经营活动之前有目的、有意识制定的，应体现主动精神。虽然有人对这种事先筹划的科学性和有效性提出了质疑，实际生活中也不乏战略自然形成的先例，但正像许多人愿意采用理性主义的处理方法一样，我们认为系统分析和理性判断对战略的形成仍然是必要的。没有这样的一种超前的科学分析，战略的形成过程，尤其是在高层管理水平上可能就是混乱的。同时，由于战略是一种带有很强的主观意识的指导思想，所以很大程度上它的正确性，或在实践中的成功与否取决于个别的管理人员或是管理人员周边的环境影响因素。

(4) 营销战略的实质是帮助企业建立和维持持久的竞争优势，即帮助企业保持一种强大而灵活的态势，这意味着战略不仅有助于营销管理人员处理可预见的事件，也有助于他们处理突发的事件。事实上，由于营销管理人员很难预料各种重要影响因素之间相互作用的方式和程度，也很难预料竞争对手的反应以及不易把握企业本身不得不调整战略的时机和方法，所以，营销战略应为企业提供若干个可以实现目标的途径，应付外部环境可能出现的例外情况。这也就是说，为企业谋求一个"进可攻，退可守"的战略地位，即企业在市场竞争中保持一定的灵活性和机动性，保持良好的市场扩张和收缩通道，为此，企业的战略目标不应该过分具体化和数量化，有时可以仅仅表现为一种战略意图。

## 1.2.2　企业营销战略的特征

尽管战略学者和经理们对于企业营销战略的内涵有着各自不同的认识，但是对于企业战略的特征，人们在认识上却没有太大的分歧，基本上理解都比较相似。概括起来，企业营销战略具有以下几个方面的特征。

### 1. 企业营销战略具有全局性

形象地说，企业营销战略就是企业在市场上发展的蓝图，它是对企业市场经营全过程的管理，是对企业运营的全方位的管理。任何一个企业，总要遇到各种各样的情况，处理各种各样的问题，其中一些决策可能涉及整个组织范围，另一些可能会与局部利益并不完全一致，有时甚至会产生矛盾。这时就需要领导人把握事物的总体性，看清全局利益，运筹帷幄，制订有效的办法，做出正确的战略部署。杰克·韦尔奇(Jack Welch)在接手通用电气(GE)的时候，虽然电灯泡在整个的 GE 的利润表中根本不赚钱，但是由于 GE 是电灯泡的发明人爱迪生一手创办的，所以整个 GE 人对电灯泡事业依然拥有浓厚的感情色彩。但是为了 GE 能够保持良好的生命活力，韦尔奇毅然砍掉了电灯泡事业部等数个 GE 曾经辉煌过的而目前不赚钱的部门，为 GE 的发展扫清了障碍。

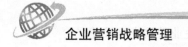

### 2. 企业营销战略具有长远性

企业在考虑战略问题时，并不是考虑短期内该做什么，而是考虑企业在未来相当长的时期内的总体发展问题。评价一个战略优劣的一个重要标准就是看其是否有助于企业长期发展。经验表明，企业营销战略通常着眼于未来三到五年乃至更长远的目标。这里我们讲的是企业在其营销战略管理过程中所要达到的市场竞争地位和管理绩效的目标，包括在产业中的领先地位、总体规模、竞争能力、技术能力、市场份额、收入和盈利增长率、投资回报率以及企业形象等。企业营销战略管理开始于企业家的战略思考，依次为战略制定、战略执行、战略评价和控制、战略修订，然后是战略目标的达成。这样一个营销战略的过程，就是我们通常说的战略周期，如同人的生命周期一样，有始有终。它是一个完整的概念，具有长期的存在意义。因此，应当用发展的眼光来看待和制定企业的营销战略，而不是着眼于目前的短期效益。

### 3. 企业营销战略具有指导性

企业营销战略规定了企业在一定时期内的基本发展目标，以及实现这一目标的基本途径，指导和激励着企业全体员工努力工作。企业营销战略是企业的领导人对于企业发展方向以及发展途径的一系列规划，具有高度的指导性。企业内部的各项管理办法，都是建立在它的基础上。

### 4. 企业营销战略具有现实性

企业营销战略是建立在现有的主观因素和客观条件的基础上的，一切从现有起点出发。如果企业营销战略的建立脱离了实际，那它只是一个停留在空中的花园，根本没有实现的可能。一个正确的企业营销战略首先建立在一个对企业的宏观环境和微观环境有一个良好的认识和把握的前提下，再由一个优秀的企业的领导核心根据企业本身情况来进行制定。所谓战略思考，从思维方式的角度认识，必然是理性思维和非理性思维的结合。

### 5. 企业营销战略具有竞争性和风险性

企业营销战略也像军事战略一样，其目的是克敌制胜，达到既定目标，获得市场竞争的胜利。竞争的结果是优胜劣汰，这是企业竞争的法则。因此，优秀的市场营销战略应该为企业赢得市场竞争的"差别优势"。同时，由于市场信息的不对称性和非完整性，企业总是处在一个不确定的、变化莫测的环境中，所以任何战略都有可能出现对事实估计的偏差，而这种偏差就会导致企业经营的风险。有时候，公司为获取"竞争优势"可能要面临由此带来的战略风险，这就是市场营销战略的"双刃剑"效应，市场竞争越是激烈，这种效应可能表现得越明显，但这并不意味着高层管理者可以随心所欲，不需要战略。相反，更要求管理者能以冷静的眼光，根据变革的环境调整、修正其战略。韩国大宇集团失败就是一个由于对事实估计偏差，采取了错误的加速扩张战略而导致失败的案例。1990 年大宇集团年销售额为 222.601 亿美元，到了 1995 年公司的销售额达到了 512 亿美元，比 1994 年上升了 43.4%。在如此辉煌的成绩面前，大宇公司采取了加速扩张的战略，到大宇的扩张高峰期，平均每三天就兼并一家企业，从表面上看 1997 年大宇比 1995 年更进一步，在世界 500 强中由 1995 年的第 34 位上升到了第 18 位。但是危机也在此时发酵成熟。随着公司的剧烈扩张，公司内部的劳资矛盾日益尖锐，企业外部由于韩国工人的工资水平提高，企业成本上升，使大宇产品相对于东南亚一些国家的对手竞争力减弱，而韩国政府对大企业的扶持政策开始转向，终于使得大宇的矛盾在一夜之间爆发出来。至 1998 年，韩国大宇的债务已经攀升到了 500 亿美元，超过其净资产的 4 倍，破产已经不可避免。

### 6. 企业营销战略具有创新性

企业营销的创新性源于企业内外部环境的发展变化，因循守旧的企业战略是无法适应时代的潮流的。企业未来时期的环境、市场、顾客、竞争对手以及企业自身，都不可能只是现在的重复或简单的延伸。未来时期的种种变化的迅猛、突发；变动的幅度、频率；变动的内容，往往是用现有的经验和知识所难以驾驭的。唯一的办法是以变应变，以创新求生存、求发展。美国学者彼得·德鲁克(Peter F. Drucker)在论著中写了一段关于企业经营创新的话，他说："在这个要求创新的时代中，一个不能创新的已有公司是注定要衰落和灭亡的。"一个不知道如何对创新进行管理的管理者是无能的，完全不能胜任其工作。对创新进行管理将日益成为对企业管理者、特别是高层管理者的一种挑战，并且成为他的能力的"试金石。"

### 7. 企业营销战略必须与企业管理模式以及其他各个方面相适应

企业营销战略虽然贯穿于整个企业经营管理实践中，甚至影响和指导着企业的管理模式以及企业的各个方面，但是营销战略也不能脱离它们而独自存在。在管理模式方面，企业营销战略不应脱离现实可行的管理模式的基础，而应在现有基础上进行灵活的调整以适应企业营销战略的要求，两者是相辅相成的关系。同样，营销战略管理也不能脱离企业其他各个方面要求。因为企业战略的总体性已将它们紧密地结合在一起，所以一个好的市场营销战略总是力求稳定性和适应性的统一，前者意味着市场营销战略在较长的时期内保持相对的稳定，能够稳定组织成员的情绪，增强他们的信心；而后者意味着所确定的营销战略目标既要简单明确，同时又不过分僵化和具体，保持适当的张力。这也就是说，企业在制定营销战略时，应当留有一定的余地，考虑建立资源缓冲地带，保证资源分配的灵活性，因而本身具有一定的机动能力。这样，当外部环境或内部因素发生变化的时候，就可以通过战术调整来适应这种变化，而不至于做大的战略变更，以保持整个战略的协调和行为的一致性。

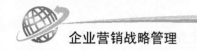

# 1.3　企业营销战略管理的内容与过程

## 1.3.1　企业营销战略管理的内容

企业营销战略管理主要包括以下几个方面的内容。

### 1. 编制企业"任务说明书"

企业的"任务说明书"是向目标市场、社会公众和企业成员说明企业的业务范围和奋斗目标的文书。"任务说明书"不仅可以使公众对企业有清晰的了解，而且可以使企业的广大员工明确自身的工作价值和工作目标。在明确企业总任务的前提下，同心协力地为实现企业总目标而努力。

好的"任务说明书"应具有下列内容：第一，企业经营的行业范围，如果企业实际上投入多种行业的经营，就必须明确其主营业务的范围是什么；第二，应说明其主要产品及其应用领域；第三，应说明企业在该领域可能投入的资源以及可能实现的市场满足程度，还应当明确企业主要面对的市场群体和地域范围；第四，要强调公司的主要政策和价值观，基本准则，明确公司如何处理同股东、雇员、顾客、供应商、分销商的关系以及公司对内、对外行为的基本准则，以使企业员工的行为目标能趋于一致；第五，还必须说明企业在相关业务经营中的角色。

### 2. 描述企业目标

在明确企业任务的基础上，还应当进一步确定生产和经营的总目标。这是因为对于每项任务的执行，确立的目标可能是不同的。例如，在目标方向上，企业的目标可以是销售额的增长、盈利水平的提高、市场份额的扩大、竞争地位的改变或是技术水平的更新等；在目标层次上，根据企业的不同进取意向，其目标可能是高层次的、中层次的或是低层次的。

在通常情况下，企业的生产和经营目标不可能是唯一的。例如，一个以生产和经营电动车为基本业务的企业，它若以提高市场占有率为主要目标，必须以实现目标市场销售额的增长为前提，并且应当考虑到最终能使企业的经营利润得以提升。可见，企业目标往往表现为由多种目标构成的一个目标体系，该目标体系的形成应当贯彻层次性、数量性、现实性和协调性的原则。

企业常用的目标有贡献目标、市场目标、竞争目标和发展目标等，具体如表 1-1 所示。

表 1-1　企业的任务与目标

| 类　别 | | 内　容 |
| --- | --- | --- |
| 任务<br>(5W2H) | | What?　经营什么?<br>Who?　为谁服务?<br>When?　何时满足顾客需要?<br>Where?　何处满足顾客需求?<br>Why?　为什么这么做?<br>How to do?　如何满足顾客需求?<br>How much?　做到什么程度? |
| 目标 | 贡献目标 | 提供给市场的产品(数量、质量);节约资源状况;保护环境目标;利税目标 |
| | 市场目标 | 原有市场的渗透;新市场的开发;市场占有率的提高;销售额的增加;客户忠诚度的提高 |
| | 竞争目标 | 行业地位的巩固或提升 |
| | 发展目标 | 企业资源的扩充;生产能力的扩大;经营方向和形式的发展 |

**3. 规划业务组合**

一般情况下,具有一定规模的企业往往将其资源投放在几种不同的业务上,以形成自己的业务组合。这是因为这样能有效地避免市场风险,保持企业有较稳定的利润增长源。规划企业业务组合,首先应正确认识业务,然后合理安排业务组合。

1)　正确认识业务

从企业的角度去认识业务和从满足顾客需要的角度去认识业务会产生不同的结论,在企业决策其业务组合时就会导致不同的结果。例如,认识电话机的生产和经营业务,从企业的角度看这是一项"生产电话机"的业务;而从满足顾客需要的角度看这是一项"满足远距离通信需要"的业务。当电话机供应在市场上已经趋于饱和的情况下,其对决策者产生的直接影响是从企业的角度认为应当放弃"生产电话机"的业务而转向别的业务,但从满足顾客需要的角度则需考虑以下问题:一是从顾客需要分析,如目前电话机主要用于语音通信,那么可视通信的需要是否已充分满足;电话机作为一种家庭用品,是否能进一步满足家庭装饰的需要等。二是从满足程度分析,如电话机的语音清晰度、来电显示、来电文字转换和同步打印,能否开发计算器功能等。如果有了这样的认识和思考,企业决策者也许就不会轻而易举做出退出"生产电话机"的业务选择。从满足顾客需要的角度认识企业的业务,体现了市场营销的基本准则。

2)　合理安排业务组合

企业只有不断地随着市场需求的变化合理地安排和规划其业务组合,才能使其在市场上保持有利的竞争地位。为此,企业必须不断地对其业务组合进行分析和评估,以发现其同市场发展变化不适应的业务和潜在的具有成长性的业务。下面介绍两种评估企业业务组合的方法。

（1）波士顿矩阵。

① 波士顿矩阵的介绍。

市场增长率/市场占有率矩阵图假定：企业都是由两个或两个以上的经营单位或业务组成，最小的和最简单的公司除外。经营单位都有若干在经济上有明显区别的产品，在一个公司范围内的这些经营单位合称为企业的经营组合或业务组合。企业依据每个经营单位的相对竞争地位和市场增长率这两个基本参数来确定其应当采取什么经营战略，以进一步调整企业业务组合。以这两个参数为坐标，美国波士顿咨询公司设计出一个具有四个象限的网格图，即市场增长率/市场占有率矩阵，也称波士顿矩阵，如图 1-1 所示。该矩阵图把整个图分成四部分，并把处于不同区域的业务单位分别称为"问号"类业务、"明星"类业务、"奶牛"类业务和"瘦狗"类业务。

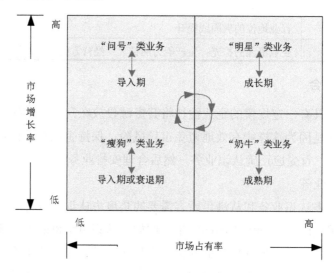

图 1-1　波士顿矩阵图

其计算公式为

相对市场占有率=经营单位的销售额或量(当年)÷主要竞争者的销售额或量(当年)

市场增长率(当年)=(当年市场需求-去年市场需求)÷去年市场需求×100%

矩阵图中的纵坐标表示市场增长率，它是指企业某项业务最近两年市场销售额增长的百分比。这一增长率表示企业经营的业务在市场中的相对吸引力，它决定着投资机会的大小。在分析中，通常用 10%的增长率作为市场增长率高低的界限，最近两年平均增长率超过 10%的为高增长率业务，低于 10%的为低增长业务；横轴表示相对市场占有率或称相对市场份额。所谓相对市场占有率是指企业各个产品的市场占有率与同行业中最大的竞争对手的市场占有率之比。比如，某企业产品的相对市场占有率为 0.3，表示该产品的市场占有率为最大竞争对手产品市场占有率的 30%；如果产品相对市场占有率为 3.0，这表示企业的该产品是市场领先者，它的市场占有率为名列第二位的竞争对手的市场占有率的 3 倍。某项产品或业务的相对市场占有率大，表示其竞争地位强，获利水平高，在市场中处于领先地位；反之，则表示其竞争地位弱，在市场中处于从属地位。相对市场占有率的高与低的分界线是 1.0，这也就是说，如果某一经营单位的销售额是其主要竞争对手的一倍多或更多，则认为它具有较高的相对市场占有率；若某一经营业务的销售额不足其主要竞争对手的 1 倍，则认为它具有较低的相对市场占有率。当然这种划分并非绝对，不同行业可以采用不同的划分界限。图 1-1 中各类业务的特点如下。

"问号"类业务，即拥有较低的相对市场占有率，而市场增长率较高的经营单位或业务。大多数业务在最初进入市场时都存在这种状况。高速的市场增长需要大量的投资，而相对市场占有率低却只能产生少量现金，这类业务又往往难以确定前景。因此，企业对处于这一位置的业务或产品就必须十分认真地加以分析，判断使其转化为"明星"类业务所需要的投资量和其未来的盈利能力，确定是否值得投资。如果认为"问号"类业务通过投资能转换成"明星"类业务，就增加投资，以提高其市场占有率；否则，应当采取放弃战略。

"明星"类业务，即拥有较高的市场增长率、较高的相对市场占有率的业务。这类业务往往是市场同类业务的领先者，对企业来讲，是最具有发展潜力的业务，所以企业应毫不犹豫地投入资源加以发展。但是，由于"明星"类业务的市场发展前景已经十分明显，必然会引起竞争对手的关注，因此，企业必须对其继续进行大量的投资以维持较高的相对市场占有率和市场增长率来击退竞争对手。所以"明星"类业务在产生现金的同时仍需大量投入现金，尚不是企业可坐收其成的业务。

"奶牛"类业务，即拥有较低的市场增长率、较高的相对市场占有率的业务。较高的相对市场占有率说明此时企业在该项业务上仍然保持着市场领先地位，它能为企业带来大量的现金收入，就像奶牛不断地挤出牛奶一样。同时，由于其市场增长率的下降，说明市场已趋于成熟，对竞争对手的吸引力不会很大，所以企业不必对其进行大量投资，企业可以用"奶牛"类业务收入的现金来支持"明星"类业务和"问号"类业务的发展。

"瘦狗"类业务，即市场增长率低，相对市场占有率也低的业务。企业在这类业务上不占优势，而且市场发展的潜力也不大，因为相对市场占有率低一般意味着可获利润少；市场增长率低，若用追加投资来扩大市场占有率往往是不可取的。如果这类业务还需要维持，则应缩小经营范围，否则企业没有必要保留这样的业务。

按照市场增长率/市场占有率矩阵，依据企业业务所处的地位(相对市场占有率以及市场增长率)不同，应采取不同的经营战略。不同类型业务的特点以及所应采取的经营战略如表 1-2 所示。

表 1-2　不同类型业务的战略选择

| 业务类型 | 业务营利性 | 所需投资 | 战略选择 |
|---|---|---|---|
| "明星"类业务 | 高 | 多 | 维护或扩大市场占有率 |
| "奶牛"类业务 | 高 | 少 | 维护或抽资转向战略 |
| "问号"类业务 | 低或为负值 | 非常多 | 扩大市场占有率或放弃或抽资转向战略 |
| "瘦狗"类业务 | 低或为负值 | 不投资 | 放弃或清算战略 |

②　波士顿矩阵的作用。

市场增长率/市场占有率矩阵具有以下两个方面的作用。

一方面，可用于判断企业的业务组合是否合理。一般来说，不合理的业务组合就是有太多"瘦狗"类或"问号"类业务以及太少的"明星"类和"奶牛"类业务。一个企业如果缺乏"明星"类业务就要引起高度重视，因为这将影响企业的发展，要仔细研究其原因找出破解之法；企业应当拥有相当数量的"奶牛"类业务，如果企业没有或只具有一个"奶牛"类业务，就可能没有足够的现金收入来支撑其他业务的发展。

另一方面，能针对不同的业务来确定企业的经营战略。企业对所经营的业务进行分类后，就需要进一步明确其经营战略。常用的经营战略有以下四种。

A. 发展。即继续大量投资，目的是扩大业务的市场占有率。主要用于有发展前途的"问号"类业务，因为这类业务要上升为"明星"类业务必须扩大其市场占有率。

B. 维持。即投资维持现状，目的是保持业务现有的市场份额。主要适用于"奶牛"类业务，因为只有维持着较高的市场占有率才能保证其为企业带来大量的现金收入。

C. 收获。收获是指以获取短期效益为目标，尽可能最大限度地获得眼前的现金收入，而不考虑长远目标。适用于衰退中的"奶牛"类业务以及没有发展前途的"问号"类业务和"瘦狗"类业务。

D. 放弃。即把企业的经营资源转移到更有利可图的业务中去。适用于"瘦狗"类业务与发展前景不大的以及成本过高的"问号"类业务。

③　波士顿矩阵的局限性。首先，以市场增长率和相对市场占有率来决定经营单位的地位及其战略未免太过于简单化；其次，难以确定综合性业务的市场占有率。

(2) 多因素投资组合矩阵。

多因素投资组合矩阵较市场增长率/市场占有率矩阵有所发展。它从市场吸引力和业务竞争能力两个方面对企业战略经营业务的现状和前景进行评估，认为那些既具有市场吸引力，又占有相对竞争优势的业务才可能成功。市场吸引力取决于本企业产品市场的大小、年市场增长率、利润率等因素；业务竞争能力取决于本企业产品的质量、市场占有率和营销能力等因素。

多因素投资组合矩阵把市场吸引力分为大、中、小三级，把业务实力或竞争能力分为强、中、弱三级，组成三种战略地带，如表 1-3 所示。

表 1-3 多因素投资组合矩阵

| | 业务实力强 | 业务实力中 | 业务实力弱 |
|---|---|---|---|
| 市场吸引力大 | 绿色地带 | 绿色地带 | 黄色地带 |
| 市场吸引力中 | 绿色地带 | 黄色地带 | 红色地带 |
| 市场吸引力小 | 黄色地带 | 红色地带 | 红色地带 |

① 绿色地带。该地带的业务包括：市场吸引力大且竞争能力强的业务，市场吸引力大但竞争能力中的业务和市场吸引力中但竞争能力强的业务三种类型。这个地带的业务市场吸引力和竞争能力都最为有利，企业对这些业务要"开绿灯"，采用增加资源投入和发展扩大的战略。

② 黄色地带。该地带的业务包括：市场吸引力小但竞争能力强的业务，市场吸引力中且竞争能力中的业务和市场吸引力大但竞争能力弱的业务三种类型。这个地带的业务市场吸引力和竞争能力总的来说都是中等水平。一般来说，企业对这些业务应当"开黄灯"，即采取维持原有投入水平和市场占有率的战略。

③ 红色地带。该地带的业务包括：市场吸引力小且竞争能力弱的业务，市场吸引力小且竞争能力中的业务和市场吸引力中且竞争能力弱的业务三种类型。这个地带的业务市场吸引力偏小，经营单位的竞争能力偏弱。因此，企业多对其"开红灯"，采用收割或放弃经营的战略。

**4. 规划新增业务**

规划新增业务，即规划如何发展企业的未来业务。业务组合战略决定了企业哪些业务需要发展、扩大，哪些业务需要收割、放弃，企业为实现利润目标，经常需要发展一些新业务，以代替被淘汰的旧业务。企业规划新增业务有以下三种成长战略。

1) 密集式成长战略

密集式成长战略是指企业在现有的销售区域内，为现有产品寻找进一步发展机会的策略，所以相对比较容易。但由于仍然从事原有的业务，可能会因本身的市场发展空间较小而难以使企业的销售和利润有明显的增长。一般来说，需要从开发新产品或开拓新市场这两方面进行努力，由此构成了企业密集式成长的四种战略，如表 1-4 所示。

表 1-4 密集型成长战略的类型

| | 现有产品 | 新产品 |
|---|---|---|
| 现有市场 | 市场渗透战略 | 产品开发战略 |
| 新市场 | 市场开发战略 | 多样化战略 |

(1) 市场渗透战略。即企业在现有的市场范围内，通过广告、宣传、促销等办法刺激

顾客的需求，促进企业现有产品的销售。

(2) 市场开发战略。即企业在现有的销售区域内寻找新的细分市场。例如，原以企事业单位为主要客户的汽车生产厂家，开始面向家庭、个人生产经营，进入新的区域市场。

(3) 产品开发战略。这是指企业在现有的市场上通过改进原有产品或增加新产品，来满足现有市场上的不同需求，达到增加销售的目的。

(4) 多样化战略。这是指企业为满足新市场的需要而开发的产品，即在原有的业务范围之内进行多样化产品开发。

2) 多角化成长战略

如果企业在原有的经营领域内已经无法发展，但在原有的经营领域外有较好的发展机会，可以考虑采用此战略。多角化成长战略具体又分以下几种。

(1) 同心多角化。这是指企业以原有的技术、特长和经验等为基础，增加新业务，发展与现有产品相近的新产品，吸引新顾客。例如，原来生产冰箱的企业增加空调等其他家用电器的生产，由于企业没有脱离原来的经营主线，利于发挥已有的优势，风险相对较小。

(2) 横向多角化，或称水平多角化。这是指企业针对现有的市场和顾客，采用不同的技术增加新业务，发展与现有产品无关的新产品。例如，原来生产农用机械的企业，现在也生产化肥、农药。企业在技术、生产方面迈入了全新的领域，风险较大。

(3) 综合多角化。这是指企业发展与现有的产品、技术和市场无关的新产品，以新业务进入市场。例如，原来生产电视机的公司，现在投资进入服装行业，并兼营房地产业务。这种做法风险最大，企业在规划新的发展方向时必须十分谨慎。

3) 一体化成长战略

如果企业所在行业仍有前途，通过重新整合供应链可以提高企业效益，可以考虑采用此策略。一体化成长战略具体分为以下几种。

(1) 后向一体化。这是指企业通过收购、兼并上游的供应商形成自己的供应系统，向上游产业扩展，实现供应和生产一体化经营，如建立自己的原材料供应基地。

(2) 前向一体化。这是指企业通过收购、兼并下游的批发商、零售商形成自己的销售渠道，实现产销结合，向下游产业发展，如企业创建自己的垂直分销网络或专卖店。

(3) 横向一体化，也称水平一体化。这是指通过对同类企业的兼并或控制，或实行各种形式的联合经营来扩大自己的销售量和市场份额，如实力雄厚的汽车公司收购或控制弱小的汽车公司。

### 5. 制订职能部门计划

在企业总部制定了企业基本任务、目标、发展方向与成长战略的基础上，各部门还要制订自己的职能计划(如销售计划、生产计划、人事计划等)。在市场经济体制下，营销部门对企业战略目标的实现起着举足轻重的作用，企业应树立全员营销的观念。

## 1.3.2　企业营销战略管理的过程

一般来说，企业营销战略管理包含三个关键要素：战略分析——了解组织所处的环境和相对竞争环境；战略选择——战略制定、评价和选择；战略实施——采取措施使战略发挥作用。不同的企业在不同的发展阶段由于主客观因素的不同，制定的企业战略不仅内容各异，连它的框架也不一定相同，但是其营销战略管理的过程却是一样的。营销战略管理过程示意图如图 1-2 所示，图中给出了营销战略管理的大致构架，可以作为理解战略管理过程的向导。

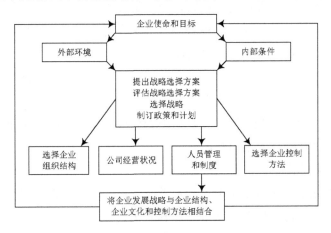

**图 1-2　营销战略管理过程示意图**

**1. 战略分析**

战略分析的主要目的是评价企业目前业绩和今后发展的关键因素，并确定在战略选择步骤中的具体影响因素。战略分析包括以下三个方面的内容。

1）　确定企业的使命和目标

企业使命和目标为企业战略的制订和评估提供依据。

2）　外部环境分析

战略分析必须了解企业所处的环境正在发生哪些变化，这些变化给企业将带来更多的机会还是更多的威胁。外部环境包括宏观环境和微观环境两个层次。

3）　内部条件分析

战略分析还要了解企业自身所处的相对地位，具有哪些资源以及战略能力；还需要了解与企业有关的利益相关者的利益期望。在战略制定、评价和实施过程中，这些利益相关者会有哪些反应，这些反应又会对企业行为产生什么样的影响和制约。

**2. 战略选择**

通过战略环境分析，我们可以明确"企业目前处于什么位置"，战略选择阶段所要回答的问题是"企业向何处发展"。约翰逊(Johnson)和施乐斯(Scholes)在 1989 年提出了战略选择过程的四个组成部分。

1) 制定战略选择方案

在制定战略过程中，可供选择的方案越多越好。根据不同层次的管理人员介入战略分析和战略选择工作的程度，将战略形成的方法分为以下三种形式。

(1) 自上而下的方法，即现有企业的最高层管理人员制定企业的总体战略，然后由下属部门根据自身情况将总体战略具体化，形成系统的战略方案。

(2) 自下而上的方法。在制定战略时，企业最高管理层对下属部门不做具体的规定，而要求各部门积极提交战略方案。企业最高管理层在各部门提交的战略方案的基础上加以协调和统一，对各部门提交的战略方案进行必要的修改后确认。

(3) 上下结合的方法，即高层管理者和下属部门的管理人员共同参与，通过上下级管理人员的沟通和磋商，制定适宜的战略。

这三种方法的主要区别是战略制定时集中和分权的程度不同，企业可以根据自身的实际情况有所选择地进行战略方案的制定。

2) 评估战略备选方案

评估备选方案通常使用两个标准：一是考虑选择的战略是否发挥了企业的优势，克服了劣势；二是考虑战略能否顺利地通过企业利益相关者的认可。但是在实际情况下，战略的选择标准还包括了企业高层管理者的主观思想以及对战略目标的期望。

3) 选择战略

最终的战略决策确定准备实施的战略。多个指标对战略的评价不一致时，不仅要更加深入地对企业情况进行分析，也要借助外力来参与选择。例如，提交到更上一级的管理部门进行决策，或者聘请外部机构，通过咨询专家的方法来帮助决策。

4) 制订战略的实施计划

制订战略实施的计划步骤、有关研究开发、资本需求及人力资源方面等各项问题的政策。

## 3. 战略实施

战略实施就是将战略方案转化为行动，主要涉及下列一些问题：如何在企业内部各部门和各层次之间分配及使用现有资源；为了实现企业目标，还需要获得哪些资源以及如何使用这些资源；为了实现企业目标，还需要对组织结构做哪些调整；如何处理可能出现的利益再分配与企业文化适应的问题；如何进行企业文化管理，以保证企业战略的成功实施等。

企业战略的实践表明，战略方案的好坏固然重要，但是战略实施也同样重要。一个良好的战略方案仅仅是战略成功的一部分，如果能够保证战略的顺利实施，那么战略就有可能实现，达到既定目标。假如企业没有能够制定出合适的战略方案，但是在执行过程中及时发现了问题，并能够及时调整方案，也能取得成功。1985 年，可口可乐准备改变用了 99 年的老配方，以期再创饮料行业的辉煌。通过一系列的市场调查和产品实验，可口可乐推出了新配方可乐。但是在实施过程中遭到了众多老顾客的强烈抗议。于是可口可乐马上调整战略方案，恢复老口味可乐的生产。结果老顾客争相购买可口可乐，销量比上年同期增长了 8%。可口可乐在战略调整上反应灵敏，取得了明显的效果。这说明，如果战略不适应市场竞争，完全可以通过果断调整战略方向来扭转不利局面，但是如果战略方案不完善，而后又不能够迅速扭转颓势，那么必然会走向失败。

案例：

### 唐纳广告的组织变革

唐纳广告是北京一家很有规模的广告公司，其总部设在北京市昌平经济开发区。为了便于拓展业务，公司在市区内设立了一个业务部和一个广告设计部。业务部除了负责业务联系、客户调查和开展商务谈判外，还负责把接到的广告业务和客户对业务的具体要求交付、传达给广告设计部去具体实施。广告设计部除了完成业务部交代的设计任务外，出于作品设计的需要，有时也需要直接与客户打交道，听取他们的意见、建议以及获得他们对于设计的认可。但在与客户打交道的过程中，他们发现业务部转达的客户意见常常与客户的实际要求出入很大。因此，两个部门经常发生矛盾。为了解决两部门之间的矛盾，公司又在市区内设立了一个市场研究部，专门收集市场信息和客户意见。但市场研究部运行了一段时间后，却同时受到业务部和广告设计部的指责。业务部埋怨市场研究部收集的市场信息全是垃圾，不但对他们的工作没有帮助反而带来了误导；设计部责怪市场研究部提供的客户意见不真实和没价值，扰乱了他们的设计思路和增加了他们的工作负担。于是，公司只得在撤销市场研究部的同时宣告公司的第一次组织变革失败。

此后不久，公司在市区投资买了一栋小楼，公司总部连同业务部、设计部搬迁到新址一起办公。这样一来原有的业务部和设计部因为可以直接由公司李总经理"面授机宜"和通过会议进行协调，工作效率大大提高，公司业务也因此有了很大发展，公司效益大幅提高。但是随着公司业务的发展和新设部门的增多，公司各业务部门之间的工作协调却越来越困难，冲突越来越多，李总经理也越来越感到公司的组织结构存在问题，但究竟是什么问题他却有点像雾里看花——看不明白。于是，李总经理专门咨询了北京大学工商管理顾问叶博士，叶博士给他介绍了一种叫作"广告客户经理制(Advertisement Account Manager)"的广告公司组织管理模式，李总经理认为这是个好办法，并根据这个模式在公司任命了一批广告客户经理，让每个客户经理专门负责几个客户的广告业务。一开始大家对这种办法觉得很新鲜也很支持，所以推行得不错。但是过了一段时间之后，这些广告客户经理却相继找李总经理提出了辞呈，他们的主要理由是各个部门的主管不支持他们的工作，他们几乎是"光杆司令"，没有什么资源可用，而且他们在为客户服务时很难同各业务部门协调，而客户却将全部抱怨都发泄在他们身上。同时，业务部门的主管也不断地向李总经理抱怨那些广告客户经理们经常不通过他们就找他们的部下去干活，弄得他们无法控制部下而导致本部门的许多工作出现无序状态。如此这般，该公司的第二次组织变革又宣告失败。

**问题与讨论：**

(1) 唐纳广告两次组织变革失败的原因是什么？

(2) 应采取什么措施解决组织变革中出现的问题？

(资料来源：http://wenku.baidu.com/link?url=vy317-k9iv2rH8-FMf925zgSlTzGPytG_

tBkuEHD4Oht9IcBGMefsnY3ismxHg0V1GZ5Ko6Vlxu-3reneJxu6F0Lc_rsHbrH3qyC9AY3kki)

# 思考与练习

1. 简述企业营销战略管理的发展历程。

2. 简述企业营销战略管理的概念。

3. 简述企业营销战略管理的特点。

4. 简述企业战略管理的具体过程。

# 第2章 企业营销目标

在企业运营中会出现许多待解决的问题，发现问题后，应将其具体化为企业的奋斗目标，形成一套目标体系，使每一位管理者都有明确的目标，还应将目标数量化，以便在实践中检验进度。一般来说，企业营销战略目标在性质上包括利润目标、价值目标和管理者目标三类。企业只有确立企业营销目标和方向，才能把握良好的营销机会并适应竞争。

## 2.1 企业营销目标概述

### 2.1.1 企业营销目标的含义

营销目标是企业进行各项营销活动获得效益的规范化表述。它一方面提出企业营销活动追求的目标，另一方面也是营销部门为了实现企业的发展目标而必须完成的任务。

在很多指标(如销售额和利润额)上，营销目标与发展目标没有什么不同，它们是发展目标在营销管理方面的具体体现或落实。例如，吉利公司在 2011 年制定了销售 50 万辆整车的销售计划。这一销售计划既是吉利公司 2011 年的发展目标，也是其 2011 年的营销目标。

浙江吉利控股集团有限公司是一家民营轿车生产经营企业，始建于 1986 年。经过 20 多年的建设与发展，在汽车、摩托车、汽车发动机、变速器、汽车电子电气及汽车零部件方面，创造了辉煌的业绩。1997 年进入轿车领域，凭借灵活的经营机制和持续的自主创新，得到了快速的发展。

在 2010 年，吉利的品牌形象、产品形象、社会形象得到显著提升，全年整车销售达到 41.5 万辆，不仅突破了年初 40 万辆的既定目标，而且还成功收购了沃尔沃品牌，开创了吉利发展的新局面，使得吉利的战略转型取得了阶段性成果。

2010 年 12 月末在吉利集团总部杭州召开的年度经营工作会议上，集团总裁杨健为吉利新一年的工作提出了发展规划。根据这一规划，在 2011 年，吉利集团开始"两个转变、两个调整"，即从"国际化战略"向"全球化战略"转变，深化"技术吉利"改革，努力向"品质吉利"转变。从"快速发展"调整到"稳健发展"，从"产品线管理"调整到"品牌线管理"，把吉利打造成产销规模超千亿元、具有国际影响力的世界 500 强企业。

根据这一发展思路，在市场营销方面，2011 年吉利集团继续完善三大子品牌的定位和产品布局，形成各品牌鲜明的产品特性和特征；在营销手法上，努力创新与探索汽车租赁、汽车金融、电视购物等新业务，完善二手车交易、汽车精品销售方式；在服务上，推进服务站现场督导管理，加强市场监控程序；在海外战略方面，2011 年吉利集团制定了加快国际贸易向全球化营销的转型战略，搭建海外营销组织框架，加快重点市场销售服务网络的发展步伐；加强新市场开拓力度，加快丰富海外销售产品线的整体规划，并按照全球化战略规划，推进吉利全球化布局，确保实现全年产销同比增长不低于 18% 的营销目标。为此，吉利集团 2011 年的销售目标为 50 万辆。

为达到上述目标，吉利集团 2011 年的战略规划实际上包括了全球化的企业发展战略、品牌战略和产品战略及全球化的采购、供应、物流、营销、服务、质量管理、人力资源、信息化管控等体系建设，通过兼并、重组、合作等方式，以六大新兴经济区、十大发展中国家和地区为重点市场。在海外营销方面，2011 年吉利集团积极准备进入欧美等发达市场，建立以整车为主，CKD、SKD 为辅的全球生产、销售、服务网络模式，实现全球研发、全球制造、全球营销。

在技术研发方面，2011 年吉利集团启动一些新车型项目，并确保这些项目与动力总成项目以及 DSI 自动变速器的各匹配项目等的研发按计划顺利完成。未来，吉利还要继续加大各项技术的研发，特别是继续加大新能源汽车技术、汽车智能化技术、汽车安全技术、节能环保技术的研究及合作应用，力求把安全技术打造成吉利汽车的鲜明特征。

具体到营销部门则需要将这一销售目标按业务单位和销售区域分解。比如，根据吉利公司的网上资料，吉利集团现有吉利自由舰、吉利金刚、吉利远景、上海华普、美人豹等 8 大系列 30 多个品种的整车产品。为简便起见，我们假设吉利将其分为 A、B、C、D、E、F 6 个业务单位，而且这 6 个业务单位覆盖了甲、乙、丙、丁 4 个区域。2011 年，为了完成公司 50 万辆整车的年销售目标，6 个业务单位分别需要完成 25、10、5、5、2.5 和 2.5 万辆整车的销售。表 2-1 显示了 6 个业务单位在不同区域的销售目标。其中，有一些业务单位的产品还没有进入某些区域市场，所以这些业务单位与这些区域市场的交叉格内是空的。

表 2-1　按业务单位和销售区域分解的营销目标

| 地　区 | 企业发展目标：年销售整车 50 万辆 | | | | | |
| --- | --- | --- | --- | --- | --- | --- |
| | A | B | C | D | E | F |
| | 25 万 | 10 万 | 5 万 | 5 万 | 2.5 万 | 2.5 万 |
| 甲 | 10 万 | 5 万 | — | 2.5 万 | | |
| 乙 | 10 万 | 2.5 万 | 2.5 万 | | | 2.5 万 |
| 丙 | 2.5 万 | 2.5 万 | | 2.5 万 | 2.5 万 | |
| 丁 | 2.5 万 | — | 2.5 万 | | | |

类似这种上下一致的刚性目标还有很多，如销售额、市场占有率和销售利润率等。它们的特点是，一旦公司在发展战略中确定了，就要分解、落实到企业各个业务单位和各个职位部门。它们更像是自上而下下达的、必须完成的任务，很少有讨价还价的余地。

除此之外，营销部门还有一些重要的、自己特有的目标，如顾客满意度、顾客流失率、品牌忠诚度、广告有效到达率等。这些目标虽然和企业的发展目标没有一一对应的关系，但是因为能够帮助企业提高销售额、利润率、市场占有率和品牌价值等，因此有助于企业发展目标的实现。

## 2.1.2　企业营销目标的特征

企业营销目标具有以下几个方面的特征。

### 1．层次性

企业制定销售目标应该具有层次性。例如，一家亚洲电话公司，确定的企业任务是要向客户提供良好的服务，在确定这一任务后，制定的企业营销目标是要提供投资收益率。这一主要目标分解为降低投资基准和提高收益率两个方面，并进一步将提高收益率分解为降低成本、增加业务量两个具体的营销目标，并在此基础上细化为销售多余设备、增加租赁使用、努力提高使用率、减少使用风险、销售多余基本设备、销售多余辅助设备、延长所在地服务寿命等一整套不同层次的新目标。这样，企业的营销目标就被转化为所有员工的特定目标。

### 2．定量化

定量化就是指目标要具体明确，要尽可能用数字形式表示。企业的目标在开始制定时往往都是略显模糊而抽象的，这种定性化的目标很难被有效管理和控制，其实施结果是否有效也很难有一个明确的考核标准，所以，在可能的条件下，企业所制定的目标都应该用具体的数量指标来表示。比如，"提高市场占有率"这一目标，就不如"下一季度的市场份额要由原有的 7%提高到 10%"这一目标来得具体明确。

### 3．现实性

目标的现实性就是说企业所确定的目标要切合现实，要具有可达成性。企业在确定目标时，要结合市场情况和行业状况，充分分析行业内优秀企业的发展水平和本企业的优劣势，然后在企业现有资源与能力的基础上确定企业目标，也只有这样，制定的目标才合理可行。当然，现实并不意味着保守，目标在现实的同时也不能缺乏挑战性，只有这样，才能够既保持自己的竞争力，又激发员工的积极性。

### 4．协调性

企业营销目标各个方面还应做到协调一致，不能制定诸如"既要最大限度地降低成本，同时又要在最短时间内开发出最佳产品并取得最大销售量"这样可能引起混乱的目标体系，这是因为在实践中，每一个指标要实现最佳就需要配套不同的营销战略。因此，很难在同

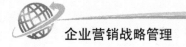

一时期内，实现多个方面"最佳"的营销目标。企业需要按照轻重缓急、主次从属关系等区分多种目标的地位而不是简单地并列使其产生冲突。

确定的营销目标体系可以用来指导企业各个层次的营销工作并作为测定企业及员工行为的标准，各级营销人员都要有自己明确的目标并对目标的实现完全负责，实现目标管理化。

## 2.2  企业营销目标的确立原则

不同的企业有多种多样的营销战略目标，同一企业也可能有很多战略目标以构成一个目标体系，这就使得目标基准的确定较为困难。例如，高销售增长率、高盈利、高市场占有率、良好的信誉等均可作为企业战略目标。一般来说，选择企业营销战略目标要遵循以下三个基本原则。

### 2.2.1  营销战略目标应该与企业的总体经营方针相吻合

在传统的西方经济管理学理论中，微观经济学和经营学均把企业目标假设为追求最大限度利润，即把企业视为经济人。所以，利润的最大化成为传统经济学对企业战略目标的概括。然而，现代经济学与管理学的发展却表明这一认识是不精确的。与假设相反，许多企业并不追求利润的极大值，原因在于以下两个方面。

(1)  不同企业之间的企业领导者有不同的利益偏好。一些企业领导者可能追求利润极值，但其他的企业领导者可能追求企业稳定的经营、良好的信誉等。

(2)  同一企业的领导者之间，主要是企业所有者与经营者之间有不同的利益偏好。虽然所有者和经营者同是企业领导者，但两者却有较大的目标差异。这一点随着社会生产力的发展，两权日益分离而日趋明显。社会生产力的发展使所有者对企业的控制权减弱，相反，以经理人员、管理人员和技术专家为主体的经营者对企业的控制权日益加强。因此，所有者和经营者可能有极大的目标差异。例如，所有者更关心的是企业资产的增值，所以，其营销战略目标可能以投资利润率为主；而经营者则更希望企业能够平稳地经营，所以，其营销战略目标可能以市场占有率或销售增长率为主。

### 2.2.2  营销战略目标应该视企业不同的细分市场而有所不同

企业营销战略目标并不是在每一产品细分市场上都是统一的，因为每一细分市场都有其自身特点，在企业总体战略制约下，企业应根据产品的不同来细分市场从而作出不同的营销战略。

由于同一企业的不同产品在同一时期可能处于其生命周期的不同阶段，所以，在细分市场上营销战略目标就有明显不同。例如，在投入期和成长期，由于产品销售增长较慢，消费者与经销商对产品不了解，故这时企业的主要目标是占领市场，防止竞争对手的进入，因此会花费巨大的营销费用。这时应把市场占有率作为其营销战略目标，但到了产品成熟期与衰退期，市场发展速度减缓或变得固定，竞争也会进入停滞状态，用户对某一产品的形象也会变得固定和僵化，这时很难刺激新的需求。所以，这时的企业营销战略就应该是尽量多地"收割"利润，同时，把投资重点逐渐转向新产品或进行多角化经营。所以，这时企业的营销战略目标一般多以投资利润率为主。即使都处于同一生长期的产品也可能因为各自市场性质差异而使企业战略目标差异变动较大。因此，同处于投入期的新产品开发就可能有完全不同的营销战略与战略目标。

### 2.2.3 营销战略目标应视同一产品的不同发展阶段而有所不同

所谓产品生命周期，是指产品从进入市场开始，直到最终退出市场为止所经历的市场生命循环过程。产品只有经过研究开发、试销，然后进入市场，它的市场生命周期才算开始。产品退出市场，则标志着生命周期的结束。

典型的产品生命周期一般可分为四个阶段，即导入期、成长期、成熟期和衰退期，如图 2-1 所示。在基于产品管理概念的基础上把产品生命周期概括为：产品战略、产品市场、产品需求、产品规划、产品开发、产品上市、产品退市生命周期管理七个部分。不同的生命周期阶段，企业有不同的营销战略目标。

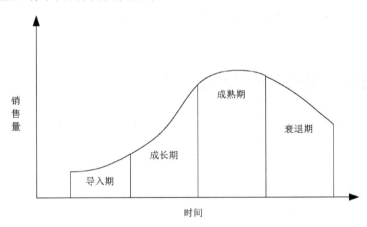

**图 2-1 典型产品生命周期**

## 2.3 企业营销战略目标的确立

### 2.3.1 企业营销战略目标的内容

一个企业若要生存和发展，必须具备明确的营销战略目标，并以此来进行营销战略方案的设计与选择。如果一个企业不能明确地确定企业营销战略目标和方向，就可能会失去一些极好的营销机会或无法适应竞争，出现停滞和不协调。

一般而言，企业的营销战略目标包括以下几个方面。

### 1. 服务目标

企业应明确自己从事的业务，确定产品市场范围，通过市场细分，寻求最适应企业生存、发展的目标市场。并通过提供适销对路的产品，进一步满足消费者或用户的需要。

### 2. 市场目标

通过新市场的开拓和原有市场的进一步渗透，利用企业技术创新等特异的优势，配合相应的营销策略来扩大市场份额和提高市场占有率。

### 3. 地位目标

在市场上处于弱势地位的企业，为了求得市场领先者地位或进入市场领先层的地位，必须在明确地位目标的情况下，制定有效的挑战策略，使企业从现有地位向既定方向进行重点和有针对性的推移。

### 4. 利益目标

利益目标是企业营销业绩的一个重要指标，它在一定程度上展示了企业的生存和发展状况。企业要通过盈利能力的提高来达到企业的预期利润水平，取得企业发展应得的投资回报。

## 2.3.2 企业营销战略目标的分类

一般来说，企业营销战略目标在性质上包括利润目标、价值目标和管理者目标三类。

### 1. 利润目标

利润目标是长期影响大多数企业，特别是非国有企业经营管理的重要因素，在传统的对企业营销目标和经营行为的研究中，一般以企业追求利润最大化的行为主体为假设前提，指的是企业在某一时期内，对经营总收入在扣除总体成本后的剩余量最大状态的追求。

企业经营结果所得到的剩余量是企业投资人的所得，因此，取得利润最大化应该是企业投资人的投资目标之一。当企业投资人同时又是企业管理者时或投资人能够支配企业主要管理者对目标的选择时，利润最大化就可能成为企业营销目标。由于个人独资企业及合伙制企业的投资人一般直接作为企业的主要管理人员，他们对企业拥有绝对支配能力，所以个人独资和合伙制企业一般以利润最大化目标作为企业营销的主要目标。

追求利润最大化目标的企业行动上会表现出对扩大总收入能力和降低总成本水平的追

求。但是，追求利润最大化目标并不意味着追求短期利润数的最大化，因为追求短期利润数值的最大可能会危及企业的长期发展。因此也只有确定了退出业务，企业才会采取这种战略，在较短的时间内从业务中取得尽可能多的利润收入，也只有在这种情况下，企业营销目标上才会表现出对短期利润数值的追求。对希望获得长期利润最大化的企业，则需要培养扩大收入和降低成本的能力，而这一能力的培养在短期内需要有相当大的投入。

当企业投资人员与管理者的身份不是集中在同一主体身上时，即当企业的目标主要是由管理者支配时，就会表现出对一些非利润目标的重视。例如，企业地位的提高、企业对新产业的进入、对创新和变革的重视。当然，只要企业目标和行为是与产业活动有关的、所有从短期看与利润无关的目标、从长期看都是与利润有关的、在营销上的非利润目标的实现最终将有利于利润目标的实现，否则，企业管理人员将无法对投资人作出合理的交代。

### 2. 价值目标

价值目标是典型的公司制企业的长期追求目标。从长期看，企业要巩固市场竞争地位，就需要实现价值的最大化，即企业资产价值的最大化。价值目标更注重企业的长期发展能力，为此，企业需要在培养核心竞争能力上进行大量恰当的投入，这些投入包括以下内容：

(1) 创新投资，不仅是产品和工艺技术方面的传统意义上的创新，而且还包括对经营观念、营销管理制度等的创新。

(2) 对职能效率的投资，如扩大生产能力，以形成规模经济，扩大市场范围和市场份额，使同一职能能力能以更大的活动范围进入市场，在方式多样的条件下追求更大的机会等。

(3) 采用兼并、收购合并等手段，通过一定的投资或是资产重组将业务跨越到其他领域，或进行业务重组实现与产业发展规律相一致的企业业务结构的升级等。

(4) 对企业内部的职能活动进行投资，重新安排包括选择恰当的组织结构和资源分配方式，改变组织流程，进行内部变革，特别是进行人力资源的培养，使企业财政具有生机和协调一致。

所有以上谈及的，以及其他有利于企业价值最大化的工作可能会使企业在一段时期内停止利润的增长，甚至会出现无利润的情况，或是即使在有利润的情况下，把利润用于新的投资，而不是转变为投资人的收入。为此，投资人将面临对目前利益和未来利益的选择。由于任何性质的投资都是有风险的，越是带有未来长期性的投资和创新性的投资，其风险就越大，因此，投资人还必须对风险进行权衡。可见，以上争取价值最大化的目标，不但因为需要追加投资而挤压了企业的目前利润，约束了企业投资人对利润分配的要求，而且还要求投资人承担更大的风险。所以，价值目标在所有权和管理权不分离的企业制度下很难成为引导性目标。

需要注意的是，企业在追求价值最大化的同时，仍需要保障投资人的基本利润要求，

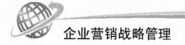

将对价值追求行动控制在投资人所能接受的最大限度之下，这种对最低利润水平的保障在一定程度上约束了过度的扩张冲动，使企业的战略计划更具理性，同时，使产业结构和市场结构能保持一定的稳定性。

价值目标和利润目标之间存在密切的联系。一方面，企业提高价值的目标是否能实现取决于企业目前经营结果所能提供的利润量，企业为增加价值而采取的各项行动就能有更大的资本来源作保证，市场承认程度也就较高。另一方面，只要企业为增加价值所采取的行动是理智的，是符合市场规律和市场要求的，这种行动就会强化企业未来的竞争力，在企业价值提高的同时也最终提高企业的获利能力。

企业价值的高低最终是由市场决定的，由于存在大量的非理性投资人或者说具有不同理智程度的投资人，所以，对价值目标和利润目标的权衡是一项艰巨的工作。

除此之外，在企业所有者和管理者相分离的情况下，企业目标不仅受投资人不同投资项目的影响，还更多地受企业管理者个人目的及他们对管理的认识的影响。

### 3. 管理者目标

企业中具体确定战略目标的决策者往往不是投资人，而是管理者，即使有关企业重大发展方向的目标是由投资人决定的，但他们关于企业外部环境的预测和内部能力的分析等决策依据资料却又是由管理者提供的。有些企业采取了聘用外部咨询专家的方式，希望能够避免信息的不对称分布引起的决策倾斜的问题，但即使对外部环境的分析，所需要的一些企业内部资料仍是由企业管理者提供的，不能完全排除信息扭曲的可能。

管理者目标是指企业管理者从事管理活动，不但希望取得按正常报酬制度取得个人收入，还希望获得其他一些"好处"。例如，企业为提高管理效率或为提高企业吸引力和企业形象而为管理者提供的特殊待遇，包括管理者对企业利润的分享和对企业股份的参与，管理者利益与投资人利润形成相互依存的关系，投资人的利润目标就成为对管理者目标的约束。

要提高管理者目标的支配作用需要具备以下条件。企业的所有权与管理权分离，分离的程度越大，管理者决策的独立性就越大。管理者获得其企业在市场上地位越强，企业对外部的影响就越大，管理者获得其他"好处"的机会就越大。当然，作为企业所有者的投资人也需要建立有效的约束机制，以保证企业目标不至于与投资人的目标有过大距离，同时也避免管理者滥用权力，损坏投资人的利益。

## 2.3.3 确定企业营销战略目标

企业在确定任务后，还应将其具体化为企业的目标，形成一套目标体系，使每一位管理者，都有明确的目标，将目标数量化以保证实现。这种制度称之为"目标管理"。企业的营销战略目标主要包括五大指标，如图2-2所示。

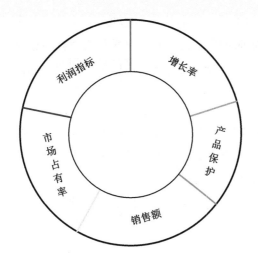

**图 2-2　企业营销战略目标示意**

**1．利润指标**

利润是企业从事经营活动所取得的报酬或净收入。如果企业不能获得必要利润，就不能开展正常的营销活动。因此，一定的利润和投资收益率是企业最重要的核心目标。评价企业盈利高低的指标，除了利润额，还可采用投资利润率、资金利润率、成本利润率和收入利润率等指标。

1)　投资利润率

投资利润率(投资收益率)等于利润总额除以投资总额再乘以 100%。它是指一定时期内企业所实现的纯利润与该企业全部投资的百分比。这是衡量和比较企业利润水平的一项主要指标，投资利润率越高意味着运用单位投资获取的利润越多。努力提高投资利润率，对于企业以同等的投资实现更多的企业利润具有重要意义。因此，较高的投资利润率成为企业追求的核心目标之一。

$$投资利润率=\frac{利润总额}{投资总额}\times100\%$$

2)　资金利润率

资金利润率等于产品销售利润总额除以固定资金和流动资金总额再乘以 100%。它是反映企业的利润额与企业资金占用关系的主要指标。企业要在生产过程中取得利润，必须合理、有效地使用资金。在企业资金占用总量不变的情况下，产品的销售利润越大，资金利润率越高。

$$资金利润率=\frac{产品销售利润}{企业资金总额}\times100\%$$

3)　成本利润率

成本利润率等于产品销售利润总额除以产品销售成本总额再乘以 100%。它反映了企业的产品成本与利润之间的关系。产品的成本越低，经营利润就越高，成本利润率也越高。成本利润率是企业在一定时期内获得的利润总额与所消耗的总成本的比值。

$$成本利润率=\frac{产品销售利润}{销售成本}\times100\%$$

4）收入利润率

收入利润率等于产品销售利润总额除以产品销售收入总额再乘以100%。收入利润率又称销售利润率，是反映一定时期内企业所获得的销售收入和利润的关系，是评价企业销售额和利润额增长比例的指标。

$$收入利润率=\frac{产品销售利润}{销售总额}\times100\%$$

### 2．市场占有率

市场占有率是在一定时期内，一定市场范围内企业某种商品的销售量或销售额占该市场同类产品销售总量或总额的百分比。市场占有率与企业获利水平密切相关，在其他条件不变的情况下，市场占有率越高，销售额就越大，单位产品成本费用会越低，实现的利润就会越多，投资收益率也会随之提高。

$$市场占有率=\frac{本企业某种产品销售量}{同类产品市场销售总量}\times100\%$$

在一般情况下，若企业市场占有率上升，则表明企业营销效益提高；反之，则为下降。据美国一份调查资料表明，当企业产品市场占有率低于10%时，企业的平均投资收益率为9%；当超过40%时，其平均投资收益率达30%。因此，企业要提高经济效益，就应该努力扩大企业产品的市场占有率。但是，企业在提高市场占有率时要注意，追加的费用一定要能够被市场占有率的提高所获得的利润给以补偿。

此外，市场占有率的高低关系到企业的知名度，影响着企业的形象。因此，努力提高市场占有率，是企业的重要战略目标之一。一家企业市场占有率的提高，意味着同行业中其他企业市场占有率的降低，实际上意味着从竞争对手那里夺取销售额。所以，提高市场占有率的努力也是市场竞争的一种体现。

企业在市场占有率问题上应反对两种倾向，一种是只重视开发新的产品，对市场占有率高低漠不关心；另一种是只重视推销术，过于看重市场份额。这两种倾向都是有害的，尤以第二种为甚。对有些企业来说，市场占有率的提高往往伴随着成本的大幅度增加(如广告费、销售人员差旅费等的增加)和单位产品利润的大幅度降低。假如增加销售量的获利额低于增加的费用支出，企业的产品销售利润总额就会降低。因此，单纯片面地追求较高的市场占有率反而有可能伤及自身，最终损害企业的竞争力。

### 3. 销售额

销售额或销售收入是企业营销活动中的一般战略目标，它表示企业实际的营销规模和水平，反映了企业对社会需求的满足程度及为顾客服务的程度。

### 4. 增长率

增长率可用销售额、利润、资产、市场占有率、净值利润等的增长百分数表示。它是企业营销的战略性目标，反映了企业营销效果的好坏，标志着企业实力的增强。一般来说，增长率高，说明企业的营销效果好；反之，则差。

### 5. 产品保护

产品保护是指一种产品能顶住竞争对手欲削弱其市场地位的一种保护手段。它可通过企业采取促销措施后产品市场销售量的变化来进行分析，这种分析法叫保护分析法，即通过厂牌信誉分析，观察长期购买本企业产品的顾客。要实现产品保护的目标，就必须进行产品创新，不断开发新产品，树立企业的良好形象，稳固地占领市场。

案例：

**猎聘网高端人才招聘网站定位**

一、企业介绍

猎聘网成立于 2000 年，是国内最大最专业的高端人才招聘网站，凭借其创新的产品模型及独有的服务模式，为企业、猎头和职场精英之间打造了一个高端人才的互动招聘平台。数万名专业猎头顾问，为企业和求职者之间架起沟通的桥梁，加速企业招聘进程，为职场精英推荐高薪职位、规划职业发展。13 项隐私保护规避求职者求职的风险，数百万高端精英会员库，助力企业发展需求。

猎聘网迄今已经拥有近 700 万职业经理人人才库，超过数百万活跃经理人会员。数万民已认证猎头顾问通过猎聘网为各大企业寻访候选人。

猎聘网的公司总部位于首都北京，在上海、广州以及深圳设有分支机构，是国内覆盖行业最广、覆盖区域最多的高端人才互动型的求职平台。猎聘网已成为目前国内最大的猎头核心信息数据平台，也因此成为职场精英寻求职场晋升、规划职业发展的第一选择。

二、企业营销目标的具体应用

1. 猎聘网对于营销目标的定位

猎聘网从成立初期，就已经将营销目标定位为高端人才招聘网站，猎聘网通过设立网络招聘平台为其主要业务手段，同时创立世界著名的网站品牌，并利用新型营销方式提升企业竞争力，既是服务型又是品牌型，同时还属于提升型。

2. 猎聘网产品服务

(1) 每周提供超过 10 000 个高端猎头职位机会。

（2）任何一位顾客可以和数万名专业的猎头顾客直接进行联系，在获得高薪职位推荐的同时，还可以获得更多的职业规划建议。

（3）专业的简历修改、英文简历制作等个性化服务，让您更易脱颖而出。

（4）对于职场精英会员，会为其发布高端职位招聘需求，让信息传递更加精准有效。

（5）为顾客直接搜寻与职位需求相匹配的高端人才，并与候选人进行充分的前期沟通以及细致的过程跟进，让顾客的招聘过程变得更加高效简单。

（6）专业的团队服务，针对顾客所有的个性化的招聘需求，为其推荐相匹配的高端人才。

（7）提供全方位的隐私保护服务，让顾客能够安心地寻求职业发展机会。

3. 猎聘网创新服务

（1）国内首家推出以"猎头招聘"为概念的高端人才招聘网站，通过人工审核的方式，严格控制收录会员的条件。

（2）创新实名认证系统，保护职业经理人的隐私信息，建立职业经理人与猎头顾问之间沟通的诚信平台。

（3）创新的职位与人才的匹配系统，将职位要求与高端人士的职业期望紧密结合，准确匹配，为招聘方和职业经理人进行最佳的匹配推荐，省时高效。

（资料来源：http://www.docin.com/p-615210454.html）

**问题与讨论：**

猎聘网针对其企业营销目标采取了哪些方式？

# 思考与练习

1. 简述企业营销目标的概念以及形成因素。

2. 企业营销目标的确立原则是什么？

3. 如何确定企业营销战略目标？

4. 企业营销战略目标对企业的影响有哪些？

# 第 3 章　企业营销环境分析

企业营销环境包括宏观环境和微观环境。宏观环境主要是针对企业所处外部环境的研究，而且企业只能被动地去适应环境，或者采用各种有效措施，对环境施加影响，但不可能改变环境。企业的微观营销环境主要是指企业内部对营销活动发生直接影响的组织和力量，它不仅可以分析企业营销中面临哪些更直接的环境影响因素，还可以让企业有机会采取相应的对策加以控制。同时，也有利于企业从自身内部寻找原则，以便求得扩大销售的有效途径。企业只有熟悉环境，并适当运用营销战略方法，才能够在企业发展与竞争中取得优势。

## 3.1　企业营销战略宏观环境分析

企业营销宏观环境，又称间接营销环境，包括经济、政治和法律、科学技术、自然、人口、社会文化六大要素，如图 3-1 所示。企业及其微观环境都处在大的宏观环境下，所以它的影响较为广泛。

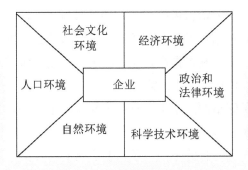

图 3-1　企业营销的宏观环境

### 3.1.1　经济环境

经济环境是影响企业市场营销活动最重要的因素，它一般包括：消费者收入水平、消费结构的变化、消费者储蓄的变化以及价格因素的变化。这些因素对消费品市场营销活动有一定的决定意义。

#### 1. 消费者收入水平

消费者收入水平的高低，直接影响着其购买力的大小，从而就决定了市场容量和消费者的支出规模。党的十一届三中全会以来，由于执行了改革开放的路线，我国经济得到了迅速发展，人民群众的收入水平也呈大幅上升趋势。同时，个人收入的结构也发生了变化，由过去主要依靠固定工资转变为包括工资、奖金、津贴、福利补贴等新的收入形式，第二职业收入所占比重也呈上升趋势。这就要求企业的营销人员在分析消费者收入时，必须区分"货币收入"和"实际收入"这两种形式。货币收入是消费者在某一时期以货币表示的收入量；实际收入是扣除物价变动因素后实际购买力的反映。所以，当货币收入一定，实际收入和物价变动呈反比。此外，还应考虑社会各阶层收入的差异性，不同地区、不同年龄、不同职业以及失业率的高低等都影响消费者的收入水平，进而影响消费者的消费水平。

### 2. 消费结构的变化

消费结构是指在生活资料的消费中，人们所消耗的各种生活消费品(包括劳务)的构成，或者说是各种消费支出占总支出的比例关系。优化的消费结构是优化的产业结构及产品结构的前提，也是企业开展营销活动的基本立足点。消费者衣、食、住、行支出比例的变化，会直接影响到企业的营销活动。目前，我国的消费结构不太合理，呈畸形发展。所以深入研究消费结构，有助于企业分析目标市场的需求特点，把握市场机会，确定营销策略。

### 3. 消费者储蓄的变化

对于一名消费者来说，其收入通常分为两部分：一部分作为支付手段使用，形成现实的社会购买力；另一部分暂不支出作为储蓄。当消费者收入一定时，储蓄增大，现实支出数量就减少，从而影响企业的销售量；反之，储蓄数量越小，现实支出数量就越大，社会购买力就旺盛，就能为企业销售提供有利的销售机会。因此，国家通过利率来调整储蓄、信贷，也就调节了市场供求。利率提高，储蓄增加，市场现实需求下降；利率降低，储蓄减少，现实购买力增大，有利于企业营销。

一般来说，影响居民储蓄的因素主要有：①收入水平；②通货膨胀因素；③市场商品供求状况；④对当前消费和未来消费的偏好程度。同时，企业的营销人员还必须研究消费者的储蓄目的及其差异，储蓄目的不同，常常会影响到潜在的需求量、消费模式、消费内容和消费的发展趋势。只有明确消费者的储蓄动机，才能准确地预测消费的发展趋势及发展水平，以利于企业营销。

### 4. 价格因素的变化

价格因素的变化，对市场需求总量及需求结构有着重大影响，对于价格的上涨或下跌，企业营销人员必须能够做出科学的预测，以便及时调整企业产品的品种构成，进行购进决策，减少经营风险。价格的变动，必然引起需求量的变化，从而影响到企业营销效果。

## 3.1.2　政治、法律环境

政治、法律、环境是影响企业营销的重要宏观环境因素，包括政治环境和法律环境。政治环境引导着企业营销活动的方向，法律环境则为企业规定经营活动的行为准则。政治与法律相互联系，共同对企业的市场营销活动产生影响和发挥作用。

### 1. 政治环境

政治环境是指企业市场营销活动的外部政治形势。一个国家的政局稳定与否，会给企业营销活动带来重大的影响。政局稳定，人民安居乐业，会给企业造成良好的营销环境；相反，政局不稳，社会矛盾尖锐，秩序混乱，就会影响经济发展和人民的购买力。所以，企业在对外营销活动中，一定要考虑东道国政局变动和社会稳定情况可能造成的影响。

政治环境可具体表现为国家政府所制定的方针政策，如人口政策、能源政策、物价政策、财政政策、金融与货币政策等，这一切都会对企业的营销活动产生影响。例如，国家通过降低利率来鼓励消费，通过征收个人收入调节税调节消费者收入，从而影响消费者的购买力并最终影响消费需求，通过增加产品税也能抑制消费者的消费需求。

在国际贸易中，不同的国家也会制定一些相应的政策来干预外国企业在本国的营销活动，主要措施有以下几个方面。

1) 进口限制

进口限制包括两类：一类是限制进口数量；另一类是限制外国产品在本国市场上的销售。政府实行进口限制的主要目的在于保护本国工业，确保本国企业在市场上的竞争优势。

2) 税收政策

在税收方面政府的政策会对企业经营活动产生重大影响。比如，对某些产品征收特别税或高额税，则会使这些产品的竞争力减弱，给经营这些产品的企业带来一定影响。

3) 价格管制

当一个国家发生了经济问题时，如经济危机、通货膨胀等，政府就会对某些重要物资，甚至所有产品采取价格管制措施。这种价格管理直接干预了企业的定价决策，影响企业的营销活动。

4) 外汇管制

外汇管制是指政府对外汇买卖及一切外汇经营业务所实行的管制。外汇管制对企业营销活动特别是国际营销活动产生重要影响。例如，实行外汇管制，使企业生产所需的原料、设备和零部件不能自由地从国外进口，企业的利润和资金也不能或不能随意汇回本国。

5) 国有化政策

国有化政策是指政府由于政治、经济等原因对企业所有权采取的集中管理的措施。例如，为了保护本国工业防止外国势力阻碍等，将外国企业收归国有。

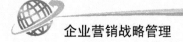

### 2. 法律环境

法律环境是指国家或地方政府所颁布的各项法规、法令和条例等。它是企业营销活动的准则，企业只有依法进行各种营销活动，才能受到国家法律的有效保护。对从事国际营销活动的企业来说，不仅要遵守本国的法律制度，还要了解和遵守国外的法律制度和有关的国际法规、惯例和准则。例如，前一段时间欧洲国家规定禁止销售不带安全保护装置的打火机，这无疑限制了中国低价打火机的出口市场。日本政府也曾规定，任何外国公司进入日本市场，必须要找一个日本公司同它合伙，以此来限制外国企业的进入。

## 3.1.3　科学技术环境

现代科学技术突飞猛进，科学技术的发展极大地促进了生产力的发展，并且对企业营销活动同样产生巨大影响。譬如，它对企业的新产品开发、现有产品成本控制、工艺水平、营销方式等许多方面都可能产生重要的影响。这种影响无疑是一柄"双刃剑"，一方面，它可能给企业提供有利的商机；另一方面，它也可能给某些企业的生存带来威胁。一项新技术的出现，有时会形成一个新的工业部门或行业，但同时也会使某些技术陈旧的老产品遭到无情的打击。

例如，20世纪90年代数码技术的迅猛发展，使电子成像的大规模应用成为现实，从而形成了商机诱人的数码影像市场。与此同时，电子成像技术也在逐步地淘汰化学成像技术(传统相机、冲晒机械等)。因此，营销人员必须时刻关注技术环境的发展变化，抓住可为己所用的机会，警惕和及时应对可能给本企业带来的威胁。当代科学技术环境的主要特点表现在以下几个方面。

### 1. 科学技术和工艺的发展速度越来越快

人类正在进入知识经济和信息经济时代，新的技术、新的发明层出不穷，产品从研发到进入市场，再到被更新的产品淘汰并退出市场的周期不断缩短。1926年，美国人普遍认为电视机普及到家庭"犹如白日做梦"，但这一梦想在20年后却成了现实。1948年，也曾有人预言人类实现登陆月球的理想至少还需要200年时间，但这个理想20年后也实现了。最值得一提的是，现代电脑制造技术的飞速发展，平均18个月就会使原先产品的制造成本下降一半，同时新的产品在技术上就会上升一个等级。科学技术和工艺发展速度加快的结果就是，商品平均寿命周期缩短。这一方面加速了新产品上市的竞争，使很多企业被迫增加技术开发投入；另一方面，企业的产品营销周期也必须大大缩短。迫使企业在成本核算、价格制定和营销战略上必须顺应这种周期的特点，才能在市场立足。

### 2. 高科技创新机会越来越广泛

当代科学技术在微处理器、通信系统、智能机器人、材料科学、生物工程学、太空技术等领域有着长远的发展前景。这些领域内的新技术、新工艺的不断开发所引致的创新，给企业带来了越来越多的机遇与挑战。面对如此广泛的机遇与挑战，企业需有很好的应对战略。

### 3. 微电子技术和网络技术发展迅速

微电子技术和网络技术的迅猛发展，正把人类社会引向一种虚拟化或数字化的生存方式，人们可以借助电脑网络去传达一切所需的信息。企业通过信息垄断的方式去刻意创造自己的产品优势已非常困难，因为所有的企业都可以通过网络向顾客介绍自己的产品，消费者在网上轻而易举地就能对各种产品进行比较。因此，企业之间的竞争比过去更趋于实质化。计算机网络的发展，带来的另一个影响是它改变了人们的购物方式，打破了购物的时空界限。这些都是企业营销决策者必须考虑的新变化。

### 4. 专利技术和知识产权的保护日益加强

由于世界各国对技术创新的高度重视，各国法律不断加强对专利技术和知识产权的保护，对侵犯他人知识产权的处罚也有加重的趋势。这一倾向使企业在仿制产品和运用已有技术时的限制条件增多，产品开发成本加大，在产品开发和营销过程中必须处理的法律事务也增多了，所有这些都增加了产品开发和营销的难度。

## 3.1.4　自然环境

自然环境是指人类生存和发展所依赖的各种自然条件的总和。全球变暖、淡水资源危机、能源短缺、森林资源锐减等众多环境问题已经威胁着人类的生存。企业的经营活动也毫不例外地会受到自然环境的影响。因此，企业管理人员必须密切关注自然环境的变化，而营销人员更要关注以下几个自然环境的变化趋势。

### 1. 资源的短缺

地球上的自然资源有三类：一类是无限供给的，是取之不尽、用之不竭的，如空气。第二类是有限但可再生的资源，如森林、农田等，但须防止过量地采伐森林和侵占耕地。如今世界人口的增长，导致了人们对耕地、牧场、树木的需求量大大增加，过度采伐，将使森林受到前所未有的破坏。据统计，全世界每年约有 1200 万 $hm^2$ 的森林消失。我国森林覆盖率只有全球平均水平的 2/3，排在世界第 139 位；人均森林面积为 $145hm^2$，不足世界人均占有量的 1/4；人均森林蓄积量 $10.151m^3$，只有世界人均占有量的 1/7。目前，个别地方毁林开垦现象依然存在。第三类是有限的不可再生的资源，如石油、煤和各种矿产资源。随着人类生存和经济活动的改变，人们对石油、天然气和煤炭等矿物能源的依赖性日趋严重，矿物能源资源的大量开发，能源产量和消费量的不断攀升，全球能源廉价消费时代已告结束。从探明的储量分析，现在地球上的石油、煤炭的总储量分别为：石油 1 万亿桶、煤炭 1 万亿吨。按照目前全世界对化石燃料的消耗速度计算，这些能源可供人类使用的时间分别为：石油大约 45～50 年，煤炭大约 100 年。因此，在新能源(如太阳能、快中子反应堆电站、核聚变电站等)的开发利用尚未取得较大突破之前，世界能源供应将日趋紧张。此外，其他不可再生性矿产资源的储量也在日益减少，这些资源终究也会被消耗殆尽。那么以矿产品为原料的企业将面临成本上升的问题，所以必须积极从事研究与开发，尽力寻求新的资源或替代品。

### 2. 污染严重

随着现代工业的发展，环境污染程度也在增加，如大量的化学污染，废弃包装材料不合理的处理，已成为当代社会的严重问题。环境污染最直接、最容易被人所感受的后果是人类生存环境的质量下降，影响人类的生活质量、身体健康和生产活动。如城市空气污染造成空气污浊、人们的发病率上升；水污染使水环境质量恶化，饮用水源的质量普遍下降，威胁到人们的身体健康等。严重的污染事件不仅带来健康问题，也造成社会问题。随着污染的加剧和人们环境意识的提高，污染引起的纠纷和冲突逐年增加。在我国，污染问题也引起了政府和公众的重视，有关部门也做了大量工作。公众对环境保护的关心一方面限制了某些行业的发展，另一方面也带来了营销机会，如治理污染的技术和设备，不破坏生态环境的新的生产和包装技术等。

### 3. 政府对自然资源的管理

许多国家的消费者开始关注自己赖以生存的环境，关注自己的消费行为是否造成环境污染，自觉使用可再生资源所生产的产品，使用带有环保标志的绿色产品。除了公众对自然环境的关心外，各国政府也采取积极措施，制定各种严格的环境保护政策，加强对自然资源的管理，并强制要求企业购买设施和采取措施解决环境问题。我国则把环境保护作为一项基本国策，制定和颁布了一系列环境保护的法律、法规，以保证这一基本国策的贯彻执行。企业必须关注有关法令的限制，严格守法，注意环境保护所提供的营销机会。

## 3.1.5  人口环境

人口是市场的第一要素，人口数量直接决定市场的潜在容量，人口的性别、年龄、民族、居住地点、婚姻状况、密度、职业等也对市场格局产生着深刻影响，并直接影响企业的市场营销和经营管理活动。企业应重视对人口环境的研究，密切关注人口特性及其发展动向，及时地调整营销策略以适应人口环境的变化。

### 1. 人口数量

人口数量是决定市场规模和潜量的一个基本要素，如果收入水平不变，人口越多，对食物、衣着、日用品的需要量也越多，市场也就越大。随着经济全球化的发展，不少跨国公司纷纷在我国投资，将我国市场作为未来发展的增长点，其原因就是看中了我国这个庞大的市场，可以毫不夸张地说，我国将是世界上最大的市场。

另外，企业也应充分关注人口数量的变化，人口总量的变化会影响某些生活必需品的需求，如衣着、食物、住房、交通等；特定年龄段的人口数量的变化会影响到某些行业的发展，如人口的老龄化必将影响到一些保健品、老年消费品行业，促进它们的兴旺发展。

### 2. 人口结构

人口结构主要包括人口的年龄结构、性别结构、家庭结构、社会结构以及民族结构等。

1)　年龄结构

不同年龄的消费者对商品的需求不一样。目前我国人口年龄总的趋势是向上的，即趋向老年化，特别是一些大中型城市。

2)　性别结构

性别结构反映到市场上就表现出男性用品市场和女性用品市场，他们的购买行为也有各自不同的特征。一般来说，在一个国家或一个地区男女总数相差不大，性别结构较稳定，但如在某些行业相对集中的较小地区男女比例可能会有一些变化，这一点企业也必须有所考虑。

3)　家庭结构

家庭是购买、消费的基本单位，家庭的数量直接影响到某些商品的销量。另外，不同类型的家庭往往有不同的消费需求与特征。

4)　社会结构

随着国家发展，农业人口比重在逐渐减少，但农业人口仍约占总人口的43.9%。这种社会结构的客观存在决定了企业在国内市场中应充分考虑到农村这个大市场，尤其是一些中小企业，更应注意开发物美价廉的商品以满足农民的需要。

5)　民族结构

民族不同，其文化传统、生活习性也不相同。我国是个多民族的国家，企业营销要注意民族市场的营销，重视开发适合各民族特性、受其欢迎的商品。

### 3. 人口的地理分布

人口的地理分布是指人口在不同地区的密集程度。人口的这种地理分布表现在市场上，就是各地人口的密度不同，则市场大小不同；消费习惯不同，则市场需求特性不同。

当前我国有一个突出的现象就是农村人口向城市或工矿地区流动，内地人口向沿海经济开放地区流动。人口流入较多的地方由于劳动力增多，就业问题突出，行业竞争较激烈。但人口增多也使当地基本需求量增加，消费结构也发生了一定的变化，从而带来较多的市场份额和营销机会。

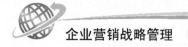

### 3.1.6　社会文化环境

任何企业都处在一定的社会文化环境中，它的经营活动必然要受到这种社会文化的影响和制约。社会文化环境，一般指在一种社会形态下已经形成的价值观念、宗教信仰、道德规范、审美观念以及风俗习惯等的总和。企业应了解、研究和分析社会文化环境，针对不同的文化环境制定不同的营销策略。社会文化环境主要包括以下几个方面。

**1. 教育状况**

受教育程度的高低，影响到对商品的需求。通常情况下，文化素质高的国家或地区的消费者要求商品包装典雅华贵，对附加功能也有一定要求，而文化素养低一点的国家或地区的消费者则更偏爱实用性较强的商品。受教育程度的高低，也会影响到企业的调研、分销等营销活动。

**2. 宗教信仰**

宗教是影响人们消费行为的重要因素之一，某些国家和地区的宗教组织甚至在教徒购买决策中有决定性的影响。企业可以把影响大的宗教组织作为自己的重要公共关系对象，在经销活动中也要注意到不同的宗教信仰，以避免由于矛盾和冲突给企业营销活动带来损失。

**3. 价值观念**

价值观念是指人们对社会生活中各种事物的态度和看法，不同文化背景下，人们的价值观念往往有着很大的差异，消费者对商品的需求和购买行为深受价值观念的影响。

**4. 消费习俗**

消费习俗是指人们在长期经济与社会活动中所形成的一种消费方式与习惯。不同的消费习俗，具有不同的商品需要。研究消费习俗，不但有利于组织好消费用品的生产与销售，而且有利于正确、主动地引导健康的消费。了解目标市场消费者的禁忌、习俗、避讳、信仰、伦理等是企业进行市场营销的重要前提。

在研究社会文化环境时，还要重视亚文化群对消费需求的影响。每一种社会文化除核心文化外都包含若干亚文化群。因此，企业市场营销人员在进行营销环境分析时应充分考虑到各亚文化群，可将其视为细分市场。

## 3.2　企业营销战略微观环境分析

### 3.2.1　企业营销战略微观环境分析的必要性

市场营销学传统观点认为：企业市场营销环境分析，主要是针对外部环境的研究，而且企业只能被动地去适应环境，或者通过其他渠道，对环境施加影响，但不可能改变环境。然而，现实营销中的许多问题，需要引起我们的思考：为什么在同样的外部环境条件下，有的企业销售数量大幅度滑坡，而有的企业销售数量不但没有下降，反而大幅度上升呢？为什么面对同一消费者，经营同种商品，甲顺利成交，而乙却束手无策呢？这些问题的解决，必须借助于企业微观环境的分析与研究。

微观环境是介于宏观环境因素和企业内部可控因素(如产品、价格、渠道、销售)中间的影响因素，其主要包括：企业营销渠道、竞争企业、顾客和各种社会公众，也可把企业内部的一些影响因素，如生产人员、营销人员、管理人员等的素质高低、协作关系作为微观环境研究的对象。微观环境和宏观环境相同之处是二者是企业外部因素的集合，二者的区别主要表现在：①微观环境对企业营销活动的影响比宏观环境更直接；②微观环境中的一些因素通过企业努力可以加以控制，而企业对于宏观环境则难以把控。

研究企业营销的微观环境，其必要性主要表现在：一方面可以分析企业营销中面临哪些更直接的环境因素影响；另一方面企业可以采取相应的对策加以控制。同时，也有利于企业从自身内部寻找规律，以便求得扩大销售的有效途径。微观环境的研究，是企业面临的一个新课题，应引起足够的重视。

## 3.2.2　企业营销战略微观环境分析的内容

企业的微观营销环境主要是指对企业营销活动发生直接影响的组织和力量。构成微观环境的主要因素有：企业的供应商、营销中介、顾客、竞争对手、社会公众及企业内部参与营销决策的各部门组成，如图 3-2 所示。

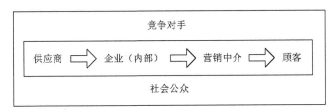

**图 3-2　企业市场营销的微观环境**

### 1. 供应商

供应商是指向企业提供生产所需资源的企业或个人。供应商所提供的资源主要包括原材料、设备、能源、劳务、资金等。这些资源的变化直接影响到企业产品的产量、质量以及利润，从而影响企业营销计划和营销目标的完成。供应商对企业营销活动的影响主要表现在以下几个方面。

1)　供应的稳定性

原材料、零部件、能源及机器设备等货源的保证，是企业营销活动顺利进行的前提。

例如，葡萄酒厂不仅需要葡萄等原料来进行酿造加工，还需要设备、能源等其他生产要素，任何一个环节在供应上出现了问题，都会导致企业的生产活动无法正常开展。

2) 供应的价格

供应物资的价格变动会影响企业的生产成本的变化，如果供应商提高原材料价格，生产企业亦将被迫提高其产品价格，由此可能影响到企业的销售量和利润。

3) 供应物资的质量

供应物资的质量直接影响到企业产品的质量，从而进一步会影响到销售量、利润及企业信誉。

4) 供应时间和履约程度

要切实保证供应方的供货时间和连续性，防止因断档而延误企业的正常生产。

## 2. 企业内部

企业开展营销活动也要充分考虑到企业内部的力量。企业内部设立了管理、行政、财务、研发、采购、生产、营销等诸多部门，营销部门又由品牌、管理、营销研究人员、广告及促销专家、销售经理及销售代表等组成。

企业营销部门与企业业务部门之间既有多方面的合作，也存在争取资源方面的矛盾。所以在制订营销计划，开展营销活动时，必须考虑到与企业其他各部门的合作和协调。营销管理系统内部由于所肩负的职能各不相同，系统内的各部门也要协调一致，服务于营销目标。现代企业管理没有协调就难以避免内部摩擦与消耗，因此，如何通过内部有效沟通，协调好企业的各职能部门和营销管理系统的内部关系，就成为营造良好微观环境，更好地实现营销计划的关键。

## 3. 营销中介

营销中介可以帮助企业推广及分销产品，包括中间商、服务代理商、实体分配企业以及金融机构。

1) 中间商

中间商是指协助销售、分配产品至终端客户的企业，如代理商、经销商等，它们直接从企业取货，利用自身已经建立的销售机制推销给下一级消费者，中间商对企业产品从生产领域到消费领域的流通具有极其重要的影响。企业要选择合格的中间商并在建立合作关系后，随时了解和掌握其经营活动，并采取一些激励性措施来推动其业务活动的开展，而一旦中间商不能履行其职责或市场环境变化时，企业应及时终止与中间商的关系。

2) 服务代理商

服务代理商是指广告公司、广告媒介经营公司、市场调研机构、市场营销咨询企业、财务代理、税务代理等专门提供各种营销服务的企业。它们协助企业确立市场定位，帮助企业进行市场推广。一些大的集团公司往往有自己的广告和市场调研部门，而大多数公司一般则以合同方式委托专业公司办理这些事务。服务代理商服务质量的好坏将直接影响到企业的营销活动。

3）　实体分配企业

实体分配企业是指担任仓储、运输活动的物流机构。它们协助制造企业将产品运往销售目的地，完成产品空间位置的转移。同时，产品到达目的地之后，还需要一段待售时间，所以还需要协助保管和储存。而物流的安全性和方便性直接影响营销的质量。

4）　金融机构

金融机构包括银行、信贷、信托公司、保险公司等。企业应与这些公司保持良好的关系，以保证融资及信贷业务的稳定和渠道的畅通。

### 4．顾客

企业的营销活动应以满足顾客需要为中心，顾客是企业产品及服务的对象，也是影响企业营销的重要力量，任何企业的产品和服务，得到了顾客的认可就相当于取得了市场。所以，分析顾客的心理，了解顾客对企业产品的态度是企业营销管理的核心。

一般说来，企业的顾客来自以下五种市场。

1）　消费者市场

消费者市场是指为满足个人或家庭消费需求购买产品及服务的个人和家庭。

2）　生产者市场

生产者市场是指为生产其他产品及劳务，以赚取利润而购买产品与服务的组织。

3）　中间商市场

中间商市场是指购买产品及服务以转售，从而从中营利的组织。

4）　政府市场。

政府市场是指购买产品及服务以提供公共服务或把这些产品及服务转让给其他需要它们的人的政府机构。

5）　国际市场

国际市场是指国外购买产品及劳务的个人及组织，包括外国消费者、生产商、中间商及政府。

上述五类市场的顾客需求各不相同，要求企业以不同的方式提供产品和服务，它们的需求、欲望和偏好直接影响企业营销决策的制定。

### 5．公众

公众，是指对企业完成其营销目标的能力有着实际或潜在利益关系和影响力的群体或个人。公众对企业的态度会对企业的营销活动产生巨大的影响，它既有助于增强企业实现自己营销目标的能力，也可能削弱这种能力，所以企业必须采取必要的措施，成功地处理与主要公众的关系，争取公众的支持和偏爱，为自己营造和谐宽松的社会环境。企业所面

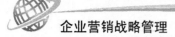
临的公众主要有以下六类。

1) 金融公众

金融公众主要包括银行、投资公司、证券公司、股东等，金融公众对企业的融资能力有重要的影响。

2) 媒介公众

媒介公众是指报纸、杂志、电台、电视台等传播媒介，它们掌握传媒工具，有着广泛的社会联系，能直接影响社会舆论对企业的认识和评价。

3) 政府公众

政府公众指与企业经营活动有关的各级政府机构部门，企业在开展营销活动时必须认真研究政府政策方针与措施的发展变化情况，从中寻找对企业营销的限制或机遇。

4) 社团公众

社团公众指与企业营销活动有关的非政府机构，如消费者组织、环境保护组织，以及其他群众团体。企业营销活动涉及社会各方面的利益，来自社团公众的意见、建议对企业营销决策有着十分重要的影响。

5) 社区公众

社区公众指企业所在地附近的居民和社区团体。社区是企业的邻里，企业保持与社区的良好关系，为社区的发展作一定的贡献，会受到社区居民的好评，它们的口碑能帮助企业树立良好的形象。

6) 内部公众

内部公众指企业内部的管理人员及一般员工，企业的营销活动离不开内部公众的支持。

### 6. 竞争者

企业很少单独为某一顾客市场服务，它总会面对各种各样的竞争对手。企业的竞争对手不仅包括同行业竞争者，还包括非同行业竞争者。从消费需求的角度可以将企业的竞争者划分为以下四类。

1) 愿望竞争者

愿望竞争者指提供不同的产品以满足不同需求的竞争者。例如，消费者要选择一种万元消费品，他所面临的选择就可能有电脑、电视机、摄像机、出国旅游等，这时电脑、电视机、摄像机以及出国旅游之间就存在着竞争关系，成为愿望竞争者。

2) 普通竞争者

普通竞争者指提供不同的产品以满足相同需求的竞争者。例如，面包车、轿车、摩托车、自行车都是交通工具，在满足需求方面是相同的，它们就是普通竞争者。

3) 产品形式竞争者

产品形式竞争者指生产同类但规格、型号、款式不同产品的竞争者。例如，自行车中的山地车与城市车，男士车与女士车，就构成产品形式竞争者。

  4)　品牌竞争者

  品牌竞争者指生产相同规格、型号、款式的产品，但品牌不同的竞争者。以电视机为例，索尼、长虹、夏普、金星等众多产品之间就互为品牌竞争者。

  上述四种不同的竞争者与企业构成了不同的竞争关系，企业在制定营销策略前必须先弄清竞争对手特别是同行业竞争对手的生产经营状况，做到知己知彼，从而有效地开展营销活动。

# 3.3　企业营销战略分析方法

## 3.3.1　SWOT 矩阵分析法

  SWOT 矩阵分析法被认为是物流企业内外部环境分析确立企业战略最有效的工具，它可以对研究对象所处的市场地位进行全面、系统、准确的研究，从而根据研究结果确立相应的发展战略、计划以及对策等。SWOT 矩阵分析法主要分析以下几个方面的内容。

  第一步，分析环境因素。

  从整体上看，SWOT 可以分为两部分：第一部分为 SW，主要用来分析内部因素；第二部分为 OT，主要用来分析外部因素。其具体内容为：S——优势(Strength)；W——劣势(Weakness)；O——机会(Opportunity)；T——威胁(Threat)。在调查分析这些因素时，不仅要考虑到历史与现状，而且更要考虑未来的发展问题。

  企业的优势具体包括有利的竞争态势、充足的资金、完备的资料信息、产品质量优势、良好的企业形象、人力资源优势、技术技能优势、规模经济优势、强大的经销网络、对市场变化的灵敏反应等。企业的劣势具体包括设备老化、管理混乱、缺少关键技术、研究开发落后、资金短缺、经营不善、产品积压、关键竞争能力弱等。机会是企业的外部因素，具体包括政策支持、技能技术向新产品的转移、新需求增长强劲、市场进入壁垒降低、竞争对手失误等。威胁也是企业的外部因素，具体包括新的竞争对手出现、替代产品抢占市场份额、市场需求减少、行业政策变化、客户和供应商的谈判能力提高、经济衰退等。

  第二步，构造 SWOT 矩阵。

  将调查得出的各种因素根据轻重缓急或影响程度等排序方式排序，构造 SWOT 矩阵。在此过程中，将那些对企业发展有直接的、重要的、大量的、迫切的、久远的影响因素优先排列出来，而将那些间接的、次要的、少许的、不急的、短暂的影响因素排列在后面。结果如图 3-3 所示。

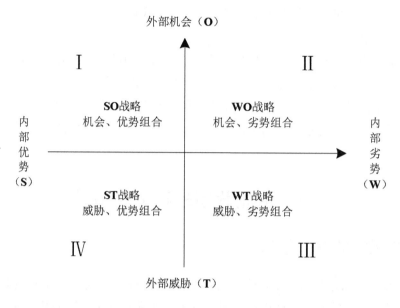

图 3-3　SWTO 矩阵分析图

第三步，制订行动计划。

在完成环境因素分析和 SWOT 矩阵的构造后，便可以制订出相应的行动计划。制订计划的基本思路是：发挥优势因素，克服弱点因素，利用机会因素，化解威胁因素；考虑过去，立足当前，着眼未来。运用系统分析的综合分析方法，将排列与考虑的各种环境因素相互匹配起来加以组合，得出一系列企业未来发展的可选择对策。

(1) SO 战略——发展战略。在Ⅰ区中的企业，环境提供了发展机会，内部又有优势，此时企业应抓住机会，采取发展型或进攻型战略。这类战略主要有扩张联合战略，即通过收购、兼并等手段壮大自己、占领市场；纵向一体化战略，即加大投入产出实现扩张；横向一体化战略，通过吞并和购买同行业竞争对手的手段达到自我增长的目的。

(2) WO 战略——防御性战略。在Ⅱ区中，虽然环境提供了发展机会，但企业内部却处于劣势。此时，企业应采取防守型战略，即采取集中优势战略、联合战略等，在克服和避开自身劣势的基础上，以进取精神抓住机会发展。

(3) WT 战略——紧缩型战略。在Ⅲ区中，企业面临较大的环境威胁，同时内部又有明显的劣势，此时应采取紧缩型战略，即采用精简压缩战略、调整巩固战略、资产重组战略等，积蓄力量等待时机，再图发展。

(4) ST 战略——分散型战略。在Ⅳ区中，企业内部有优势，环境却受到威胁。此时企业应采取分散战略，即采取多样化经营战略、名牌战略、质量取胜战略、低成本战略等，以分散风险，保持企业优势。

SWOT 方法的优点在于考虑问题全面，是一种系统思维，而且可以把对问题的"诊断"和"开处方"紧密结合在一起，条理清楚，便于检验。

## 3.3.2　SPACE 分析法

战略定位与行动评估(The Strategic Position and Action Evaluation)矩阵，简称 SPACE 矩阵，是由美国哈佛大学罗伊(H. Rowe)和梅森(R.Mason)教授等人在 20 世纪 80 年代所提出，并在 1994 年又进一步加以完善，是企业进行战略定位与行动评估的工具。实际上，这种方法能帮助企业确定它在所处的行业的吸引力和增强企业在市场上的竞争能力。

### 1. 基本原理

SPACE 矩阵有四个象限，分别表示企业采取的攻击(Aggressive)、保守(Conservative)、防御(Defensive)和竞争(Competitive)四种战略模式。这个矩阵的两个数轴分别代表了企业的两个内部因素，即财务实力(Financial Strength，FS)和竞争优势(Competitive Advantage，CA)以及两个外部因素，即环境状况(Environmental Stability，ES)和行业吸引力(Industry Strength，IS)。这四个因素对于确定企业的总体战略地位是最为重要的，如图 3-4 所示。

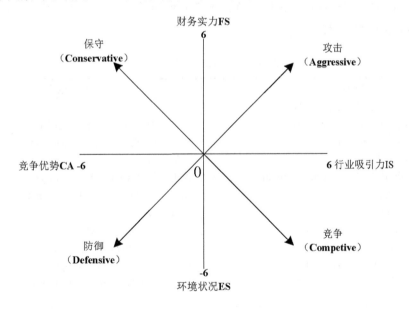

图 3-4　SPACE 矩阵分析图

SPACE 分析法充分吸收了 SWOT 矩阵以及 BCG 矩阵、GE 矩阵、DPM 矩阵等的优点，并避免了其局限性。

相对于以定性研究法的个案分析为主的 SWOT 矩阵，SPACE 分析法虽同样是基于对企业内外因素的考量，但却同时兼具定性分析的深入与定量分析的客观的优点，可以对多个业务单元进行组合分析或对多个竞争对手作群体分析。SPACE 分析法是仅次于 SWOT 分析法的工具，更显示出其实用的价值。

相对于只分析行业吸引力与公司竞争优势两个变量的 BCG 矩阵、GE 矩阵、DPM 矩阵等，SPACE 分析法在使用同样的两维直角坐标图时，却能综合反映行业的吸引力与市场状况、公司的竞争优势与财务实力这四个独立变量。其原理是：因为企业的财务实力与环境状况密切相关，即企业财务实力强劲可以抵御环境动荡对企业的冲击；反之，如果市场非常有利，需求猛增，进入市场无太大障碍，则企业财务稍逊亦关系不大。而另一对指标，企业的竞争优势和行业吸引力两者之间的关系也极端密切，即企业的强大竞争优势也可以弥补行业吸引力的不足；反之，行业的巨大吸引力也有利于竞争优势不强的企业的发展。因此，这种方法的图形处理，是把企业财务实力与市场状况放在同一条纵轴上，而企业的竞争优势与行业吸引力则放在同一条横轴上。

### 2. 操作步骤

建立 SPACE 矩阵的具体步骤如下。

第一步：选择一组变量，构造描述企业内部的财务实力(FS)与竞争优势(CA)、企业外部的市场状况(ES)与行业吸引力(IS)的矩阵。表 3-1 示例了一些常用变量因素，可以作为开发特定企业 SPACE 矩阵时的参考。

表 3-1　SPACE 常用变量示例

| 企业评估方面 | 行业评估方面 |
| --- | --- |
| 财务实力(Financial Strength，FS)<br>投资回报率(Return on investment)<br>财务杠杆比率(Leverage)<br>流动比率(Liquidity)<br>必要资本/可用资本比率(Capital required versus capital available)<br>现金流(Cash flow)<br>退出市场便利性(Ease of exit from market)<br>企业风险(Risk involved in business)<br>存活周转率(Inventory turnover)<br>经济规模与经验之利用(Use of economies of scale and experience) | 环境状况(Environmengtal Stability，ES)<br>技术变化(Technological changes)<br>通货膨胀率(Rate of inflation)<br>需求变化性(Demand variability)<br>竞争产品的价格差距(Price range of competing products)<br>进入市场障碍(Barriers to entry into market)<br>竞争压力(Competitive pressure /rivalry)<br>价格需求弹性(Price elasticity of demand)<br>替代品威胁(Pressure from substitute products) |
| 竞争优势(Competitive Advantage，CA)<br>市场占有率(Market share)<br>产品质量(Product quality)<br>产品生命周期(Product life cycle)<br>产品重构周期(Product replacement cycle)<br>顾客忠诚度(Customer loyalty)<br>竞争能力利用率(Competition's capacity utilization)<br>专有技术知识(Technological knowhow)<br>垂直整合(Vertical integration)<br>新产品导入速度(Speed of new product introductions) | 产业吸引力(Industry Strength，IS)<br>增长潜力(Growth potential)<br>盈利能力(Profit potential)<br>财务稳定性(Financial stability)<br>专有技术知识(Technological knowhow)<br>资源利用(Resource utilization)<br>资本密集性(Capital intensity)<br>进入市场便利性(Ease of entry into market)<br>生产效率和生产能力利用率(Productivity, capacity utilization)<br>制造商议价能力(Manufactures' bargaining power) |

第二步：对构成 FS 和 IS 轴的各变量给予从+1(最弱)到+6(最强)的评分值，而对构成 ES 和 CA 的轴的各变量给予从-1(最好)到-6(最差)的评分值。

第三步：将各数轴所有变量的评分值加总，并分别除以各数轴变量个数，从而得出 FS、CA、IS 和 ES 各自的平均值。

第四步：将纵轴上 FS 与 ES 的得分平均值相加，结果作为纵轴上的坐标值；再将横轴上 IS 与 CA 的得分平均值相加，结果作为横轴上的坐标值，据此，可得到 SPACE 图上的一个坐标点。

第五步：在 SPACE 图上，以原点 0 为始点，以所得到的坐标点为终点画一条向量，这一条向量就表示可以采取的战略类型。各种不同战略形态的示意图参见图 3-5。

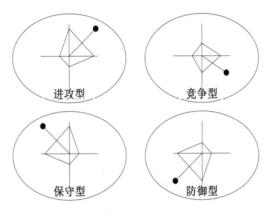

**图 3-5 各种战略形态示意图**

第六步：对在 SPACE 图上形成的战略地位(攻击、竞争、保守、防御)进行评估。

(1) 向量出现在攻击象限时，说明该企业正处于一种绝佳的地位，即可以利用自己的内部优势和外部机会选择自己的战略模式，如市场渗透、市场开发、产品开发、后向一体化、前向一体化、横向一体化、混合式多元化经营等。

(2) 向量出现在保守象限时，意味着企业应该固守基本竞争优势而不要过分冒险，保守型战略包括市场渗透、市场开发、产品开发和集中多元化经营等。

(3) 向量出现在防御象限时，意味着企业应该集中精力克服内部弱点并回避外部威胁，防御型战略包括紧缩、剥离、清算和集中多元化经营等。

(4) 向量出现在竞争象限时，表明企业应该采取竞争性战略，包括后向一体化、前向一体化、市场渗透、市场开发、产品开发及组建合资企业等。

### 3.3.3 IE 分析法

内部——外部矩阵(Internal-External，IE)，是由通用电气公司的业务检查矩阵发展而来的。同 BCG 矩阵一样，IE 矩阵也是用矩阵图标识企业的各个经营单位的工具，以此来检查企业的业务组合状态，因此也被称作组合矩阵。

IE 矩阵以 IFE 的评分(或加权评分)作为横坐标，以 EFE 的评分(或加权评分)作为纵坐标，按照强、中、弱和高、中、低的水平把整个矩阵分为 9 个区域。其中 1.0～1.99 代表弱势地位，2.0～2.99 代表中等地位，3.0～4.0 代表强势地位。

如果经营单位落入到了Ⅰ、Ⅱ、Ⅳ象限中，表明该经营单位的内外环境评价分数较高，属于增长型和建立型业务，适宜采取的战略有加强型战略(市场渗透、市场开发和产品开发)和一体化战略(后向一体化、前向一体化和横向一体化)。

如果经营单位落入到了Ⅲ、Ⅴ、Ⅶ象限中，表明该经营单位的内外环境评价分数在中等水平，其处于坚持和保持的区域，适宜采取的战略有市场渗透和产品开发。

如果经营单位落入到了Ⅵ、Ⅷ、Ⅸ象限中，表明该经营单位的内外环境非常不利，具体如图 3-6 所示。

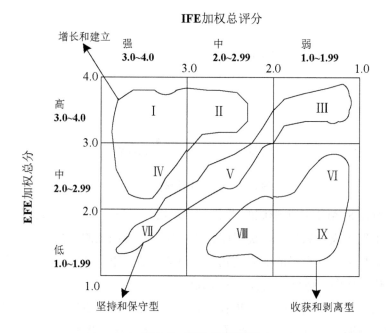

图 3-6　内部-外部矩阵

现在用某房地产公司为例来说明 IE 矩阵在现实当中的应用。

某房地产公司现有三个正在进行的项目：A 住宅小区、B 购物广场以及 C 别墅项目。专家们通过采用德尔菲法，对其内部评价因素和外部评价因素进行打分，最后得出 IFE 和 EFE 的加权分数和总分数。

表中权重和得分数据的确定是根据此家房地产公司的具体情况略作改动而制定的，仅供参考，具体如表 3-2 和表 3-3 所示。

表 3-2　内部因素评价矩阵(IFE)

| 关键内部因素 | 权重 | A | | B | | C | |
|---|---|---|---|---|---|---|---|
| | | 评分 | 得分 | 评分 | 得分 | 评分 | 得分 |
| 优势 | | | | | | | |
| 1.灵活的反应机制 | 0.06 | 3 | 0.18 | 4 | 0.24 | 4 | 0.24 |
| 2.较强的资源整合能力 | 0.08 | 4 | 0.32 | 3 | 0.24 | 4 | 0.32 |
| 3.准确地把握客户心理 | 0.07 | 3 | 0.21 | 4 | 0.28 | 2 | 0.14 |
| 4.较好的获利能力 | 0.06 | 3 | 0.18 | 2 | 0.12 | 4 | 0.24 |
| 5.人才众多 | 0.1 | 3 | 0.3 | 4 | 0.4 | 3 | 0.3 |
| 弱势 | | | | | | | |
| 1.规模较小, 融资困难 | 0.14 | 1 | 0.14 | 3 | 0.42 | 4 | 0.56 |
| 2.研究支出开发经费投入不足 | 0.12 | 1 | 0.12 | 4 | 0.48 | 2 | 0.24 |
| 3.内部管理制度不是很完善 | 0.14 | 2 | 0.28 | 2 | 0.28 | 1 | 0.14 |
| 4.管理的提升只停留在口号阶段 | 0.13 | 1 | 0.13 | 3 | 0.39 | 1 | 0.13 |
| 5.内部凝聚力不高 | 0.1 | 1 | 0.1 | 3 | 0.3 | 1 | 0.1 |
| 总计 | 1.00 | | 1.96 | | 3.15 | | 2.41 |

表 3-3　外部因素评价矩阵

| 关键外部因素 | 权重 | A | | B | | C | |
|---|---|---|---|---|---|---|---|
| | | 评分 | 得分 | 评分 | 得分 | 评分 | 得分 |
| 机会 | | | | | | | |
| 1.成都市经济的发展增加了房产的需求 | 0.11 | 2 | 0.22 | 3 | 0.33 | 4 | 0.44 |
| 2."十一五"规划的实施 | 0.13 | 4 | 0.52 | 3 | 0.39 | 3 | 0.39 |
| 3.住房消费信贷业务迅猛增加 | 0.12 | 2 | 0.24 | 4 | 0.48 | 2 | 0.24 |
| 4.商品房住宅存在着大量的需求缺口 | 0.11 | 3 | 0.33 | 4 | 0.44 | 2 | 0.22 |
| 5.国外资金的进入提供了多种融资渠道 | 0.08 | 2 | 0.16 | 4 | 0.32 | 3 | 0.24 |
| 威胁 | | | | | | | |
| 1.房地产业市场竞争加剧 | 0.09 | 2 | 0.18 | 3 | 0.27 | 4 | 0.36 |
| 2.消费者的品位要求进一步提高 | 0.07 | 3 | 0.21 | 3 | 0.21 | 3 | 0.21 |
| 3.银行对贷款融资条件越来越高 | 0.13 | 1 | 0.13 | 2 | 0.26 | 2 | 0.26 |
| 4.外来开发商的进入 | 0.07 | 2 | 0.14 | 3 | 0.21 | 2 | 0.14 |
| 5.人民币汇率的提高增加了建筑成本 | 0.09 | 1 | 0.09 | 2 | 0.18 | 3 | 0.27 |
| 总计 | 1.00 | | 2.22 | | 3.09 | | 2.77 |

　　由 IE 矩阵分析可知，A(1.96，2.22)项目处于第Ⅵ象限，最适合采取收获和剥离型的战略；B(3.15，3.09)项目处于第Ⅰ象限，适宜采取增长和建立型的战略，如市场渗透、市场开发和产品开发等；C(2.41，2.77)项目处于第Ⅴ象限，适宜采取坚持和保持型的战略，市场渗透和产品开发可以在考虑的范围之内。

　　同 BCG 矩阵相比，IE 矩阵的评价指标更加科学，不同于 BCG 矩阵那样采用单一指标来衡量业务的内、外部因素，IE 矩阵采用加权评分这种复合式的指标来考察经营单位的内、外部因素。

然而，IE 矩阵采用 EFE 评分作为外部环境因素的评价指标，忽略了不同的经营单位的不同的关键外部因素，使得 EFE 评分不具有可比性。例如，一家社区内的便利店最主要的关键外部因素是邻近同业态的行业竞争，如果其同时投资了房地产行业，则房地产行业的最主要的关键外部因素却是国家政策的导向，两者不具有可比性。

### 3.3.4　BCG 分析法

#### 1. 基本的 BCG 分析法

BCG 分析法是由美国大型商业咨询公司——波士顿咨询集团(Boston Consulting Group)首创的一种规划企业产品组合的方法，又被称为波士顿矩阵、四象分析法和产品系列结构管理法。

BCG 分析法，是假定企业拥有复杂的产品系列，并且产品之间存在明显差别，具有不同的市场细分。在这种情况下，企业决定产品结构时应主要考虑两个基本因素：一是企业的相对竞争地位，以市场占有率指标表示，指本企业某种产品的市场份额与该产品在市场上最大的竞争对手的市场份额的比率；另一个是业务增长率，以销售增长率指标表示，指前后两年产品市场销售额增长的百分比。这两个因素相互影响、共同作用的结果，会形成四种具有不同发展前景的产品类型，如图 3-7 所示。企业就应针对不同类型的产品采取相应的战略对策。

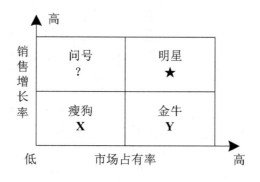

图 3-7　BCG 分析图

1)　明星产品

明星产品是指销售增长率和市场占有率 "双高" 的产品群，是企业最具长期发展和获利机会的产品。由于该类产品增长较快，它所需要的投资量一般超过其自身的积累能力，因此在短期内应成为企业资源的优先使用者，应用扩张性的发展战略，即增加资源投入，积极扩大经济规模和市场机会，以长远利益为目标，提高市场占有率，提高竞争地位。

2) 金牛产品

金牛产品是指低销售增长率，高市场占有率的产品群。这类产品已进入市场成熟期，销售量大，产品利润率高，负债比率低，无须扩大投资，因而其创造的现金量高于自身对现金的需要量，成为企业回收资金，支持其他产品，尤其是明星产品发展的投资后盾。这类产品，过去曾经是明星产品，而一旦成为金牛产品后，其市场占有率的下跌已成为不可阻挡之势，因此可采取收获战略，即投入资源以达到短期收益最大化为限。一方面把设备投资和其他投资尽量压缩，另一方面可采用榨油式方法，争取在短时间内获取更多利润，为其他产品提供资金。

3) 问号产品

问号产品是指高销售增长率，低市场占有率的产品群。这类产品是企业的新生力量，但前景不明。由于市场占有率低，其获利能力不明显，现金创造力较低。因此，对问号产品应采取选择性投资战略，即首先确定对那些经过改进可能会成为明星的产品进行重点投资，提高其市场占有率，使之逐步转变为明星产品。对其他将来有希望成为明星的产品，则在一段时期内采取扶持的政策。而对那些经"着重培养"仍难成长的产品，则采取放弃战略。

4) 瘦狗产品

瘦狗产品是指低销售增长率，低市场占有率的产品群。这类产品的市场已经饱和，因而竞争激烈，利润率低，处于保本或亏损状态，负债率高，无法为企业带来收益。因此，瘦狗类产品应采取撤退战略，即应减少批量，缩小业务范围，逐渐撤退，甚至淘汰，并将剩余资源向其他产品转移。

例如，美国明德公司是一家生产多种产品的多元化经营公司。为了重组产品结构，专门任命了一位副总裁。这位副总裁要求，公司应在所服务的市场中成为领导者，并规定销售增长率在 10%以上的为高增长率，市场占有率达到排名第二位的竞争对手市场占有率的 1.5 倍以上为高市场份额。根据这一标准，对全公司产品进行分类，发现许多产品被划入第四种瘦狗类产品行列。为此，公司陆续淘汰了 15 项不可能成为市场领导者的产品。此举除收回了 8000 万美元的资金外，还省下了如果不淘汰还需进一步追加的 2500 万美元投资，使公司总资产利润率得到了迅速提高，第一年，公司的总销售额为 11 亿美元，四年后总销售额达到了 16 亿美元，增长了 50%以上，同期税后利润翻了 6 番。

根据对上述四类产品的分析，我们可有以下五个推论。

(1) 产品市场占有率越高，创造利润的能力就越大；销售增长率越高，为了维持其增长及扩大市场占有率所需的资金也越多。因此，企业应该实现产品互相支持，资金良性循环的产品结构，其产品发展与资金移动线路如图 3-8(1)所示。在一个多产品公司中，如果没有金牛产品，公司的资金可能会有困难；如果没有明星产品，公司将缺乏主导性产品，未来也将没有金牛产品，发展潜力有限；如果没有问号产品，公司未来可能进入后继乏力的困境。

(2) 产品结构中，若盈利大的产品不是一个，而且其销售收入都比较大，还有不少明星产品，而问号产品和瘦狗产品的销售量都比较少，如图3-8(2)所示各类产品呈成功的月牙环状分布，那么产品结构是理想的。相反，如图3-8(3)所示的散乱分布，则说明产品结构不合理，业绩必然较差。

(3) 如果企业没有任何盈利大的产品，或者即使有，其销售收入也几乎近于零，我们可以用一个黑球来表示，如图3-8(4)所示，那么企业应对现有产品进行战略性调整，开发新产品。

(4) 一个企业的产品越是集中分布在四个象限中的东北方向，则该企业的产品结构中明星产品就越多，发展潜力越大，因此东北向大吉，相反方向则凶多，如图3-8(5)所示。

(5) 按正常趋势，问号产品经明星产品最后进入金牛产品阶段，标志着从纯资金耗费到为企业创造效益的发展过程。这一过程的快慢也影响到企业创造效益的大小。图 3-8(6)和图3-8(7)所示的情况就是对企业的收益贡献不会太大的两种情况。

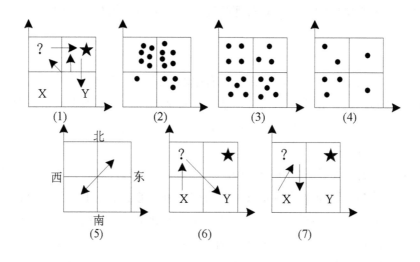

图 3-8　BCG 分析法推论

### 2. 战略群模型

BCG分析法固然是分析公司战略的一种有效方法，但它也有明显的不足之处。一是BCG法对业务的分类过于简单，对四大类产品群所采取的战略描述也比较简单化，很难考虑实际中存在的中间状态；二是仅用销售增长率和市场占有率来衡量复杂的业务环境，也有偏颇。为此，不少企业在实际应用中对 BCG 法进行了改进，提出了一些新的模型。

图 3-9 战略群模型主要是改进了 BCG 法对不同种类产品(或业务)的战略方案的描绘，提供了更多的可供选择的方案。①对明星产品，因为已经形成竞争优势，因此，首先应继续采取集中战略。但是，如果企业拥有超过集中战略所需的资源量时，就可以预先考虑

选择纵向一体化战略，以更好地接近用户和供应商，从而保持企业的利润和市场份额。最后，如果企业有能力进行大量追加投资的话，也可以采取同心多种经营战略，分散投资风险。②对金牛产品，因为其具有现金流量大而资源需求少的特点，因此可采取多种经营战略，也可以采取合资战略，以实现充分利用原有优势又能进入更有发展前途的业务领域的目的。③对问号产品要进行仔细分析，严格审查。如果认定企业还具备尚未充分体现的潜在竞争优势和实力，经过努力能实现所期望的目标的话，则可采取集中战略或横向一体化战略来扩充竞争能力；如果认为丢掉这项业务后，企业反而能轻装上阵，更好地实现整体经营目标，那么就可以采取放弃或清算战略。④对瘦狗产品，应当采取紧缩型战略，通过紧缩资源投入量，实现一定程度的退出；或者实施多种经营战略，将资源转移到其他产品或业务中去，实现资源转向；或者干脆退出或清算。

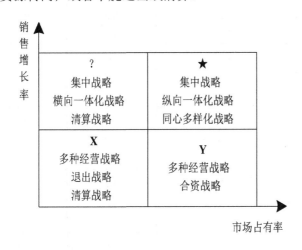

图 3-9　战略群模型

### 3. 通用电器公司模型

图 3-10 通用电器公司模型是 1970 年通用电器公司为优化产品组合而重新制定公司战略时形成的。这种模型认为，在评价各经营单位时除了要考虑市场占有率和销售增长率以外，还要考虑其他许多因素，这些因素可以包括在市场引力和公司实力两大因素中，其中市场引力包括市场容量、市场销售增长率、利润率、竞争强度、技术要求等，公司实力包括市场占有率、产品质量、品牌信誉、销售能力、技术力量、生产能力、单位成本等。

根据以上要素对企业产品加以定量分析、评价、划分出九种类型，针对每一种类型列出相应的发展、维持及淘汰等对策，在此基础上调整产品结构，确定企业产品发展方向。①要选择能反映产品主要经营特征的项目作为考核市场引力和企业实力的具体项目，并根据每一项目的重要程度决定其权重，然后进行分等(从 0～1 等)，并计算各项目得分，具体如表 3-4 所示。②将多项目的得分相加，得出每一产品市场引力和企业实力的总分，并按大中小分为三个等级。纵轴表示市场引力，横轴表示企业实力，按大中小三个等级标准，画成九象限图，并将各产品的市场引力和企业实力按其大中小标准分别填入相应的象限内，见图 3-10 所示。③对九个象限内的不同产品分别采取不同的战略。概括地讲，企业应将重点放在第①、②、③象限区域内的产品群上，重点投资，重点经营；而对⑦、⑧、⑨象限区域内的产品群，应采取维持收益或撤退收缩战略。

表 3-4　市场引力和企业实力评价记分表

| 评价项目<br>得分<br>对象 | | | A | B | C |
|---|---|---|---|---|---|
| 市场吸引力 | 行业增长率 | 权重 | 30 | 30 | 20 |
| | | 等级分 | 0.5 | 0.5 | 0.8 |
| | | 得分 | 15 | 15 | 16 |
| | 利润率 | 权重 | 10 | 20 | 15 |
| | | 等级分 | 0.5 | 0 | 0.2 |
| | | 得分 | 5 | 0 | 3 |
| | 销售增长额 | 权重 | 15 | 10 | 10 |
| | | 等级分 | 1.0 | 0.5 | 1.0 |
| | | 得分 | 15 | 5 | 10 |
| | 行业特征 | 权重 | 10 | 15 | 10 |
| | | 等级分 | 0 | 1.0 | 0 |
| | | 得分 | 0 | 15 | 0 |
| | …… | …… | … | … | … |
| | 小计 | 总得分 | 60 | 40 | 30 |
| 企业实力 | 市场占有率 | 权重 | 40 | 20 | 30 |
| | | 等级分 | 0.5 | 1.0 | 0.8 |
| | | 得分 | 20 | 20 | 24 |
| | 技术能力 | 权重 | 20 | 20 | 20 |
| | | 等级分 | 0 | 0.5 | 1.0 |
| | | 得分 | 0 | 10 | 20 |
| | 销售能力 | 权重 | 10 | 20 | 15 |
| | | 等级分 | 0.5 | 0.5 | 0.2 |
| | | 得分 | 5 | 10 | 3 |
| | 生产能力 | 权重 | 10 | 10 | 10 |
| | | 等级分 | 1.0 | 0.5 | 0.8 |
| | | 得分 | 10 | 5 | 8 |
| | …… | …… | … | … | … |
| | 小计 | 总得分 | 40 | 55 | 70 |

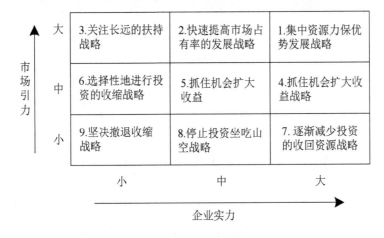

图 3-10　通用电气公司的九种战略分析图

### 4. 霍福尔产品——市场发展模型

以上模型有一个共同的缺点，就是没有反映产品所处的生命周期阶段。美国学者霍福尔对此进行了改进，他以产品竞争地位作为横轴，分为强、中、弱三档，以产品——市场发展阶段作为纵轴，以大小不同的圆圈代表行业的相对规模，以圆圈的阴影部分代表该产品的市场占有率，画出产品——市场发展矩阵，如图 3-11 所示。A、B、C、D、E、F、G 分别表示七种产品，七种产品应依据所处的地位分别采取不同的战略：①产品 A 处于开发阶段，市场占有率高，具有强大的竞争能力，是潜在的明星，公司应采取大量投资，加快发展的战略；②产品 B 处于成长和扩张阶段，市场占有率低，竞争地位强，公司应采取增加投资，以求发展的战略；③产品 C 虽处于成长阶段，但市场占有率低，竞争地位低，行业规模又较小，公司应采取放弃发展的战略；④产品 D 处于扩张阶段，市场占有率高，竞争地位较强，但行业规模较小，公司应采取维持或稳定战略；⑤产品 E 和 F 同处于成熟至饱和阶段，有较大的市场占有率，行业规模大，是能带来丰厚利润的现金牛产品，无须扩大投资，F 产品已从饱和阶段转向衰退阶段，便不宜扩大投资，而应采取维持战略；⑥产品 G 市场占有率低，行业规模小处于衰退阶段，是一种难以生存的瘦狗类产品，应采取清算或放弃战略。

根据这一分析，霍福尔认为，理想的产品——市场组合战略有三种，即成长组合、盈利组合和平衡组合。成长组合战略，把开发新产品、新事业作为重点，在维持金牛产品盈利的同时，重点扶持明星产品，寄希望于未来的发展。这种战略适合于那些资金雄厚，开发能力强的企业。盈利组合战略，把充分利用现金牛产品以增加盈利作为企业经营活动的核心，不进行新产品的投资开发，因而发展后劲不足。这种战略适合于准备从现有产品的经营上撤退的企业。平衡组合战略，追求长期均衡的发展，兼顾今天的利益和未来的发展，既能从现金牛产品获得必要的资金，支持明星产品的发展，也能对衰退产品进行有效控制并逐步淘汰。这三种战略可以适用于不同企业，关键看企业追求的目标。

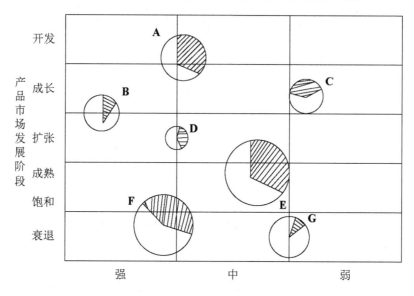

图 3-11 产品-市场发展矩阵

案例：

### 传染性非典型肺炎冲击波

非典对我国和世界人民来说都是一场灾难，也是一场严峻的考验。面对这样的突发事件，诸多企业又是如何表现的呢？

1. 莱曼赫斯：消毒药水

2003 年 2 月 11 日，广州市政府组织新闻发布会通报了广东省疫情情况。与此同时，政府和专家给出了一些预防病毒感染的建议措施，在这些建议中勤洗手是关键的措施之一。莱曼赫斯公司立即对这一信息做出反应，迅速挖掘市场，在《广州日报》头版推出平面广告"预防流行性疾病，用威露士消毒药水"，随后又在《南方都市报》等媒体上连续推出通栏广告。

在迅速扩大了品牌知名度之后，威露士开始利用事件建立品牌美誉度，通过新闻媒介《南方都市报》向社会各界，包括学校、机关等人群密集地区无偿派送"威露士"消毒产品总计 37 吨，价值 100 万元。

结合事件中与企业相关的市场诉求点进行企业的产品宣传，同时又使得公司一贯秉承的"关心大众，无私奉献"的企业精神在这次事件营销中得到了很好的诠释。莱曼赫斯公司在这种突发事件中展现了企业深厚的营销功力。事实上，威露士品牌形象得到了迅速提升，在许多消费者心中确立了消毒水第一品牌的位置。

2. 江苏恒顺：快速的醋

非典期间，政府和专家给出了一些预防病毒感染的建议措施，在这些建议中包括：可用食用醋熏蒸消毒空气。随即，抢购白醋进入高潮。

2003 年 2 月 11 日下午 4 时止，江苏镇江恒顺醋业向广州等地区发货量已达千吨以上，收到货款上百万元。到 14 日，其累积发货量已达 10 多万箱。而与此同时，赫赫有名的山西老陈醋的发货量只有 2 万箱。在非典型肺炎这样的突发事件面前，恒顺醋业显示了其快速反应的优势。这种优势的取得一方面与其销售网络直接相关，另一方面也离不开其生产及运作上的快速反应能力，大批量的食醋在极短的时间内生产出来并及时运达广东。

到 2003 年 6 月初，在中央政府和全国各界共同努力下，"非典"疫情得到有效控制，企业界逐渐把认识外部环境变化、寻求挽回损失、继续发展重新提到首要议事日程。

(资料来源：http://wenku.baidu.com/view/d37ff4b765ce050876321303.html?from=search)

**问题与讨论：**

(1) 从莱曼赫斯公司和恒顺醋业两例中，可以给企业什么启示？

(2) 试以威露士为例，对"后非典时期"的外部环境变化趋势进行分析。

# 思考与练习

1. 简述企业营销环境的定义。
2. 简述企业营销环境的分类。
3. 请阐述企业营销战略分析的方法。
4. 请阐述企业营销环境的作用。

# 第4章 企业营销战略调研

企业营销调研的目的主要是识别市场机会和问题、提供营销决策依据和评估营销活动的效果。除了需要遵循客观性、全面性、因果性、经济性和动态性的原则外，调研方法选择是否合理也十分重要，因为这会直接影响到调研结果。

## 4.1 营销调研的概述

### 4.1.1 营销调研的内容

营销调研的内容从识别市场机会和问题、提供营销决策依据到评估营销活动的效果，涉及企业市场营销活动的各个方面，其主要内容包括市场需求调研、购买行为调研、营销策略调研、宏观环境调研和市场竞争调研，如图4-1所示。

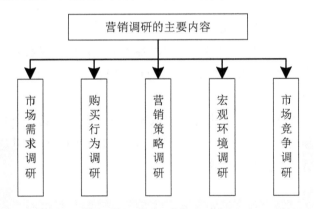

图 4-1  营销调研的主要内容

**1. 市场需求调研**

市场需求调研即分析和研究市场需求情况，主要目的在于掌握市场范围的大小、市场需求量的大小、市场占有率的大小，以及如何运用有效的经营策略和手段。其具体调研的内容包括：现有市场对该产品的需求量和销售量；市场潜在需求量的大小，即该产品在市场上可能达到的最大需求量为多少；不同的市场对该产品的需求情况及各个市场的饱和点与潜在的能力；产品在市场上的占有率；分析研究市场的进入策略和时间策略的依据，便于企业从中选择和掌握最有利的市场机会；分析研究国内外市场的变化动态及未来的发展趋势，便于企业制定总体的、长期的规划。

### 2. 购买行为调研

顾客购买行为调研的内容主要包括：用户的人口、家庭、地区、经济等基本情况，以及他们的变动情况和发展趋势；分析研究产品用户的区域差异和民族差异(重点指向他们的风俗习惯和生活方式)；调查消费者的购买动机，分析理智动机、感情动机和偏爱动机等对产品设计、广告宣传及市场销售活动的影响；具体分析谁是购买商品的决定者、具体执行者、使用者及其相互关系；调查消费者购买的习惯和方式及他们的反应和要求；调查用户每次购买商品的数量；调查某新产品进入市场，哪些用户最先购买，其原因和反应；调查潜在顾客如何转化成为现实的顾客等。

### 3. 营销策略调研

营销策略调研的内容主要包括以下几个方面。

1) 产品调研

产品调研即研究企业应采取的产品策略，其内容包括：产品的设计和包装；产品品牌策略；产品应采用的原料和制造技巧；产品的品质、保养和售后服务；现有产品处在产品生命周期的哪个阶段及每个阶段的特点等。

2) 价格调研

产品定价的调研尤为重要，定价是产品销售的必要前提，价格对产品的销售量和企业盈利的大小都有着重要的影响。价格调研的内容包括：有哪些因素会影响产品价格；企业产品的价格策略是否合理；产品价格的顾客满意度及价格弹性系数等。

3) 分销渠道调研

分销渠道调研的内容包括：企业应该采取哪些分销渠道模式；企业现有的销售力量是否适应特定片区的需要，如何进一步增强销售力量；现有的销售渠道是否畅通，销售网络是否健全，渠道成员是否存在冲突等。

4) 广告策略调研

广告策略调研的内容包括：广告的媒体选择，如电视台的级别，报纸、杂志的广告针对性，户外广告的形式及其覆盖率等；广告的时效性、接收率，广告费用的预算和效果的科学评估。

5) 促销调研

促销调研的内容包括：对企业在产品或服务的促销活动中所采用的各种促销方法、手段和形式的有效性进行测试和评价；对企业促销的目标市场进行选择性研究，如广告目标、媒体影响力、广告设计及效果等；公共关系的运作及效果；企业形象的设计和塑造等。

### 4. 宏观环境调研

一切营销组织都不可避免要受政治法律、经济、社会文化、地理、科学技术等宏观环境的影响和制约，因而对宏观环境因素的调研有着重要意义。宏观环境调研的主要内容包括以下几个方面。

1) 政治法律环境调研

政治法律环境调研是指在一定时期内，政府的经济方针、政策，有关税收、财政、外贸等方面的政策会对市场营销产生的影响，以及政府的有关法令和规章制度对企业发展的影响等。一名优秀的调研员必须有较高的政治敏锐性，及时掌控政治法律环境动态，并储备足够的资料信息以供使用。

2) 经济环境调研

在这里，经济环境调研主要是指国民收入。国民收入状况是决定社会购买力大小的关键，重点调研一定时期内片区居民的个人收入、恩格尔系数和物价水平的变化，掌握消费者的消费水平和消费结构及其变动趋势。

3) 社会文化环境调研

社会文化环境调研是指一定时期、一定范围内人们的文化、教育、职业、性别和年龄等结构的状况及其变化对各类消费需求的影响，主要是指各地的风俗习惯、民族特点对消费需求产生的影响等。

4) 地理环境调研

地理环境调研是指对产品供应区的地理位置、交通运输状况、气候条件和气象变化规律等方面的调研，重点调研产品消费的地区差异、季节性差异。

5) 科学技术环境调研

科学技术环境调研是指在一段时期内本行业的科技发展新动态、新技术、新工艺、新材料、新产品的研发状况及其对本企业产生的影响等。

### 5. 市场竞争调研

竞争对手的状况对于企业营销活动至关重要，我们把竞争者从营销环境因素中单列出来，目的在于研究竞争者的状况，对于诊断本企业营销活动的优缺点有重要的参考价值。市场竞争调研的主要内容包括以下几个方面。

(1) 市场上的主要竞争对手及其市场占有率的情况。

(2) 竞争对手在经营、产品技术等方面的优势和特点。

(3) 竞争对手的产品情况、研发新产品水平及其市场进入情况。

(4) 竞争者的营销管理系统情况，包括分销渠道、产品价格策略、广告策略和销售推广策略等。

(5) 竞争者的服务水平、方式和质量等。

## 4.1.2  营销调研的步骤

企业在营销管理过程中，都不同程度地需要做一些专门的营销调研。营销调研是一项十分复杂的工作，要顺利地完成调研任务，必须有计划、有组织、有步骤地进行。营销调研一般由以下四个步骤组成：确定问题及调研目标、制订调研计划、实施调研计划、撰写和提交调研报告。

### 1. 确定问题及调研目标

营销调研的第一个步骤是确定营销管理过程中存在的问题及营销调研所要达到的目标。营销管理人员最了解营销活动中存在的问题和应做出的决策，因而也最了解哪些信息对营销决策最重要，调研人员最了解应如何取得这些信息。所以，这一步骤要由二者密切配合，共同完成。

确定问题及调研目标往往是营销调研过程中最困难的一个步骤。管理人员可能已经知道营销活动中存在的问题，但找不出发生问题的真正原因。比如，某企业在一个时期内的销售额直线下降，管理人员以为是广告做得不好造成的，于是开始营销调研，寻找改进广告的途径。但调研结果表明，原来的广告并没有问题，做到了"在适当的时间将适当的信息传递给适当的受众"，后经仔细了解，才发现导致销售额下降的真正原因是产品质量下降，售后服务也不够好。可见，如果该企业的管理人员能够在调研之前弄清营销中存在的真正问题，就可避免不必要的调研所造成的浪费，而把精力集中放在必要的调研项目上。

在确定了营销中存在的问题之后，管理人员和调研人员应共同确定调研目标。一个调研项目可能有三种目标：一是探索性调研；二是描述性调研；三是因果关系调研。

(1) 探索性调研是指企业对需要调研的问题尚不清楚，无法确定应调查哪些内容，因此只能搜集一些有关资料并进行分析，找出症结所在，然后再做进一步调研。探索性调研涉及的范围比较大，研究方法比较灵活，事先不需要进行周密的策划，在研究过程中可根据情况随时调整。

(2) 描述性调研是通过详细的调查和分析，对市场营销活动的某个方面进行客观的描述，是对已经找出的问题做如实的反映和具体回答。多数的市场营销调研都为描述性调研，如对市场潜量和市场占有率、竞争对手的状况描述等。在调查中，搜集与市场有关的各种资料，并对这些资料进行分析研究，揭示市场发展变化的趋势，为企业的市场营销决策者提供科学的决策依据。

(3) 因果关系调研的目的是找出关联现象或变量之间的因果关系，它在描述性调研的基础上进一步分析问题发生的因果关系，弄清原因和结果之间的数量关系，要揭示和鉴别某种变量的变化究竟受哪些因素的影响，以及各种影响因素的变化，对变量产生影响的程度。因果关系调研同样需要详细的计划和做好各项准备工作。在调研过程中，实验法是一种主要的研究方法。

### 2. 制订调研计划

营销调研过程中的第二个步骤是制订调研计划。在这一步骤中，首先要明确营销决策需要哪些信息，然后再确定如何搜集这些信息，最后提交书面调研计划。

1) 确定所需要的信息

营销决策需要哪些信息，是调研计划所要解决的首要问题。例如，某公司预计向国内市场推出一种家用三轮摩托车，这种摩托车的特点是可乘坐 3 人(包括驾驶员)，速度不是很快，但噪音小、节油、较安全，而且价格适中。研究这种摩托车究竟能否占有市场，至少需要获得以下信息。

(1) 居民收入水平。当前国内居民工资、奖金等收入的平均水平是多少，是否有购买这种摩托车的经济能力。

(2) 居民的主要交通工具。当前居民中，拥有私人小轿车的大约占多大比例，以公共汽车、自行车和两轮摩托车作为交通工具的占多大比例。

(3) 政府部门的规定。当前有多少城市的政府部门限制摩托车的发展，这种限制还要持续多久。

(4) 销售量和利润的预测。这种三轮摩托车一旦投入市场，在若干年内预计销售量有多少，预计利润有多少。

(5) 竞争者的状况。竞争者的同类产品有哪些特点，市场销售状况如何。

上述资料是某公司做决策必不可少的依据。

2) 搜集二手资料

为了得到所需要的信息，调研人员要搜集有关资料，包括二手资料和原始资料。所谓二手资料，是指经别人搜集、整理过的资料，通常是已经发表过的；原始资料是指调研人员通过发放问卷、面谈、抽样调查等方式搜集的第一手资料。

调研人员在开始一个调研项目之初，一般是先搜集二手资料，即案头调研。二手资料主要有两个来源：一是内部资料；二是外部资料。内部资料主要包括企业营销信息系统中储存的各种数据，如企业历年的销售和利润状况、主要竞争对手的销售和利润状况，有关市场的各种数据等。外部资料主要是政府的各类出版物，公开出版的各种报刊、书籍，各类咨询公司、信息中心提供的有关数据。调研人员一般可较迅速、便宜地得到二手资料，而收集原始资料则成本较高，而且花费的时间长。

但是，光靠二手资料有时不能满足决策对信息的需要，其原因包括：第一，有些资料并不是通过案头调研就能得到的；第二，即使能得到某一方面的二手资料，可能已经过时，不能作为当前决策的依据；第三，有些现成的资料并不准确，也不能作为决策的依据。这就是说，二手资料可能存在着可获性、时效性和准确性等方面的问题。为了解决这些问题，使决策者能够得到足够的、及时的、准确的信息，调研人员不能不进行原始资料的搜集，即实地调研。实际上，大多数企业在调研初期所进行的案头调研，主要目的都是为了明确营销活动中存在的问题和调研目标，而直接用于营销决策分析的众多信息，主要是通过调研人员的实地调研获得的。

3) 搜集原始资料

搜集原始资料需要做出以下两个方面的决策：一是抽样设计；二是问卷设计。

(1) 抽样设计。做市场营销调研时，常采用抽样调查方式收集原始资料。抽样调查前需要设计抽样方案，其内容包括：一是调查哪些人(抽样对象)；二是调查多少人(样本大小)；三是如何抽样(抽样程序)。

① 抽样对象。抽样对象并不总是显而易见的。例如，要想了解家庭购买电视机的决策过程，究竟应调查丈夫、妻子还是其他家庭成员？要想了解工业用户对所采购产品的意见，应调查用户的采购部门、使用部门还是领导部门？只要购买者、使用者、决定者和影响者处于分离状态(即不是由同一人承担)，调研人员就需要对抽样对象做出选择。

② 样本大小。大样本当然比小样本提供的结果更可靠，但大样本的调查成本高，所以往往没有必要。只要抽样程序正确，即使样本不足总体的 1%，也同样能提供可靠的调查结果。

③ 抽样程序。抽样程序主要有两类：一是随机抽样，二是非随机抽样。

A. 随机抽样。随机抽样是指整体中每一个体都有机会被选作样本。它又可以分为三种：一是简单随机抽样，即整体中所有个体都有均等的机会被选作样本。当被调查总体不十分庞大，总体中各个个体的差异性不大时，可采用简单随机抽样法进行抽样。二是分层随机抽样，即对总体按某种特征(如年龄、性别、职业等)分组(分层)，然后从各组中随机抽取一定数量的样本。当被调查对象的主要特征存在着显著差异时，为了提高样本的代表性，可以使用分层随机抽样法。使用分层随机抽样的方法进行抽样，在分层时，要尽量使各层之间具有明显的差异性，而在每一层内的各个个体则要保持统一性。三是分群随机抽样，即将总体分成若干部分，随机抽取其中一部分作为样本。分群随机抽样多在下面两种情况下使用：一种情况是，对总体的构成资料难以全面了解时；另一种情况是，在需要把研究限制在某个特定地区而节约时间和经费时。分群随机抽样的群体之间差异很小，但群体内部的差异很大，每一个群体基本上包括了总体的特征。因此，随机地抽取任何群体，所调查的结果都可以代表总体的基本特征。

B. 非随机抽样。非随机抽样是指在整体中不是每一个体都有机会被选作样本。非随机抽样也分为三种：一是随意抽样，即调研人员根据方便任意选择样本。例如，在街头上任意找几个行人询问其对某产品的看法和印象。任意抽样的优点是：简单易行，能及时获取信息，费用低。其缺点是：代表性差，调查结果不一定可靠。所以此方法一般只适用于非正式调查。二是判断抽样，即调研人员根据自己的经验判断由哪些个体来作为样本。这种方法要求调研人员必须对总体的有关特征相当了解。三是配额抽样，即首先对总体按某种特征进行分组，然后由调研人员从各组中任意抽取一定数量的样本。配额抽样可以分为两类：一类是独立控制，即指对具有某种控制特性的样本数量给予规定；另一类是交叉控制，即不仅规定各种控制特性的样本数量，而且还具体规定各种控制特性之间的相互交叉关系。

(2)　问卷设计。调查问卷是市场营销调研的基本工具，是沟通调查人员与被调查对象之间信息交流的桥梁。调查问卷的设计，是市场调研的一项基础性工作，其设计是否科学，直接影响到市场调研的成功与否。下面从问卷设计应遵循的原则和提问的形式两个方面谈问卷设计。

①　设计调查问卷的五个原则包括：一是主题明确。根据调查的目的，确定主题，从实际出发拟题，问题目的明确，重点突出。二是结构合理。问题的排列应有一定的逻辑顺序，符合被调查者的思维程序。三是通俗易懂。调查问卷应使被调查者一目了然，并愿意合作，如实回答。所以调查问卷中的语气要亲切，避免使用专业术语，对敏感性问题采取一定的技巧，使调查问卷具有合理性和可答性。四是长度适宜。调查问卷的长度要适宜，所提出的问题不要过繁、过多，回答调查问卷的时间不应太长，一般以不多于 30 分钟为宜。五是便于统计。调查问卷中的提问一定要便于事后的整理和统计工作。

②　调查问卷的提问形式主要有两类：一类是封闭式提问，一类是开放式提问。

A. 封闭式提问。封闭式提问是在对问题所有可能的回答中，被调查对象只能从中选择一个答案或对所给内容进行排序，这种提问方式便于统计。封闭式提问的形式主要有：两项选择题、多项选择题和顺位题。两项选择题是在提出问题后给出两个答案，被调查者必须在两者中选择一个做出回答。例如，"请问您家有计算机吗？"要求回答"有"或"没有"。多项选择题是在一个问题后，给出多个答案，被调查者仅可从中选择一个做出回答。例如，"在下述诸项目中，哪一项是您购买电视机时考虑的最主要因素？"可列出 5 个答案："画面清晰、音质良好、外形美观、质量稳定、价格便宜"，由答卷人任选一项。顺位题是要求被调查者根据自己的态度来评定问题的顺序。例如，"您所喜欢的电视机品牌依次为(依据您喜欢的程度，分别标上序号)"可列出几个主要的竞争品牌"海尔、长虹、海信、松下"，由答卷人根据自己的印象排序。

B. 开放式提问。开放式提问是指对所提出的问题进行回答，回答没有限制。被调查对象可以根据自己的情况自由回答，此种提问方式，答案不唯一、不易统计，不易分析。开放式问题的类型主要有：自由式、语句完成式和字眼联想式。自由式问题是指被调查者可以不受任何限制回答问题。例如，"请您给出印象最深刻的一个广告"。被调查者可以不受任何限制地给出答案。语句完成式是提出一个不完整的句子，由被调查者完成该句子。例如 "当我口渴时，我想喝……"。字眼联想式是调研人员列出一些词汇，每次一个，由被调查者说出或写出他所想到的第一个词。例如 "当您听到以下词汇，首先会想到什么？冰箱、海尔、航空公司"。

在调查问卷设计中，常常把封闭式提问、开放式提问结合起来。例如："请问您家有电视机吗？有、无"，接着又问："如果有，请问是什么品牌的？"。

(3) 提交调研计划。调研人员应将调研计划写成书面材料，提交营销管理部门审批。计划中应摘要列出营销管理中存在的问题、调研目标、需要搜集的信息、搜集信息的方法，以及调研结果将对营销决策有何帮助等。计划中还应对整个调研项目的成本做出大致估计。管理部门对整个调研计划认真审阅后，做出批复。

### 3. 实施调研计划

调研计划主要包括搜集、整理和分析信息等工作。搜集信息的过程，可由企业内部的营销人员完成，也可委托外部的调研公司完成。企业自己搜集信息的好处是可加强对调研过程和信息质量的控制，但专业调研公司则可更客观地完成调研工作，而且成本较低。

调研中的信息搜集阶段是花费最大且又最容易失误的阶段。因此，营销人员在计划实施过程中，要尽可能准确地按照计划要求进行，使所得到的数据尽可能接近事实。例如，在当面询问或问卷调查中，对那些拒绝合作、回答时带有偏见或未讲真话的调查对象，应有适当估计和相应措施。一名有经验的调研人员不会给被调查者造成某种压力，而会尽量创造一种轻松自如的气氛，同时又能控制住无关或枝节问题的干扰。搜集来的信息必须经过分析和处理，直接来自问卷或其他调查工具的原始资料往往是杂乱无章、无法使用的。调研人员应协同营销人员，利用标准的计算程序和表格将这些数据整理好。例如，计算一些主要变量的平均值和离散程度等。有时调研人员还要采用营销信息分析系统提供的更高级的统计技术或决策模型分析这些数据，以发现那些有助于营销管理决策的信息。

### 4. 撰写和提交调研报告

市场营销调研的最后一步工作是撰写和提交调研报告。调研报告是对调研成果的总结和调研结论的说明。调研报告不能只是一系列的数据和高深的统计公式，而应当是简明扼要的结论及说明，并且这些结论和说明应当对营销决策有直接意义。说明调研结果的工作也不是单由调研人员来完成的，调研人员只是调研和统计方面的专家，而营销管理人员熟悉企业面临的营销问题及需要做出的决策，二者应密切合作，共同研究调研结果。在很多情况下，对同一调研资料可能做出不同解释。因此，调研人员应与营销管理人员共同探讨可能的最适当解释。此外，管理人员还要检查调研目标是否达到，所需要的分析是否完成，以及是否还有新问题需要补充等。最后，营销管理人员是最终决策者，即根据调研结果决策采取何种行动。

总之，对调研结果的解释和报告，是整个调研过程最后的，也是极其重要的一项工作。从营销调研人员角度讲，他们既不希望有关管理人员盲目接受调研结果，也不希望这些管理人员对调研结论产生误解。因为那都会使调研工作变得毫无意义。因此，营销调研人员应与有关部门的管理人员加强沟通和合作，只有双方协调一致，才能使营销调研工作取得良好成果。

## 4.1.3　营销调研的影响因素

影响营销调研的因素主要有以下几个方面。

### 1. 决策的性质

对任何一家企业来说，一个决策可能是关键性的，也可能是一般性的。关键性的决策往往关系到企业的存亡或企业的发展方向，而一般性的决策可能只涉及企业经营管理过程中的某一个环节。决策的性质不同，对调研的要求和调研工作的规模、调研的内容都会产生不同的影响。

### 2. 时间的限制

任何营销调研工作都被限制在一定时间内完成。虽然时间越充裕，可提供的信息就越充实，而且调研的准确度就越高，但是很多情况下，由于现实决策的局限，不允许在调研上花很多时间，因此许多调研活动往往不能充分展开。

### 3. 费用的限制

在一些情况下，营销调研工作也受费用的限制。例如，一项调研需要对市场进行一次广泛的市场试验，但因为受费用的限制只能选取市场一两个区域进行实验，或仅抽取少量样本，这样的调研报告显然没有经过广泛市场试验后得出的调研报告来得翔实、精确。

### 4. 调研人员技能的限制

优秀的营销调研人员应具备多种技能，包括统计技术能力、逻辑思维能力、归纳推理能力、对资料的分析整理能力等。有时候，调研工作会由于调研人员的技能有限而影响调研结果的准确性。

### 5. 物质条件的影响

调研工作还会受到一些客观物质条件的制约。这主要表现在两个方面，一是调研设备和工具的配置，二是市场的客观自然条件。比如，若在调研中采用先进的电子技术和设备，或目标市场具有良好的交通运输情况、较好的邮电通信设施等，调研活动就会顺利得多。

影响调研活动的因素还有许多，企业在开展调研工作时应充分重视这些因素，对调研工作做合理的预算和规划，并进行有效的管理和控制，使调研工作在有限的条件下取得最佳效果。

# 4.2  营销调研的分类

区分不同的市场营销调研类型，是为了正确设计市场营销调研方案和保证市场营销调研的顺利实施。按照主体、范围、功能等方面所存在的差异，可以将营销调研分为不同的类型。

## 4.2.1  按营销调研的主体分类

根据营销调研的主体不同，可以将营销调研分为企业、政府、社会组织和个人进行的市场调查活动。

### 1. 企业的营销调研

企业是市场营销调研的主体，企业经常要根据市场变化对各种营销问题进行判断和决策，不失时机地采取有效的对策。一般情况下，发达国家企业会将占新产品开发费用5%的资金用于做投资前的市场调研，其用于进行市场调研的费用要占推广(促销)费用的15%～20%。相比而言，我国企业在对营销调研的重视方面与国外相比还存在巨大的差距。企业的营销调研主要由企业营销信息系统有关部门承担。但实际上，并非所有的企业都有能力自己开展市场营销调研，所以很多企业(特别是中小企业)要依靠专业的营销调查公司进行市场营销调研。因此，广义的企业营销调研的主体还应该包括专门的营销调查公司、市场调查公司、广告公司等。

### 2. 政府有关管理部门的营销调研

在市场经济活动中，政府管理部门起着至关重要的作用，承担着宏观管理者和协调者的职责。有时，政府也会直接参与一些经济活动或者市场活动。为了促进经济的发展，政府管理部门通常要从整体上统筹安排、全面部署，对经济发展进行宏观调节和管理。因此，政府有关管理部门往往要开展市场营销调研工作，掌握第一手资料。一般而言，政府管理部门从事的市场营销调研活动所涉及的内容比较多，范围比较广，对于国计民生的意义比较重大。所以，政府进行的市场调研活动及其结果，对于市场经济条件下的各种主体，尤其是对企业具有重要的指导意义。企业在营销实践中，应该善于利用政府有关管理部门的市场调研的信息资料。

### 3. 社会组织的营销调研

各种社会组织和社会团体(如各种行业协会、学术团体、中介组织、事业单位、群众组织、民主党派等)为了开展学术研究、提供社会服务以及提供政策建议等，也会开展营销调研活动。社团组织的营销调研由于受功利因素的影响比较少，因此，其调研活动往往具有专业性比较强、调研结果比较可信及参考价值比较高的特点。

### 4. 个人的营销调研

个人由于某种原因有时也会进行一些市场营销调研，或者是各种不同内容、不同方式的信息资料收集工作，这其中有人是为了求知，有人是为了研究，有人是为了进行报道，也有人是为了生存。当代社会，个人的营销调研有越来越多的倾向。例如，大学教师为开展教学所进行的市场营销调研，研究机构的研究人员为了研究某个项目所进行的市场营销调研，消费者为一次复杂的购买所进行的相关市场信息的收集等，非常普遍。一般来说，虽然个人的市场营销调研范围较小、内容少、历时短，调查活动本身也不规范，但是有时会发现一些企业难以挖掘的信息。在一些内容和方法都具有隐蔽性特点的调研活动中，个人进行的调研活动比较多。

## 4.2.2　按营销调研的范围分类

根据营销调研的范围不同，可将营销调研分为专题性营销调研和综合性营销调研。

### 1. 专题性营销调研

专题性营销调研是为解决某个专门性的具体问题而进行的针对性很强的市场营销调研。其调查的目的是降低决策中某个方面的不确定性，或者应付临时出现的困难。这类调研目的明确、涉及的范围较小、调研内容少、历时短、所需投入的资源也较少。企业所做的大多数市场营销调研都是专题性的，如改变包装对产品销售的影响，对广告效果的评价，影响消费者购买某种产品的最主要的因素等。

### 2. 综合性营销调研

综合性营销调研是指营销调研主体为全面了解市场状况而对其他各个方面进行的调研活动。综合性营销调研涉及的问题比较多、面比较广、决策难度大、风险高，组织实施相对困难，不仅需要投入大量的人力、物力，对营销调研人员的素质要求也非常高。事实上，这种营销调研方法在实践中运用不多。综合性营销调研相对专题调研而言，其提供的信息能更为全面地反映出市场的全貌，有助于营销调研主体正确了解和更好地把握市场的基本状况。在政府部门、社会组织开展的营销调研中，综合性营销调研相对多些。

## 4.2.3　按营销调研的功能分类

按营销调研的功能，一般认为可以把营销调研划分为探索性营销调研、描述性营销调研、因果性营销调研三种，也有学者认为还应该有第四种——预测性营销调研。下面对以上

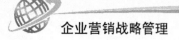

四种调研作简要说明。

### 1. 探索性营销调研

探索性营销调研是通过对某个具体问题或状况进行探索和研究，从而对其具有基本的认识和了解，其目的是识别和掌握所要研究问题的基本特征和与之相关联的各种影响因素。探索性营销调研的作用在于发现问题或者发现导致某种结果的各种现象，是对所研究问题的试探性调查。所以，探索性营销调研大都作为一个大型的营销调研项目的开端。探索性营销调研的最主要特征是灵活性与多样性。调研人员在探索性调研中需要即时捕捉各类信息，形成全新的概念和思路。一旦这一概念和思路形成，调研人员将沿着新的方向开展探索性调研。正因为如此，调研的重点有可能发生变换。调研人员的专业才能和创造性思维在探索性调研中发挥着重要的作用。探索性调研一般采用简便易行的调查方法，譬如收集二手资料、定性调研、专家或相关人员的意见集合等。

### 2. 描述性营销调研

描述性营销调研是对所研究的问题目前所处的客观状况进行结论性的或准确的描述，使有关人员对之有比较全面的了解和正确的认识。描述性营销调研的目的在于客观地反映市场的实际情况。要做到这一点，所收集的信息资料必须真实、详尽、完整。描述性营销调研的结果通常说明事物的表征，并不涉及事物的本质及影响事物发展变化的内在原因。它是一种最基本、最一般的营销调研。市场营销调研中的许多调研都是描述性的，如企业对目标市场的调研，对目标市场的结构、组成、特征、职业、收入等的分析。虽然描述性营销调研活动反映的往往是一些表面现象，但是只要全面和真实，就会为企业的决策提供有力帮助。

### 3. 因果性营销调研

因果性营销调研是指为了研究某种市场现象与各种因素之间客观存在的关系而进行的市场调查，旨在确定有关事物的因果联系。因果性营销调研的主要目的有：了解哪些变量是原因性变量即自变量，哪些变量是结果性变量即因变量；确定原因与结果，即自变量与因变量之间相互联系的特征。因果性营销调研的难度较大，涉及事物的本质，即营销事物发展变化的内在原因。因此，因果性营销调研是一种十分重要的调研方法。

### 4. 预测性营销调研

预测性营销调研是指为了对市场未来的发展进行预测所进行的市场调研活动。预测性营销调研要求必须对影响市场未来发展的各种因素进行调研，并且对未来可能出现的各种状况及其概率进行估计和测算性调查。预测性调研是企业进行新产品开发、市场开拓和其他经营性决策时，必须进行的市场调研活动。

对市场营销调研的分类标准不止上述四种，还可以按照其他一些标准进行分类。如按调查时间的不同，可以把营销调研分为一次性调研、定期调研和经常性调研；按调查区域的不同，可以把营销调研分为国内市场营销调研和国际市场营销调研等。此外，还可以直接按照调研内容来划分市场营销调研，如销售调研、企业形象调研、产品调研、价格调研、分销渠道调研等。

# 4.3　营销调研的原则

市场调研是一种复杂的认识市场现象及其变化规律的活动。案例研究表明，不科学的营销调研及其结论或不良信息可能导致非常严重的后果。为了提高调查结果的可靠性，能够为企业决策提供依据，营销调研需要坚持以下原则。

## 4.3.1　客观性原则

坚持客观性原则就是从客观存在的实际情况出发，详细地占有资料，在正确的理论指导下，进行科学的分析研究，从现实事物本身得出其发展的客观规律，并用于指导行动。营销调研要把搜集到的资料、情报和信息进行筛选、整理和分析，为企业的营销决策与营销活动提供依据。因此，营销调研工作必须坚持实事求是的原则，防止任何的偏见和主观臆断性，保证通过调研所获得的各类信息具有真实性，这样才能得出符合实际的、正确的结论，从而能正确地指导企业的营销活动。坚持客观性原则，首先必须在思想上提高认识。同时，必须在制定方案、实施调研与预测、信息处理、分析、研究的整个过程中，始终坚持从实际出发，如实反映客观实际情况，以客观存在的事实为依据，反对弄虚作假、谎报、虚报数字等错误的做法，客观性原则是贯穿整个调研过程的最重要的原则。

## 4.3.2　全面性原则

社会是一个大系统，企业的营销活动不是孤立的行为，其必然与社会的方方面面产生千丝万缕的联系，而这些因素与企业的营销活动之间存在着相互作用、相互制约的关系。因此，企业在进行营销调研时应该全面收集有关企业生产经营的信息资料，综合考虑各种因素。全面性原则要求在研究市场现象时不能只抓一点，而要从多方面入手，准确认识所调研的市场现象。具体地说，就是要以系统思想为指导，考虑问题注意从整体出发，注意处理好整体与局部之间的关系；注意全面地考虑问题，注意工作的各个环节、问题的各个方面。既要了解企业的生产经营的实际，又要了解竞争对手的有关情况；既要认识到企业内部资源和能力对经营的影响，又要调查社会环境各方面对企业和消费者的影响。

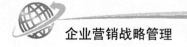

### 4.3.3  因果性原则

各种市场现象之间总是存在着一定的因果关系，所以人们才可以从已知的原因推断未知的结果。一般来说，原因在前，结果在后，但有时原因与结果同时产生。营销调研的目的在于了解和掌握各种市场及其影响因素的状况与发展趋势。遵循因果性原则，是保证市场调研准确性的条件，而因果分析法本身也是一种手段。贯彻因果性原则，在营销调研时，要重视对影响市场目标的各种因素的具体分析，找出市场目标(因变量)与影响因素(自变量)之间的相关关系。当自变量已知时，可以根据自变量的变化来推断因变量的变化。这种因果关系一旦能以数量关系表达时，就可以建立确定型的函数关系或不确定型的统计相关关系，为得出正确的市场调研与预测结果提供条件。因此，在市场调研与预测时，要对市场现象的因果关系进行具体、深入、全面的分析，正确把握主要原因与次要原因、必然趋势和偶然趋势，从而采用正确的因果分析方法，使营销调研的结果更为准确。

### 4.3.4  经济性原则

市场营销调研是一种商业性活动，在保证调研质量的同时，还要考虑到经济效益，即考虑投入和产出之间的对比关系。当管理者面临决策问题而又举棋不定时，需要通过营销调研获取所需信息。此时所指的信息是增量信息，即决策者手头没有的信息。信息的价值是指增量信息的价值，它可定义为获取这些信息可能带来的收益，减去获取这些信息必须支付的成本。价值越高，管理者通过营销调研搜集信息的动力也就越大。营销调研的成本取决于所选择的调查方式和方法、样本量、调查区域等诸多因素。获取决策所需信息的最佳途径取决于管理者对信息的要求、可投入的资金、时间限制以及对信息可用性的评价。在制订营销调研计划时应进行成本效益分析，并在执行中尽可能节省经费。事实也表明，高昂的调查成本并不一定能保证调查结果的绝对准确。

### 4.3.5  动态性原则

市场中的任何事物都处于不断的变化和发展过程中，因此，在市场调研活动中也必须用发展的、变化的、动态的观点指导工作。用动态性原则指导调研活动，不仅要注意市场的状况，而且还要了解市场的过去；不仅要满足于已经掌握的信息资料，而且还要注意发现和收集没有掌握的信息资料；不仅应该妥善保管已经拥有的信息资料，而且还要不断地进行信息资料的更新和完善，尽量保持信息资料与市场变化的动态同步。

# 4.4　营销调研的方法

营销调研方法选择的合理与否会直接影响调研结果。因此，合理选用调研方法是营销调研工作的重要一环。确定调研方法主要应从调研的具体情况出发，以有利于收集到需要的原始资料为原则。一般来讲，如果直接面对消费者作调研，直接收集第一手材料，可以分别采取询问法、观察法和实验法。如果调研内容较多，可以考虑采取留置问卷法。

## 4.4.1　询问法

询问法是营销调研人员将拟定的调研问题通过询问调研对象获得回馈资料信息的方法，具体有以下几种。

### 1. 面谈调研

采用这种方法时，可以一个人面谈，也可以几个人集体面谈；可以一次面谈，也可以多次面谈。这种方法能直接与被调研者见面听取意见并观察其反应，灵活性较大。可以一般地谈，也可以深入详细地谈，并能互相启发，得到的资料一般也比较真实。但是，这种调研方式的成本高，调研结果受营销调研人员的政治、业务水平影响较大。

### 2. 电话调研

电话调研是由营销调研人员根据抽样的要求，在样本范围内，用电话向被调研者提出询问，听取意见。这种调研方式收集资料快、成本低，并能以统一格式进行询问，所得资料便于统一处理。但是这种方法有一定的局限性，只能对有电话的用户进行询问，不易取得与被调研者的合作，不能询问较为复杂的问题，调研不易深入。

### 3. 邮寄调研

邮寄调研又称通讯调研，就是将预先设计好的询问表格邮寄给被调研对象，请他们按照表格要求填写后寄回。这种方式调研范围较广，被调研者有充裕的时间来考虑回答问题，不受营销调研人员的影响，收集意见、情况较为真实。但问卷的回收率较低，时间往往拖延较长，被调研者有可能误解问卷的含义，影响调研结果。

### 4. 留置问卷调研

留置问卷调研就是由营销调研人员将问表、问卷当面交给被调研者，并说明回答要求，留给被调研者自行填写，然后由营销调研人员定期收回。这种方式调研的优缺点介于面谈调研和邮寄调研之间。

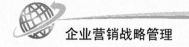

### 4.4.2　观察法

观察法是指调查者(或机器)在现场观察，记录受调查者过程和行为结果的方法，是营销调研中常采用的方法，其主要用来收集原始资料。

观察法的基本要求是避免被调查者看出或感觉到正在被调查。其目的是防止干扰被调查者的正常行为，以便取得真实、可靠、贴近实际的行为表现数据。

观察法的优点是它属于非介入式资料收集行为。比较其他调查法，它可以避免人际沟通、语言交流、情感摇摆、态度变动、文化差异等障碍；避免交流中出现暗示、人工环境等倾向。因此，观察法所获取的资料真实、具体、客观、可靠。此外，实施起来简单、易行、灵活，便于调查者短时间内掌握基本方法。

观察法的缺点是仅取得表象信息，无法深入探究原因、态度、心理、动机等深层信息。

观察法常应用于客流量调查，消费者购买行为调查，花色、品种、规格、数量、质量、服务等选择行为调查，产品使用和消费过程行为的调查等。

### 4.4.3　实验法

实验法主要用于判断营销中的因果关系。它主要通过营销来改变、控制环境或条件以达到实验的目的。

实验法有非正规实验与正规实验之分。下面主要介绍一下应用较多、较容易执行的非正规实验。

非正规实验的基本特点是实验对象选择不是按严格的随机设计抽取的。非正规实验可以分为以下四种。

#### 1. 无控制组事后设计

无控制组事后设计是指无对照组可供比较，也无事前测量可供参照，此类实验只能算作"探讨性"实验。例如，降价 10%后，产品获得销售额增长 20%的结果。其中，除降价外，还有其他的因素影响销售的增长，就无法辨别。

#### 2. 有控制组事后设计

有控制组事后设计是指利用实验组和控制组的事后测量值作对比进行判断，其显著优点是凸显实验变量的调控效果。它也是最常用的方法之一。例如，安排一次促销，同样是发 20%折扣优惠券买同一商品，赠小包样品与不赠样品有无促销结果的差异？假如统计结果如表 4-1 所示。

表 4-1  实验组与控制组统计结果

| 组　别 | 发送数量/户 | 条件 1 | 条件 2 | 事后回收/张 |
|---|---|---|---|---|
| 实验室 | 1000 | 20%折扣券(红) | 赠小包样品 | 560 |
| 控制室 | 1000 | 20%折扣券(白) | 不赠样品 | 389 |

实验结果表明：赠样品和不赠样品会影响到销售，赠小包样品的促销效果会更好。

### 3. 无控制组事前事后设计

无控制组事前事后设计是指事先对正在经营的情况进行测量，改变条件后再测量，两者对比确定条件投放是否有效。例如，节日期间所有商品一律折扣 10%，假如统计如表 4-2 所示。

表 4-2  商品折扣统计

| 商品品种 | 事前销售/元 | 事后销售/元 | 增减量/元 |
|---|---|---|---|
| A | 800 | 1 500 | 700 |
| B | 3 100 | 4 500 | 1 400 |
| C | 8 200 | 9 100 | 900 |
| 合计 | 12 100 | 15 100 | 3 000 |

实验结果表明：节日中比节日前销量普遍都有增长，但这是节日及降价两个因素共同推动的，在此实验中难以分清各因素对贡献的大小。这是无控制组事前事后设计的局限。

### 4. 有控制组事前事后设计

有控制组事前事后设计是指先对实验组事前事后做测量值，控制组事先事后做测量值；然后观察实验组事前事后变动值，控制组事前事后变动值；最后对比两组变动值差异，判断条件所产生的影响。其目的是有利于分离非实验条件影响，提高实验数据准确性。

例如，对同一商品，春节期间分两组，分别给予折扣和不给予折扣，假如统计如表 4-3 所示。

表 4-3  有控制组事前事后的促销情况统计

| 组　别 | 事前月销/元 | 条　件 | 春节月销/元 | 增　减 |
|---|---|---|---|---|
| A 组 | 16 000 | 降价 10% | 21 000 | 5 000 |
| B 组 | 16 000 | 不降价 | 18 000 | 2 000 |

实验结果表明：A 组比 B 组多 3000 元，这是降价所产生的结果。该实验结论是：春节该商品会增加销售，如果打折、降价则销售额进一步提高。

案例：

## 可口可乐：跌入调研陷阱

20 世纪 70 年代中期以前，可口可乐一直是美国饮料市场的霸主，市场占有率一度达到 80%。然而，20 世纪 70 年代中后期，它的老对手百事可乐迅速崛起。1975 年，可口可乐的市场份额仅比百事可乐多 7%；9 年后，这个差距更缩小到 3%，微乎其微。

百事可乐的营销策略是：①针对饮料市场的最大消费群体——年轻人，以"百事新一代"为主题推出一系列青春、时尚、激情的广告，让百事可乐成为"年轻人的可乐"；②进行口味对比。请毫不知情的消费者分别品尝没有贴任何标志的可口可乐与百事可乐，同时百事可乐公司将这一对比实况进行现场直播。结果是，有八成的消费者回答百事可乐的口感优于可口可乐，此举马上使百事可乐的销量激增。

对手的步步紧逼让可口可乐感到了极大的威胁，它试图尽快摆脱这种尴尬的境地。1982 年，为找出可口可乐衰退的真正原因，可口可乐决定在全国 10 个主要城市进行一次深入的消费者调查。可口可乐设计了"你认可口可乐的口味如何？""你想试一试新饮料吗？""可口可乐的口味变得更柔和一些，您是否满意？"等问题，希望了解消费者对可口可乐口味的评价并征询对新可乐口味的意见。调查结果显示，大多数消费者愿意尝试新口味可乐。可口可乐的决策层以此为依据，决定结束可口可乐传统配方的历史使命，同时开发新口味可乐。没过多久，比老可乐口感更柔和、口味更甜的新可口可乐样品便出现在世人面前。为确保万无一失，在新可口可乐正式推向市场之前，可口可乐公司又花费数百万美元在 13 个城市中进行了口味测试，邀请了近 20 万人品尝无标签的新老可口可乐。结果让决策者们更加放心，六成的消费者回答说新可口可乐味道比老可口可乐要好，认为新可口可乐味道胜过百事可乐的也超过半数。至此，推出新可乐似乎是顺理成章的事了。

可口可乐不惜血本协助瓶装商改造了生产线，而且，为配合新可乐上市，可口可乐还进行了大量的广告宣传。1985 年 4 月，可口可乐在纽约举办了一次盛大的新闻发布会，邀请 200 多家新闻媒体参加，依靠传媒的巨大影响力，新可乐一举成名。看起来一切顺利，刚上市一段时间，有一半以上的美国人品尝了新可乐。但让可口可乐的决策者们始料未及的是，噩梦正向他们逼近——很快，越来越多的老可口可乐的忠实消费者开始抵制新可乐。对于这些消费者来说，传统配方的可口可乐意味着一种传统的美国精神，放弃传统配方就等于背叛美国精神，"只有老可口可乐才是真正的可乐"，有的顾客甚至扬言将再也不买可口可乐。每天，可口可乐公司都会收到来自愤怒的消费者的成袋信件和上千个批评电话。尽管可口可乐竭尽全力平息消费者的不满，但他们的愤怒情绪犹如火山爆发般难以控制。迫于巨大的压力，决策者们不得不做出让步，在保留新可乐生产线的同时，再次启用近 100 年历史的传统配方，生产让美国人视为骄傲的"老可口可乐"。

**问题与讨论：**

根据上文所述，你认为企业在进行市场调研时应该注意哪些问题？

（资料来源：http://wenku.baidu.com/view/cd610559312b3169a451a4b8.html）

# 思考与练习

1. 简述企业营销战略调研的内容。
2. 简述企业营销调研的影响因素。
3. 简述企业营销调研的分类。
4. 简述企业营销调研的原则。
5. 简述企业营销调研的方法。

# 第 5 章　企业营销战略选择

企业营销战略一般有三种选择：发展型战略、稳定型战略和紧缩型战略。

## 5.1　发展型战略

发展型公司战略简称发展战略，又称增长战略、扩张战略、成长战略，这是最广泛的公司战略。发展型战略的核心是追求企业规模的增长，实现企业生产规模的扩大、市场占有率的增加和市场竞争力的增强，以提高企业的盈利水平。从企业成长的角度看，任何成功的企业都会经历"发展"这样一个时期。也就是说，从本质上讲，企业只有执行"发展战略"——无论企业是否意识到，才能由小变大、由弱变强，由缺乏竞争力逐渐成为一个实力雄厚、具有较强竞争力的大企业。

### 5.1.1　发展型战略的概念及特征

发展型战略是一种使企业在现有的战略水平上向更高一级的目标发展的战略。它以"发展"为自己的核心内容，引导企业不断地开发新产品、开拓新市场、采用新的生产方式和管理方式，以便扩大企业的产销规模，提高市场地位，增强企业的竞争实力。

与其他类型的战略相比，发展型战略具有以下特征。

(1) 实施发展型战略的企业的发展速度不一定比整个经济的增长速度快，但它们往往比其产品所在的市场增长速度快。市场占有率的增长可以说是衡量增长的一个重要指标，不仅应当有绝对市场份额的增加，更应有在市场总容量增长的基础上相对份额的增加。

(2) 实施发展型战略的企业取得大大超过社会平均利润率的利润水平，由于发展较快，更容易获得较好的规模经济效益，容易降低生产成本，获得超额的利润。

(3) 实施发展型战略的企业倾向于采用非价格手段来同竞争者抗衡。这些企业不仅在开发市场上下功夫，而且在新产品开发、管理模式上力求具有优势，一般不会采取损害自身利益的价格战，而是以创新的产品和服务及管理上的高效率作为竞争手段。

(4) 鼓励企业的发展立足于创新。企业应经常开发新产品、新市场、新工艺和旧产品的新用途，以把握更多的发展机会，谋求更大的风险回报。

(5) 与简单地适应外部环境变化不同，采用发展型战略的企业倾向于通过创造以前并不存在的产品来改变外部环境，使之适合于自身。

## 5.1.2 发展型战略的适用性

### 1. 发展型战略的适用原因

发展型战略是一种流行的、使用最多的战略。在现实世界中，该战略之所以被采用并不仅仅是因为其给企业带来了经营上的优势，还包括许多其他的原因，具体如下。

(1) 在动态的环境中竞争，增长是一种求生存的手段。

(2) 扩大规模和销售可以使企业利用经济曲线或规模经济降低生产成本。

(3) 许多管理者将增长等同于成功，因而追求发展型战略。

(4) 增长快的企业容易掩盖其失误和低效率。

(5) 企业发展得越快，管理者越容易得到升迁或奖励。这是由最高管理者或最高管理集体所持的价值观决定的。

### 2. 发展型战略的适用条件

从这些原因可以看到发展型战略的使用有时可能并不是单一地从经营上考虑的，而往往与经营者自身利益相关，因而发展型战略的使用确实存在一定误区，因此其使用是有相应的适用条件的。

(1) 企业必须分析战略规划期内宏观经济景气度和产业经济状况。良好的经济形势往往是发展型战略成功的条件之一。这是由企业发展型战略的发展公式所决定的——企业要实施发展型战略必须从环境中取得较多的资源，如果未来阶段宏观环境和行业环境较好的话，企业比较容易获得这些资源，也就降低了实施该战略的成本。另外，从需求角度看，如果宏观经济和中观经济的走势都较为乐观，消费品需求和投资品需求都将有相应幅度的增长，这一定程度上保证了消费者对企业产品或服务的需求。

(2) 发展型战略必须受政府机构的政策法规和条例约束。世界上大多数国家鼓励高新技术企业发展，一般来说，这类型企业更容易获得政府和国家的支持。

(3) 公司必须有能力获得充分的资源来满足发展型战略的要求。由于采取发展型战略需要较多资源投入，企业从内部和外部获得资源的能力就显得十分重要。这里指的资源是一个广泛的概念，既包括通常意义的资本、原材料，也包括人力资源、信息资源等。

(4) 判断发展型战略是否合适还要分析公司文化。企业文化是一个企业在其运行和历史发展中所积淀下来的深植于员工心中的一套价值观念。不同的企业具有各异的文化特质。如果一个企业的文化氛围是以稳定为主，则发展型战略的实施要克服相应的"文化阻力"，这无疑增加了战略的实施成本。当然，企业文化也并不是一成不变的事物，事实上，积极有效的企业文化培育必须以战略作为指导依据。这里强调的是企业文化可能为某种战略的实施带来一定成本，并不是认为企业文化决定企业战略。

### 5.1.3 发展型战略的利弊分析

发展型战略有利也有弊，在实施前要充分地加以权衡。

**1. 发展型战略的优点**

发展型战略的优点体现在以下几个方面。

(1) 企业可能通过发展扩大自身价值。

(2) 企业能通过不断变革来创造更高的生产经营效率与效益。

(3) 发展型战略可保持企业的竞争实力，实现特定的竞争优势。

**2. 发展型战略的弊端**

采用发展战略的弊端有以下几个方面。

(1) 很可能导致盲目的发展和为发展而发展，从而破坏企业的资源平衡。要克服这一弊端，要求企业在做每一个战略决策之前都必须重新审视和分析企业的内外部环境，判断企业的资源状况和外部机会。

(2) 过快发展很可能降低企业的综合素质，使企业的应变能力虽然表面看上去不错，实质却已经出现内部危机和混乱。这主要是由于企业新增机构、设备和人员太多而未能形成一个有机的相互协调的系统所引起的。这可通过设立一个战略管理的临时性机构，负责统筹和管理扩张后的企业内部各部门，等各方面的因素都融合在一起后，再考虑取消这一机构。

(3) 可能使企业管理更多地注重投资结构、收益率、市场占有率和组织结构等问题，以及重视宏观的发展而忽视微观的问题，因而不能使企业达到最佳状态。这一弊端的克服需要企业战略管理者对发展战略有一个正确而全面的理解，要意识到企业战略态势是企业战略体系中的一个部分，因而在实施过程中必须通盘考虑。

### 5.1.4 发展型战略的类型

发展型战略具有以下几个类型。

**1. 集中发展**

集中发展是指以快于以往的增长速度来增加企业目前的产品或服务的销售额、利润和市场份额，较适合于企业的产品或服务的需求正在增长的场合。

实施这一战略的方法之一是充分认识企业的销售额、利润或市场份额下降的原因，针对该原因采取相应的措施。造成这些情况可能的原因有：①在相关市场上缺乏一个完整的产品系列(产品系列缺口)；②通往相关市场或相关市场内的销售渠道体系缺乏或不充分(销

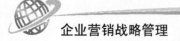

售缺口)；③现有市场潜力没有得到充分利用(利用缺口)。

### 2. 同心多样化

同心多样化是一种增加与企业目前的产品或服务相类似的新产品或服务的发展战略。出发点是充分利用现有资源条件，包括技术、人才、资金、销售渠道和顾客群等，它与其他类型多样化相比，开发成本较低，成功的可能性较大，并且较容易形成产品系列，因而是中小企业发展初期的首选方式。

同心多样化相对来说实施的风险依旧存在，尤其较易受行业衰退的影响。

### 3. 纵向一体化

纵向一体化是一种在生产销售两种不同方向上扩大企业生产经营规模的发展模式。纵向一体化的优点是企业不仅能通过规模经济降低成本，而且能以某种垄断来缓解竞争。但是企业一旦走纵向一体化之路，由于投资巨大，脱身亦难，并且发展机遇也不多。

### 4. 横向一体化

横向一体化是一种收购竞争对手企业的增长战略。与同心多样化类似，横向一体化新增加的产品和服务与目前的产品和服务紧密相连，但同心多样化主要通过组织内部开发来发展，而横向一体化则通过收购竞争对手企业来发展。

### 5. 复合多样化

复合多样化是一种增加与企业目前的产品或服务显著不同的新产品或服务的发展战略。复合多样化的最大优点是它能较有效地分散企业的经营风险，使企业能抵抗较为激烈的行业波动。此外，企业通过复合多样化能把握更多的机会，使企业能在不同的领域实现发展，使资源不断向优势行业和市场转移。其不足是：业务范围迅速膨胀将使企业内部管理趋于复杂，研究证明，多角化经营会使投资效益与效率有所降低。因此，企业必须对自身多样化的能力进行评估，并且最好采纳逐步推进的方案。

## 5.2 稳定型战略

### 5.2.1 稳定型战略的概念及特征

#### 1. 稳定型战略的概念

稳定型战略是指限于经营环境和内部条件，企业在战略期所期望达到的经营状况基本保持在战略起点的范围和水平上的谋划与方略。所谓战略起点，是指企业制定新战略时关键战略变量的现实状况，主要包括企业当时所遵循的经营方向及其正在从事经营的产品和所面向的市场领域，企业在其经营领域内所达到的产销规模和市场地位等。所谓经营状况基本保持在战略起点的范围和水平上，是指企业在战略期基本维持原有经营领域或略有调整，保持现有的市场地位和水平，或仅有少量的增减变化。

### 2. 稳定型战略的特征

稳定型战略的经营风险相对较小，对于曾经成功地处于上升趋势的行业和一个变化不大的环境中活动的企业来说会很有效。由于稳定型战略从本质上追求的是经营状况的基本稳定，它具有如下特征。

(1) 实行稳定型战略，可以使企业在基本维持现有的产销规模、市场占有率和竞争地位的情况下，调整生产经营活动的秩序，强化各部门、各环节的管理，从而进一步提高企业素质，积累资源力量，为将来的大发展做好充分准备。

(2) 满足于过去的经济效益水平，决定继续追求与过去相同或相似的经济效益目标。

(3) 继续用基本相同的产品或劳务为原有的顾客服务。

(4) 力争保持现有的市场占有率和产销规模或者略有增长，稳定和巩固企业现有的竞争地位。

(5) 在战略期内，每年所期望取得的成就按大体相同的比率增长，从而实现稳步前进。

由此可见，稳定型战略依据于前期战略，它坚持前期战略对产品和市场领域的选择，它以前期战略所达到的目标作为本期希望达到的目标。因此，采用稳定型战略的前提是：企业的前期战略必须是成功的战略。企业只要继续实施这种战略，就能避开威胁，利用机会，使企业获得稳步发展。对于大多数企业来说，稳定发展或许是最有效的战略。

## 5.2.2　稳定型战略的适用性

采取稳定型战略的企业，一般处在市场需求及行业结构稳定或者动荡较小的外部环境中，因而企业所面临的挑战和发展机会都较少。但是，有些企业在市场需求以较大幅度增长或外部环境提供了较多发展机遇的情况下也会采用稳定型战略，其原因是这些企业的资源不足以使其抓住新的机会而不得不采用的相对保守的稳定战略。

企业面临的竞争环境主要包括以下几个方面。

### 1. 企业面临的竞争环境

(1) 宏观经济状况会影响企业所处的外部环境。如果宏观经济在总体上保持总量不变或以低速增长，企业所处的行业的上游、下游产业往往也只能以低速增长，这会影响到该企业所处行业的发展，使得该行业内的企业倾向于采用稳定型战略，以适应这一外部环境。

(2) 产业的技术创新度。如果企业所在的产业技术相对成熟，技术更新速度较慢的话，企业过去采用的技术和生产的产品无须经过太大调整便可满足市场需求并与竞争者抗衡。

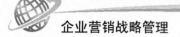

这就使产品系列及其需求保持稳定，从而促使企业采用稳定型战略。

(3) 消费者需求偏好的变动较稳定，这是决定产品系列稳定度的另一方面。消费者频繁的偏好转移会使得企业在产品特性和营销策略上改变过去的做法，否则，会被竞争对手所击败。从这点上讲，稳定型战略适合于消费者需求偏好较稳定的企业。

(4) 产品生命周期(行业生命周期)。对处于行业或产品成熟期的企业，产品需求、市场规模趋于稳定，产品技术成熟，新产品开发和新技术开发难以取得成功。因而，以产品为对象的技术变动频率低，同时竞争对手的数目和企业的竞争地位都趋于稳定，这时提高市场占有率、改变市场地位的机会很少，因此较为适合采用稳定型战略。

(5) 竞争格局。如某企业所处行业的进入壁垒非常高，或其他原因使该企业所处竞争格局相对稳定，竞争对手之间很难有较为悬殊的业绩改变，采用相对稳定的战略可以获得较大的收益。

### 2. 外部环境对企业营销战略影响

当外部环境机会较好时，如果企业的资源不够充分，可以用来投资的资金不足、研究开发力量较差或在人力资源方面无法满足发展型战略的要求，就无法采取扩大市场占有率的战略。在这种情况下，可以采用以局部市场为目标的稳定型战略，以使有限资源能集中在某些自己有竞争优势的细分市场，维护竞争地位。

当外部环境较为稳定时，资源较为充足的企业与资源相对较稀缺的企业都应当采用稳定型战略，以适应外部环境，但两者做法可以不同，前者可在更宽广的市场上选择自己战略资源的分配点；而后者则应当在相对狭窄的细分市场上集中自己的资源。

当外部环境较为不利，比如行业处于生命周期的衰退期时，资源丰富的企业可以采用一定的稳定型战略；而对那些资源不够充足的企业来说，则应视情况而定。如果它在某个细分市场上具有独特的竞争优势，可以考虑也采用稳定型战略；但如果本身不具备相应的特殊竞争优势，不妨实施紧缩型战略，将资源转移到其他发展较好的行业。

## 5.2.3  稳定型战略的利弊分析

### 1. 稳定型战略的优点

稳定型战略的风险比较小，对于那些处于需求平稳上升的行业和稳定环境中的企业来说，不失为一种有效的战略。它的优点主要有以下几个方面。

(1) 企业基本维持原有的产品、市场领域，从而可以利用原有的生产经营领域、渠道，避免开发新产品和新市场所必需的巨大的资金投入、激烈的竞争抗衡和开发失败的巨大风险。

(2) 不需改变资源的分配模式，从而可以大大减少资源重新组合所造成的巨大浪费和时间上的损失。

（3）可以保持人员安排上的相对稳定，充分利用已有的各方面人才，发挥他们的积极性，减少人员调整、安置所造成的种种矛盾以及招聘、重新培训的费用。

（4）稳定发展的战略比较容易保持企业经营规模和经营资源的平衡协调，有助于防止过快、过急而导致的重大损失。

**2. 稳定型战略的弊端**

稳定型战略虽然谋求风险最小，但它也蕴含着一定的风险。

（1）稳定型战略是以在战略期内外部环境不会发生大的动荡，市场需求、竞争格局基本稳定，因而企业以现实状况利用机会、避免威胁、防御对手进攻的假设为基本前提的。如果上述假设不成立，就会打破战略目标、外部环境、企业实力三者之间的平衡，使企业陷入困境。这种可能性是完全存在的。

（2）经营资源少、竞争地位弱的企业，一般采取以局部特定细分市场为目标的稳定型战略，实际上是一种重点战略。它有两个突出的特点：一是将企业的全部力量集中于少数几个市场面；二是以本企业在这些市场上具有的强大差异优势为成功的关键，这就使其具有更大的风险。如果对这部分特定市场的需求把握不准，企业可能全军覆没。而各细分市场的需求往往更容易受宏观环境的影响，比如政府的经济状况、技术政策等突然发生变化。另外，如果企业在细分市场上形成的差异优势由于竞争对手的模仿或行业条件的变化而弱化或消失，又建立不起新的差异优势，就无力抵御强大的竞争者的进攻，从而会丧失市场，陷入困境或破产。

（3）稳定型战略往往容易使企业的风险意识减弱，甚至形成惧怕风险、回避风险的企业文化，这就会大大降低企业对风险的敏感性、适应性和抗拒风险的勇气，从而也增大了以上所述风险的危害性、严重性。这也许是稳定型战略真正的最大的风险所在。

总之，稳定型战略有其适用条件、优点和弊端。其优点是相对于其适应性的，其弊端也是相对于其适用条件被破坏的可能性及其造成的后果的。因此，企业在进行战略选择时，必须认真分析企业所面临的经营环境、内部条件及两者综合平衡提供的需要与可能，特别应注意分析、预测那些影响环境稳定性的重要因素的变化趋势。同时，应充分预见到所采取的战略的弊端及其风险，并采取适当的措施应对这些弊端及风险。

## 5.2.4 稳定型战略的类型

采用稳定型战略的企业，由于面临的外部环境、企业资源条件以及竞争地位的区别，在战略目标、战略重点、战略对策等方面仍然存在不同的选择，因此稳定型战略可以分为不同种类。我们可以从不同的角度，对稳定型战略进行分类。

**1. 按偏离战略起点的程度划分**

按偏离战略起点的程度，可将稳定型战略划分为无增战略方案和微增战略方案。

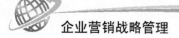

1) 无增战略方案

企业经过各种条件的分析后，只能保持在现有战略基础的水平上，不仅其战略经营活动按照原有方针在原有经营领域内进行，而且其在同行业竞争中所处的市场地位、产销规模、效益水平等，都希望维持现已达到的状况，并保持不变。

2) 微增战略方案

微增战略是企业经济在保持稳定的基础上略有增长与发展的战略。其中既包括稳定而小幅度地提高市场占有率，改善市场地位，或者随市场的稳步拓展而扩大产销规模，保持适当的市场占有率，也包括谨慎地推出新产品和扩大市场面。

**2. 从采取的防御态势上划分**

稳定型战略的基本特征之一是采取防御的竞争态势。但同是防御，不同企业却用不同的姿态来对待竞争的压力、竞争者的进攻和威胁，以维持自己的市场地位。从采取的防御态势上，可将稳定型战略分为阻击式防御战略方案和反应式防御战略方案。

1) 阻击式防御战略方案

阻击式防御战略方案，或称以守为攻的战略方案，其指导思想是，最有效的防御是完全阻止竞争较量的发生。据此，阻击式防御战略的着眼点是防止挑战者着手行动或者使其进攻偏离到威胁较小的方向。实行这种战略，企业不仅要预测出可能的挑战者、可能的进攻路线，而且还要封锁挑战者一切可能进攻的路线。具体做法是：一方面，企业应投入相应的资源，以充分显示和提高企业已经拥有的阻止竞争对手的结构障碍，创造新的障碍，或者增加可以预期的报复；另一方面，企业应连续不断地明白无误地传播自己的防御意图，塑造出企业作为顽强防守者的形象，从而使竞争对手意识到进攻的代价极高，而所得甚少，因此不战而退。这是一种积极的防御态势。

2) 反应式防御战略方案

反应式防御战略，即当对手的进攻发生后或挑战来临时，针对这种进攻或挑战的性质、特点和方向，采取相应对策，顶住压力，维持原有的竞争地位及经营水平。这是一种被动的、消极的防御态势。

# 5.3 紧缩型战略

## 5.3.1 紧缩型战略的概念及特征

### 1. 紧缩型战略的概念

紧缩型战略是指企业从目前的战略经营领域和基础水平收缩、撤退，且偏离战略起点较大的一种经营战略。与稳定型战略和发展型战略相比，紧缩型战略是一种消极的发展战略。一般来说，企业实行紧缩型战略只是短期的，其根本目的是使企业渡过难关后转向其他领域的战略选择。有时只有采取收缩和撤退的措施，才能抵御对手的进攻，避开环境的威胁，迅速地实现自身资源的最优配置。因此，紧缩型战略是一种以退为进的战略。

实行紧缩型战略的原因主要有：①企业的资源有限，但扩大了业务范围，需要退出某些业务；②企业的经营环境变化，有利的环境经过一段时间后变得不那么有吸引力了；③原来能容纳许多企业发展的产业进入衰退期而无法为所有企业提供最低的经营报酬；④为进入某个新业务领域需要大量投资和资源的转移等。这些情况的发生都会迫使企业考虑紧缩目前的经营，甚至退出目前的业务或实施公司清算。

#### 2. 紧缩型战略的特征

紧缩型战略具有以下三个方面的特征

(1) 对企业现有产品和市场份额进行收缩、调整和撤退，如放弃某些市场和某些产品系列。企业规模缩小，同时一些效益指标，如利润和市场占有率等，都会有较为明显的下降。

(2) 对企业资源的运用进行较为严格的控制，尽量削减各项费用支出，往往只投入最低限度的经营管理资源，并伴随着员工的裁减、一些大额资产的暂停购买等。

(3) 紧缩型战略具有短期性。与稳定型、发展型战略相比，紧缩型战略具有明显的过渡性，其根本目的是为今后发展积聚力量。

## 5.3.2　紧缩型战略的适用性

企业的资源是有限的，当企业发展到一定阶段，在外部环境发生变化的情况下，就需要采取紧缩型战略，适时退出某些业务。

(1) 当企业进行战略重组时，为了筹措所需资金，改善企业投资回报率，开发新的市场领域，会将整个企业的业务集中，发展有潜力的明星业务，放弃衰退业务和问题较多、前途渺茫的业务。

(2) 由于经济形势、行业周期、技术发展的变化，行业发展停滞及下滑，造成行业经济不景气，此时企业可采用撤退战略，缩小规模或退出该行业。

(3) 由于企业内部决策失误、管理不善及经营机制等问题，削弱了企业在其业务领域的竞争优势和竞争实力，不得不采取紧缩政策。

## 5.3.3　紧缩型战略的利弊

紧缩型战略是企业在对外部环境和企业经营实力的状况和发展趋势进行分析、判断和预测的基础上，做出战略抉择。

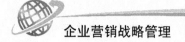

**1. 紧缩型战略的优点**

紧缩型战略的优势主要表现在以下几个方面。

(1) 在衰退或经营不善的情况下实行紧缩型战略，有利于正确判断经营领域的盈亏状况，及时清理、放弃无利可图或亏损的领域，清除经营赘瘤，提高效率，降低费用，增加收益，改善财务状况，使企业及时渡过难关。

(2) 采用转向、放弃战略，使企业更加有效地组合配置资源，提高经营素质，发挥和增强企业的优势、实力，在不断适应市场需要的同时，挖掘、寻觅新的发展机会。

(3) 可以避免竞争，防止两败俱伤；同时，改善资金流量。及时清算，还有助于避免发生相互拖欠债款，因到期不能清偿而引起连锁反应，导致信用危机，保持一个相对有利的行业结构和竞争局面。

**2. 实施紧缩型战略的弊端**

紧缩型战略也会产生一些副作用，主要表现为：采取缩小经营的措施，往往会削弱技术研究和新产品开发能力，使设备投资减少，陷入消极的经营状态，影响企业的长远发展。收缩战略、转移战略、放弃战略的实施，都需要对人员进行调整。如裁减人员、更换高层领导人等，处理不好会导致职工士气低落、工人与管理者产生矛盾和对立以及专业技术管理人员对战略实施的抵制，会限制企业提高经营效率。此外，当宏观经济或行业处于衰退期时，企业紧缩经营将导致经济总体的供需关系向缩小、均衡的方向发展，影响经济的回升或者加速行业的衰退，反而抑制企业的发展。

企业应将上述各方面的因素及其影响程度了解清楚，制定出相应的预防或应付的策略，并将其纳入经营战略之中。

## 5.3.4 紧缩型战略的类型

实践表明，采取紧缩型战略的企业往往是出于不同的原因，具有不同的内外部条件，为了不同的目的，选择不同的战略途径，并表现出不同的战略特点。因此，可以分别以上述某方面的区别为标志，对紧缩型战略进行分类。下面主要从两个方面对紧缩型战略进行分类分析。

**1. 按促使企业采取紧缩型战略的基本原因划分**

按促使企业采取紧缩型战略的基本原因划分，可将紧缩型战略划分为三种不同的类型。

1) 适应性紧缩战略方案

适应性紧缩战略是由于外部环境的变化，经济陷入衰退之中，市场需求缩小，资源紧缺，致使企业在现有的经营领域中处境不利，陷入财务状况不佳，难以维持目前的经营状况的境地。而企业为了避开环境的威胁，摆脱经济困境，渡过危机，以求发展而采取的战略。衰退的原因或许是宏观经济调控、紧缩作用于行业的供应、生产、需求等而引起的突发性、暂时性衰退；或许是行业本身进入衰退期而必然出现的市场需求减少、规模缩小而出现的渐进式衰退。

2) 失败性紧缩战略方案

失败性紧缩战略方案是指由于企业经营失误(如战略决策失误、产品开发失败、内部管理不善等)造成企业竞争地位虚弱、经济资源短缺、财务状况恶化，只有撤退才有可能最大限度地保存企业实力时被迫采取的战略。实施失败性紧缩战略的目的是通过收缩和退却，尽可能地保存企业实力，渡过危机，以便转移阵地或东山再起。

3) 调整性紧缩战略方案

与上述两种类型的战略不同，企业采取调整性紧缩战略的原因，既不是经济衰退，也不是经营失误，而是因为企业要谋求更好的发展，实行某种更长远的目标，需要集中并更有效地利用现有的资源和条件。因此，要对企业中那些不能带来满意利润、发展前景不够理想的经营领域采取收缩或放弃的办法。从根本上来说，调整性紧缩战略是一种以长远发展目标为出发点的积极的紧缩战略。

**2. 按实现紧缩型战略的基本途径划分**

按实现紧缩型战略的基本途径划分，可以把紧缩型战略分为以下四种不同的类型。

1) 选择性收缩方案

选择性收缩是企业在现有的经营领域不能维持原有的产销规模和市场面，不得不采取缩小产销规模和市场转移的紧缩战略。其基本特点是：选择某些比较有利的能发挥自己优势的市场面，抢先占据优势地位，获得较大收益。同时，逐步缩小并退出其他无利可图的市场面。收缩的目的是为了减少费用支出和投资，充分利用余下的资源，集中力量获得短期收益，改善资金流量，维持经营状况。这是以退为守的战略。

2) 转向战略方案

转向战略是指当企业现有经营领域的市场吸引力微弱、失去发展活力而趋向衰退，企业市场占有率受到侵蚀，经营活动发生困难或者发现了更好的发展领域和机会时，为了从原有领域脱身，转移阵地，另辟蹊径所实行的收缩。它在原有经营领域内采取减少投资、压缩支出、降低费用、裁减人员的办法，目的是逐步收回资金和抽出资源用于发展新的经营领域，在新的事业中找到出路，推动企业更快地发展。例如，西方石油公司在 1982~1984 年，拆卖了基本食品、汽车零部件、服装、家具和重型设备等的资产，现在只集中力量经营出版、娱乐和金融服务等业务。转向战略实现经营主力的转移，这种转移有时会涉及经营的基本宗旨的变化，导致经营方向的大转变，比如由制造挖煤设备转为生产煤矿成套设备。有时则只是向具有不同技术基础的新产品的转变，比如从机械收款机转向电子收款机，由机械手表转为电子手表等。

3） 放弃战略方案

这是在企业采取选择性收缩战略和转向战略均无效时而采取的紧缩战略。放弃是指将企业的一个主要部门转让、出卖或者停止经营。这个部门可以是一个经营单位、一条生产线或者一个事业部。放弃战略的目的是去掉经营赘瘤，收回资金，集中资源，加强其他部门的经营实力，或者利用腾出的资源发展新的事业领域，或者用来改善企业的经营素质，伺机抓住更大的发展机会。

4） 清算战略方案

清算战略是指企业受到全面威胁、濒临破产时，通过将企业的资产转让、出卖或者停止全部经营业务来结束企业的生命。毫无疑问，对任何一个企业的管理者来说，清算都是其最不期望、最不乐意的选择，通常只有在其他战略全部失效时才采用。但及时进行清算要比顽固地坚持经营无法挽回败局的事业可能要明智得多，结局也好得多。因为坚持经营无法挽回败局的事业，其结果只能是不可避免地破产，到那时可清算的东西就更少了。

**案例：**

### 福特公司的战略选择

在早期，福特公司的发展是通过不断改进它的单一产品——轿车而取得的。在 1908 年制造的 T 型轿车与以前所有的车型比有相当大的改进。在它生产的第一年，就销售了 10 000 多辆。1927 年，T 型轿车开始将市场丢给了它的竞争对手。福特公司又推出了 A 型轿车，该轿车集中了流行的车体款式和富于变化的颜色。当 A 型轿车开始失去市场、输给它的竞争对手的时候，在 1932 年，福特公司又推出了 V-8 型汽车。6 年后，在 1938 年 Mercury 型汽车成为福特公司发展中档汽车的突破口。

1. 纵向一体化战略

纵向一体化是企业在两个可能的方向上扩展现有经营业务的一种发展战略，它包括前向一体化和后向一体化。

前向一体化战略是企业自行对本公司产品做进一步深加工，或者资源进行综合利用，或公司建立自己的销售组织来销售本公司的产品或服务。例如，钢铁企业自己轧制各种型材，并将型材制成各种不同的最终产品即属于前向一体化。

后向一体化则是企业自己供应生产现有产品或服务所需要的全部或部分原材料或半成品，如钢铁公司自己拥有矿山和炼焦设施；纺织厂自己纺纱、洗纱等。

福特汽车公司的多样化生产集团是后向一体化战略的杰出实例。

(1) 塑料生产部门——供应福特公司 30%的塑料需求量和 50%的乙烯需求量。

(2) 福特玻璃生产部门——供给福特北美公司的轿车和卡车所需的全部玻璃，同时也向其他汽车制造商供应玻璃。这个部门也是建筑业、特种玻璃、制镜业和汽车售后市场的主要供应商。

(3)　电工和燃油处理部门——为福特汽车供应点火器、交流发电机、小型电机、燃油输送器和其他部件。

### 2. 福特新荷兰有限公司——同心多样化战略

同心多元化经营战略也称集中化多元化经营战略，指企业利用原有的生产技术条件，制造与原产品用途不同的新产品

在 1917 年，福特公司通过生产拖拉机开始了同心多样化战略。福特新荷兰有限公司现在是世界上拖拉机和农用设备制造商之一，它于 1978 年 1 月 1 日成立，是由福特公司的拖拉机业务和新荷兰有限公司联合而组成的，后者是从 Sperry 公司收购来的农用设备制造商。

福特新荷兰有限公司随后兼并了万能设备有限公司，它是北美最大的四轮驱动拖拉机制造商。这两项交易是福特公司通过收购实行它同心多样化战略的最好例证。

### 3. 金融服务集团——跨行业的复合多样化战略

福特汽车信贷公司的成立，是向经销商和零售汽车顾客提供贷款。这可以说是实行同心多样化战略。

不过，在 20 世纪 80 年代，福特公司利用这个部门积极从事复合多样化经营。在 1985 年它收购了国家第一金融有限公司，后者是北美第二大储蓄和贷款组织。在 1987 年后期，它收购了美国租赁公司，它涉及企业和商业设备融资、杠杆租赁融资、商业车队租赁、设备运输、公司融资和不动产融资。

### 4. 其他行业的复合多样化战略

福特汽车土地开发有限公司是一个经营多样化产品的部门，也是跨行业多种经营的典型实例。到 1920 年，这个部门围绕着密歇根福特世界总部建立了 59 个商用建筑。由这个部门所拥有和它管理的设施及土地的市场价值估计有十多亿美元。

福特太空有限公司和赫兹有限公司也是复合多样化战略的良好典范。

### 5. 调整战略

在福特公司的发展史上，曾经被迫实行了几次调整战略。在第二次世界大战后，福特公司以每月几百万美元的速度亏损。亨利·福特二世重组了公司并实行分权制，这使公司迅速恢复了元气。

福特公司最富戏剧性的调整战略是在 20 世纪 80 年代早期所完成的。从 1979 年到 1982 年，福特公司的利润亏损额达 5.11 亿美元，销售额由 1978 年的 420 亿美元下降到 1981 年的 380 亿美元。不必说，福特公司陷入了严重的危机。

亏损的原因之一是激烈的国际竞争，也许更重要的亏损的原因是福特公司运营的方式。新车的款式看起来像许多年前一样；在部门之间(如设计与工程)很少沟通；管理层中从事管理公司的员工对工作很不满意，很少向上级部门传达情况。

福特公司的管理层做了些什么来转变这种情况呢？首先，他们显著地减少了运营成本。在 1979 年到 1983 年期间，从运营支出中就节省了 4.5 亿美元。其次，质量成为头等大事。

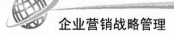

管理层也改变了福特公司设计小汽车的程序。以前，每一个工作单位是独立工作的，现在，设计、工程、装配等部门都在这个过程中一起协调工作。

不过，福特公司实行的最重要的改变是一种新的企业文化。从首席执行官 Philio Caldwell 和总裁 Donald Petersen 开始，改变了公司的优先次序。一种新兴管理风格建立起来了。该种管理风格强调联合行动和在工作中所有雇员向着共同的目标的参与：在福特公司，人们建立起更加密切的关系，并且更加强调雇员、经销商、供应商之间的关系，呈现了一种新的集体工作精神。

(资料来源：http://www.wxphp.com/wxd_6piod4l1p123x6i11q37_1.html)

**问题与讨论：**

福特公司是如何进行战略选择的？其优势体现在哪些地方？

# 思考与练习

1. 企业营销战略有几种选择？
2. 分别简述几种企业营销战略的适用性。
3. 对比企业营销战略的几种选择。
4. 企业营销战略的多种选择分别有什么类型？
5. 简述企业营销战略的不同选择对企业的影响。

# 第6章 市场细分战略

从企业营销战略的角度出发，市场细分是企业根据某一段时间自身经营的特征，对相关市场进行必要的细分。市场细分战略解决了企业对市场的深入了解和以独特视角认识市场的问题，为企业明确需要进入的市场，在市场上如何采取进一步的措施等奠定了基础，是企业有效利用自身资源获取市场竞争优势的重要战略选择。

## 6.1 市场细分战略概述

### 6.1.1 市场细分概述

#### 1. 市场细分的产生与发展

市场细分是市场营销实践的总结，这一概念最早于 1956 年由美国学者温德尔·斯密(Wenden R. Smith)提出，是第二次世界大战后市场营销理论的新发展，也是买方市场环境下的一种现代市场营销观念。业内学者将这一观念称之为营销学中继"以消费者为中心观念"之后的又一次革命。经历了半个多世纪的营销实践，市场细分已经成为营销学中重要的组成部分，并得到了理论界与工商界的广泛认同与接受。市场细分的出现与营销发展的下述阶段有关(见图 6-1)。

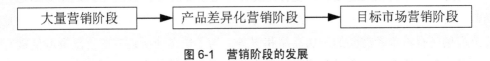

图 6-1 营销阶段的发展

1) 大量营销阶段

早在 19 世纪末 20 世纪初，西方经济发展的中心是速度和规模，企业市场营销的基本方式是大量营销，即大批量生产种规格单一的产品和通过大众化的渠道推销。在当时的市场环境下，大量营销方式降低了成本和价格，获得了较丰厚的利润，企业没有必要也不可能重视市场需求的研究，市场细分战略更不可能产生。

2) 产品差异化营销阶段

在 20 世纪 30 年代，发生了震撼世界的资本主义经济危机，西方企业面临产品严重过剩的状况，市场迫使企业转变经营理念，营销方式从大量营销向产品差异化营销转变，即向市场推出许多与竞争者产品不同的，具有不同质量、外观、性能的品种，重点是现有的设计、技术能力而未研究顾客需求，缺乏明确的目标市场，产品试销的成功率仍然很低。

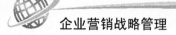
3) 目标市场营销阶段

20 世纪 50 年代以后，在科学技术革命推动下，生产力水平大幅度提高，产品日新月异，生产与消费的矛盾日益尖锐，以产品差异化为中心的推销体制远远不能解决西方企业所面临的市场问题。于是，市场迫使企业再次转变经营观念和经营方式，从产品差异化营销转向以市场需求为导向的目标营销，即企业在研究市场和细分市场的基础上，结合自身的资源与优势，选准其中最有吸引力和最能有效地为之提供产品和服务的细分市场作为目标市场，设计与目标市场需求特点相互匹配的营销组合等。于是，市场细分战略应运而生。

市场细分理论的产生，使传统营销观念发生根本的变革，在理论和实践中都产生了极大影响，被西方理论家称之为"市场营销革命"。

市场细分理论产生之后经过了一个不断完善的进程，最初，人们认为把市场划分得愈细愈好，愈能适应顾客需求，从而取得更大收益。但是，20 世纪 70 年代以来，由于能源危机和整个资本主义市场不景气，营销管理者深感过度细分市场必然导致企业总成本上升过快从而减少总收益。因此，西方企业界又出现了一种"市场同合化"的理论，主张从成本和收益的比较出发适度细分。这是对过度细分的反思和矫正，使市场细分理论又有了新的内涵，适应了 20 世纪 90 年代以来全球化营销趋势的发展。

## 2. 市场细分的概念与基础

1) 市场细分的概念

市场细分(Marketing Segmentation)是指企业将一个大的异质性市场，依据需求的不同，分割成几个同质性较高的小市场的过程。市场细分以后所形成的具有相同需求的顾客群体称为细分市场。

市场是一个极其庞大而复杂的整体。在市场经济条件下，任何个人或团体都是一定商品的购买者，因而都是整个市场的组成部分。对任何一个企业来说，绝不可能提供足以满足整个市场所有消费者需要的一切商品和服务。为了使企业所拥有的有限资源能被有效地利用，必须对企业面向的市场范围加以适当的限定，从整体市场中划分出最适合企业经营的某个市场范围。

市场细分就是根据消费者的需求和欲望、购买行为和购买习惯等方面的差异性，把某种产品的整体市场划分为若干消费群市场的分类过程。每个消费群就是一个细分市场，也称"子市场"，是由具有类似需求倾向的消费者构成的群体。

市场细分不同于一般的市场分类，它不是通过商品分类来细分市场，而是对同种产品有不同需求的消费者进行分类，也就是说，市场细分实际上是识别具有不同需求的消费者群的活动。在市场上有着各种不同的消费者，企业进行市场细分就是发现不同消费者之间的需求差别，然后把需求相同的消费者群归为一类，这样就把一个市场分成若干个"子市场"，分属不同细分市场的消费者对同一产品的需求存在着明显的差异，而属同一细分市场的消费者，他们的需求则极为相似，因此，市场细分化又是一个聚集的过程，即把对某种产品特点最易做出相似反应的消费者，依据某种或多种标准不断聚集，直到鉴别出足以实现企业的利润目标的某一个消费群体。

市场细分的客观基础在于消费者需求的差异性，也就是消费者需要、动机和购买行为等因素存在着多元性，这是市场细分的内在根据。例如，家具的购买者寻求不同款式、规格、颜色、价格、材料的家具，由于消费者之间对产品品质的不同需求，就呈现出市场的多元性。消费需求的多元性是客观存在的，只要某一种商品或劳务包含两个以上的顾客，那么就可以根据顾客购买行为的差异性，将其区分为许多类似的消费群体。企业结合自身的特点和优势，从划分的众多消费者群中选择最具有吸引力、最能有效地提供服务的部分作为目标市场，开发适销对路的产品和采用市场营销策略，使产品的差异性建立在需求差异性的基础之上，使企业在竞争中处于有利地位。

2) 市场细分的基础

市场细分的基础主要包括以下三个方面。

(1) 顾客需求的差异性。顾客需求的差异性是指不同的顾客的需求是不一样的。在市场上，消费者总是希望根据自己的独特需求去购买产品，我们根据消费者需求的差异性可以把市场分为"同质性需求"和"异质性需求"两大类。

同质性需求是指由于消费者的需求的差异性很小，甚至可以忽略不计，因此，没有必要进行市场细分。异质性需求是指由于消费者所处的地理位置、社会环境不同以及自身的心理和购买动机不同，造成他们对产品的价格、质量款式上需求的差异性。这种需求的差异性就是我们市场细分的基础。

(2) 顾客需求的相似性。在同一地理条件、社会环境和文化背景下的人们形成有相对类似的人生观、价值观的亚文化群，他们需求特点和消费习惯大致相同。正是因为消费需求在某些方面的相对同质，市场上绝对差异的消费者才能按一定标准聚合成不同的群体。所以消费者的需求的绝对差异造成了市场细分的必要性，消费需求的相对同质性则是使市场细分有了实现的可能性。

(3) 企业有限的资源。现代企业由于受到自身实力的限制，不可能向市场提供能够满足一切需求的产品和服务。为了有效地进行竞争，企业必须进行市场细分，选择最有利可图的目标细分市场，集中企业的资源，制定有效的竞争策略，以取得和增加竞争优势。

### 3. 市场细分的作用

市场细分具有以下几个方面的作用。

(1) 有利于选择目标市场和制定市场营销策略。市场细分后的子市场比较具体，比较容易了解消费者的需求，企业可以根据自己的经营思想、方针及生产技术和营销力量，确定自己的服务对象，即目标市场，针对较小的目标市场制定特殊的营销策略。同时，在细分的市场上，信息容易了解和反馈，一旦消费者的需求发生变化，企业可以迅速改变营销策略，制定相应的对策，以适应市场需求的变化，提高企业的应变能力和竞争力。

以联想集团为例，联想集团的产品细分策略正是基于产品的明确区分。联想集团打破了传统的"一揽子"促销方案，围绕"锋行""天骄""家悦"三个品牌面向的不同用户群需求，推出不同的"细分"促销方案。选择"天骄"的用户，可优惠购买让数据随身移动的魔盘、可精彩打印数码照片的 3110 打印机、SOHO 好伴侣的 M700 多功能机，以及让人尽享数码音乐的 MP3；选择"锋行"的用户，可以优惠购买"数据特区"双启动魔盘、性格鲜明的打印机，以及"新歌任我选"MP3 播放器；钟情于"家悦"的用户，则可以优惠购买"电子小书包"魔盘、完成学习打印的打印机、名师导学的网校卡，以及成就电脑高手的 XP 电脑教程。

(2) 有利于发掘市场机会，开拓新市场。通过市场细分，企业可以对每一个细分市场的购买潜力、竞争情况、满足程度等进行分析对比，探索出有利于本企业的市场机会，使企业及时做出投产、移地销售决策或根据本企业的生产技术条件编制新产品的开拓计划，进行必要的产品技术储备，掌握产品更新换代的主动权，开拓新市场，以更好地适应市场的需要。

(3) 有利于集中人力、物力投入目标市场。任何一个企业的资源、人力、物力、资金都是有限的，通过细分市场，选择适合自己的目标市场，企业可以集中人、财、物及资源去争取局部市场上的优势，然后再占领自己的目标市场。

(4) 有利于企业提高经济效益。前面三个方面的作用都能使企业提高经济效益。除此之外，企业通过市场细分后，可以面对自己的目标市场，生产出适销对路的产品，既能满足市场需要，又可以增加企业的收入；产品适销对路可以加速商品流转，加大生产批量，降低企业的生产销售成本，提高生产工人的劳动熟练程度，提高产品质量，全面提高企业的经济效益。

## 6.1.2　市场细分战略的概念和作用

### 1. 市场细分战略的概念

市场细分战略，是指企业为了实现确定的营销目标，从满足市场需求和提高市场竞争地位的高度出发，对某一市场的特征进行分析，并在此基础上将其区分为不同的细类市场，准确把握不同细分市场的特征，为企业进入市场和巩固市场地位准备条件的战略选择。

从企业营销战略的角度出发，市场细分并不是对现有的全部市场进行划分，也不是应用各种不同的标准和方法进行划分，而是企业根据某一段时间自身经营的特征，对相关市场进行必要的细分。例如，某涉外宾馆将宾馆服务市场区分为外国游客住宿服务市场、外国商务人员住宿及会务服务市场、本国商务人员高级会务服务市场和其他市场。这样划分的原因，主要在于公司的主要业务是接待外国游客。而另外一家主要向国内游客提供住宿服务的三星级宾馆则将市场细分为单位自组团旅游市场、单位组团旅游公司承揽旅游市场、私人自主旅游市场、私人报名旅游公司组团旅游市场等。

### 2. 市场细分战略的作用

市场细分战略解决了企业对市场的深入了解和以独特视角认识市场的问题，为企业明确了需要进入的市场以及在市场上如何采取进一步的措施等，是企业有效利用自身资源获取市场竞争优势的重要战略选择。一个企业如果不能有效地进行市场细分，很可能会在不适合企业从事经营活动的市场上开展一系列营销活动，其结果必然是得不偿失，甚至使企业陷于严重的经营困境之中。由此可见，能否正确细分市场，已经成为企业营销战略抉择首先必须做好的一项重要工作。

1) 发现市场机会

首先，市场细分战略帮助企业发现未被满足的现实市场需求机会。很多市场，表面看来，商家提供的产品有很多种类，似乎顾客的各种需求都得到了很好的满足，其实不然。

对于一些小型企业来说，市场细分具有特别重要的意义。一些企业通过市场细分，发现市场上存在的当前未被满足的市场缝隙，将其作为本企业服务的对象。例如，某公司发现，由于安全方面的原因，居民楼、办公室的玻璃很可能几年都不擦一次。不是人们愿意看着这些玻璃越来越脏，而是从楼内根本无法擦洗。一些大型公司能提供从外部进行喷洗的装置，可是对于一些小型企业、单户居民来说，不需要这样的专业设备，且费用高昂。该公司把玻璃清洁市场细分为大型单位自主冲洗、委托清洁公司冲洗、委托清洁公司擦洗和个人自主擦洗等市场之后，决定推出可以由个人在室内擦洗窗户外部玻璃的磁性擦，体积同通常的黑板擦一样大，价格非常低廉，使用却很方便。产品一经推向市场，销售情况非常好。

其次，市场细分战略帮助企业发现潜在的未被满足的需求。实际中存在着这样一些市场，顾客潜在的某种需求，还没有形成现实的需求，需要企业予以激发。在这种情形下，对市场的进一步细分，有利于企业发现潜伏在顾客需求深处的一些特别需求，找出企业新的增长点。例如，一些银行参照发达国家居民消费支付的方式对中国居民消费支付形式与手段进行市场细分，通过一段时间的宣传和引导，相当一部分过去习惯使用现金的中国居民也开始使用信用卡了。这就是银行发现了居民潜在的对货币支付方式方便性和安全性的需求，激发了潜在需求，使银行的信用卡业务得到快速增长。当然，发现潜在需求，激发潜在需求促使其转化为现实需求的营销活动比较困难，它在很大程度上依赖于企业是否具备市场洞察能力和创新能力。但是，一旦企业成功地发现了潜在的市场需求，等于进入了一个缺少竞争的市场，获利将是非常丰厚的。

2) 为其他战略抉择准备条件

有效的市场细分，能够为企业的市场定位提供充分的依据。企业最终选择什么样的市场，是企业需求和自身资源能力等多个方面综合的结果，没有有效的市场细分和对不同细分市场的详细、准确的描绘和认识等，企业不可能找到最适合本企业的目标市场。更进一步，企业的品牌，首先是在进入细分市场上确立的；新产品的开发和推出，是向某个细分市场提供全新或者经过改进的产品；企业的定价、产品、促销、分销等战略，无一例外地都以企业市场细分、对不同细分市场特点的认识和本企业对细分市场的选择为基础。因此，市场细分不仅是进行市场定位，而且是整个企业营销战略活动过程的基础。

3) 提升企业竞争地位

企业的综合竞争力和企业在单个细分市场上的竞争力既有密切联系，又有所区别。在不同的细分市场，企业面对的竞争对手不同，各个竞争对手的优势和劣势也有所不同。在细分市场的基础上对竞争对手进行分析，能够帮助企业更加准确地认识对手的优缺点，有利于有针对性地采取相应的措施。例如，在全球范围内，沃尔玛无疑是零售行业的巨无霸，不过在我国市场，由于受到多种因素的制约，沃尔玛还不是我国境内规模最大、力量最强的零售商。再如，联想公司的 PC 台式机、笔记本电脑等诸多产品在中国市场上，都占据首位，但是在其他一些产品领域，则有更加强大的商家与其竞争。

必须指出的是，尽管市场细分对于企业的营销工作有很重要的作用，但不是把市场细分得越小越好。因为，过分的不适当的市场细分会导致以下弊端：①分散企业的营销资源；②给企业的设计和生产工作造成过重的压力；③增加生产成本；④增加企业的营销费用。所以，在市场细分时必须把握合理的度。

市场细分程度应根据整体市场的异质性的大小来把握。如果整体市场的异质性强，市场细分的程度就要深一些；如果整体市场的异质性弱，市场细分的程度就要浅一些。整体市场的异质性大小取决于以下几方面的因素：①需求的多样性和个性；②产品的生命周期阶段；③产业内的竞争态势。

需求的多样性和个性是决定市场细分深度最重要的因素。市场细分的基本思路就是对整体市场上相似的需求按照某种划分标准进一步进行分类，使分类后的需求共性更突出、更明确，以有利于企业的营销活动。所以，如果整体市场的需求多样性强，市场细分的深度就会大；反之，就没有必要做太多的细分。需求的多样性一方面取决于产品的性质，有的产品的需求多样性大，如服装等；有的产品的需求多样性小，如农副产品。需求的多样性还取决于社会文化环境。随着人们物质生活水平的提高和精神生活质量的完善，人们会更加注重个性和品位，再加上突出个人的偏好，产品需求的多样性就更大了。

产品所处的生命周期阶段也会影响市场细分的深度。一般来说，在产品生命周期的成长期，产品的区别还不明显，市场细分深度较低。在成熟期，企业更注重挖掘产品的内在价值，市场细分的深度较高。进入衰退期，市场细分的深度可能进一步提高，也可能降低。

影响市场细分深度的最后一个因素是产业内的竞争态势。一般来说，如果产业内竞争激烈，企业必须寻找更有价值的细分市场，集中营销资源，突出局部领域内的竞争优势。在这样的态势下，市场细分的深度较高；如果产业内竞争态势缓和，企业更倾向于占领最大的市场份额，市场细分的深度较低。

## 6.2　市场细分战略的类型

### 6.2.1　模糊市场细分战略与精确市场细分战略

依据对市场进行划分的精确程度，可将企业选择的细分战略划分为模糊和精确两种不同的细分战略。市场的模糊细分，常常是因为进行划分的标准本身比较抽象，不是一个定义十分明确的概念。例如，高收入家具市场、中等收入家具市场、低收入家具市场。除非我们给出明确的月收入或者年收入数量界限，否则，标准界限是不明确的。而且，在不同的城市、地区，对于这一标准的实际数量界限，人们的认识也是不同的。标准界限不清，决定了不同细分市场之间的界限也是不清楚的。具体到某一消费者在不同的企业或者营销人员看来，可能属于不同的细分市场。再如，一些企业在营销部门中设立了大客户部，专门负责购买量比较大的企业、机关和事业单位市场的业务活动。但一次购货量多少或者一年购货量多少算作大客户，并没有什么明确的规定。

从市场细分的要求来看，细分市场使用的标准应该非常明确，各个细分市场之间的界限应当能够清楚界定。但是，在遵循一般要求的同时，也会存在一些例外。在以下情形中，企业有可能对市场进行模糊划分。

(1) 市场发展变化非常快，对市场的精确划分可能导致企业选择的目标市场很快不再存在或者面目全非。

(2) 由于消费者具有的各种特征相互交织，在细分过程中很难找到精确的划分标准，只能选择一个含义不太明确的标准。

(3) 在行业中、市场上或者消费者的认识中，对某些市场细分的认识约定俗成。虽然标准不很精确，但是，企业、消费者和社会公众都清楚这样划分的细分市场是指什么样的市场。

### 6.2.2　当前市场细分战略与潜在市场细分战略

根据企业未来工作的重点，企业可以选择对当前市场进行细分，或者对潜在的未来市场进行细分，也可以将二者结合起来。当一个企业不准备开发新的市场，而仅仅在现有市场上通过市场渗透等方式更好地满足顾客需求时，可以只对当前的产品市场进行细分，从中找出现有市场上消费者未被满足的需求。当然，如果准备进入潜在市场，或者考虑是否应该进入潜在市场，或者希望获得有关来自潜在相关市场给当前市场带来的冲击等方面的信息时，企业可能需要对潜在的未来市场做出细分。在大多数情况下，企业不仅对当前的市场进行细分，而且细分潜在的市场，以期望从中找出当前和未来两个市场存在的商机、变化的趋势、需求的特性等。例如，某报业集团分析了当前的城乡报业市场，在将报纸市场区分为政府综合机关报市场、政府部门专业机关报市场、科学与技术专业报市场、城市大众消息报市场、城市大众娱乐休闲报市场的同时，根据未来的发展趋势，提出了农村大众消息报市场和农村大众娱乐休闲报市场的概念。

## 6.2.3　行业全部市场细分战略与行业部分市场细分战略

根据企业的营销目标和经营业务范围，企业可以选择对行业全部市场进行细分，也可以选择只对其中的部分市场进行细分。对全部市场细分需要做大量的调查研究工作，其优点在于可以获得较为全面的市场信息，并可以对多个不同的细分市场进行对比分析。对行业部分市场进行细分，实际上暗含了企业事先已经对全部市场进行了细分，并放弃参与某些市场的竞争。例如，某管理咨询公司仅仅对现有的 CI 形象策划市场进行细分，其中暗含了该公司将整个管理咨询市场按照业务的性质区分为不同的细分市场，其中包括 CI 形象策划市场。由于该公司只准备在这一市场开展业务，因而可以不对其他咨询市场做进一步的细分和分析研究。

在企业从事的业务种类比较多时，企业往往会对整个行业市场进行全面的分析。例如，一些综合性出版公司，经营各种图书业务，因而在对市场分析时，往往对整个图书市场进行细分。相反，专业的财经图书公司，则不会关心中小学生考试辅导用书、文学作品等市场，而主要对经济、管理等相关市场感兴趣。

在企业从事的业务活动跨越多个行业时，企业可能需要对多个行业的全部市场，或者不同行业的部分市场进行细分。例如，某制造业企业的业务涉及机械制造、软件开发、宾馆、餐饮等，在经营过程中，需要对各个相关行业的全部或者部分市场进行细分。

在企业初创时或者业务做重大调整时，也往往需要对多个不同行业市场进行细分。例如，一家从事进出口贸易的外国公司准备到中国建立子公司，从事中国产品的对外进出口业务。为了选择适宜的进出口业务，该公司对中国的粮油进出口市场、土特产进出口市场、中药材进出口市场、焦炭进出口市场等多个市场进行了细分。再如，随着网络信息产业、生物制药产业、新材料产业的兴起，某企业准备寻求新的经济增长点，从传统的制造业向新兴行业转变，由于无法准确判断哪一个行业以及在哪一个行业从事哪种产品业务对本企业来说最为有利，该企业决定对多个不同的新兴行业市场进行细分。

### 6.2.4　经验市场细分战略与调查市场细分战略

企业在进行市场细分过程中，有时会根据自身在从事市场活动过程中积累的丰富经验确定应该将市场分为哪些不同的细分市场；也可以依托市场调查的结果，根据各种市场研究的数据、指标等提供的信息对市场进行细分。

根据经验进行细分的优点在于可以充分发挥企业经营管理人员在长期经营过程中形成的直觉认识，也可以节约用于市场调查研究分析的时间和精力。缺点在于，在很多时候，直觉认识未必准确，甚至未必是正确的判断。市场调查研究的优点在于可以直接从消费者中获得多个层面的准确信息，可以借助市场调查的事实和统计数据作为细分的依据。但是，这种战略花费的时间长，其结果的准确性很大程度上依赖于调查的方法和统计分析的手段的科学合理性。在大部分情况下，企业会将经验、直觉性判断和市场调查分析结果结合起来对市场进行综合分析，而不是单单运用其中的一种方法。

# 6.3　市场细分战略的过程

市场细分需要经过多个不同的环节，完成一系列相关的工作。一般来说，市场细分包括了相互衔接的 4 个步骤：确定要细分的市场；确定进行市场细分的依据；形成确定的市场细分；市场细分特征分析。

## 6.3.1　确定要细分的市场

为了通过细分找出有价值的子市场，企业必须首先确定要对哪一个市场进行细分。例如，对于跨国经营的炼油企业，可能需要对全球石油市场进行细分，也可能直接对某一类油市场进行细分(如飞机用燃油)。

企业选择什么样的市场进行细分，应该考虑企业可能进入的市场。企业对市场的细分，不是没有边际地将一个统一大市场作为分析对象，而是根据自身当前业务及业务发展方向，将需要分析的目标市场确定在一定的范围内。从事盒饭供应的中餐馆，只需要将快餐市场作为需要细分的市场就足够了，而不需要把整个餐饮市场作为需要细分的市场。一家准备将业务推向全球市场的啤酒公司，就应该对全球的啤酒市场进行细分；一家准备在某一城市的家居装饰市场上有所作为的企业，只需要对该市居民装饰市场进行分析即可。

在选择将多大范围、什么特性的市场作为细分对象时，还必须考虑企业自身进行市场调研和分析的能力。单纯从企业经营的角度出发，市场信息越完备越好。生产运动鞋的公司，如果能够把整个鞋类产品市场乃至整个消费者服饰市场的特点及其发展趋势分析透彻，当然对经营非常有利，充分的信息可以帮助企业从衣服和鞋的搭配上、流行色对鞋的要求

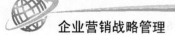

上等多个方面进行鞋类市场的分析。不过，企业进行细分的市场范围越大，需要收集的资料越多，需要投入的人力和物力也就越多，这样会造成工作量过大，对资源投入的要求高等后果，在企业投入资源不足的时候，会分散资源，对企业实际需要分析的重点对象造成冲击。因此，被细分的对象越大越好的想法是不可取的。

选择用于细分的市场对象时，还必须注意时间的紧迫性。企业对市场的细分结果，一定要在最佳市场时机出现之前完成，以便企业及时组织市场活动。这一要求同样决定了企业对细分对象的选择要适度。

## 6.3.2 确定进行市场细分的依据

在确定需要进行细分研究的对象市场之后，紧接着的就是如果对这一市场进行细分，应该遵循什么样的依据，根据哪些要求对这一市场进行细分更加合理。其实，确定市场细分依据必须把握以下两个原则：

**1. 市场细分的原则**

从营销战略的角度出发，在科学确定了进行细分的市场之后，并不是对该市场所做的任何细分都对企业有价值。只有那些能够充分识别消费者需求特性并能为企业带来明确的市场机会的细分，才是真正有价值的。因此，企业在进行市场细分时，必须遵循如下基本原则。

1) 消费者反应的差异性

之所以进行市场细分，其中暗含的一个基本假设就是不同细分市场的消费者会对同样的产品及促销活动等营销要素产生不同的反应。企业可以据此决定在哪一个市场销售自己的产品。或者说，不同的细分市场对产品和服务的需求不同。例如，工薪阶层和高级经理人员对同样一套住宅商品房的反应会有很大的差异。因此，不同的细分市场，应该有明确的消费者行为特征。如果企业推出的产品和采取的各种营销举措在不同的细分市场上产生近乎相同的反应，那么，这样的细分市场可以归为同一市场。

2) 可识别性

不同的细分市场，由于在细分过程中选择一定的变量或者标准作为基础，似乎很容易被识别和区分，其实不然，因为一些标准和变量本身就具有很大的不确定性。例如，根据产品的质量，将产品市场划分为优质产品市场、优良产品市场、一般质量产品市场和质量不合格产品市场。由于这里采用的是反映质量水平的抽象标准，而抽象的标准带有很强的主观性，所以很难准确界定。如果要采用这种细分方法，企业要事先明确规定产品质量好坏的考察指标，以及不同质量水平相对应的考察指标的数值范围。市场细分的可识别性不仅要求细分标准具有可识别性，而且要求不同细分市场在对产品和服务的反应、在对促销活动的反应方面的差异也要具有可识别性。

3)　经济性

经济性，即不论做出何种细分结果，每一个细分市场都存在着企业在满足消费者需求之后获得盈利的可能。问题只是在于不同的细分市场对同一企业、同一细分市场对不同的企业带来的收益可能有所不同。如果细分后发现，每一细分市场对于企业来说都无盈利的可能，那么这样的细分本身没有任何意义。

4)　稳定性

细分的市场应该在时间上具有相对稳定性，即在未来一段时间，细分市场的消费者群体保持相对稳定，细分市场的一些主要特征基本保持不变。细分市场不应当迅速消失，也不应处于出现和消失的交错动荡之中。

### 2. 市场细分的标准

市场细分的标准具有特别重要的作用。一方面，正是这些划分标准将消费者区分为不同的细分市场群体；另一方面，这些标准常常是识别、描述和区分不同细分市场的重要变量。因为标准常常会在一个细分组合中的每一个市场中都表现出明显的特征，例如，男士服装市场和女士服装市场。性别不仅区分了截然不同的服装市场，而且，对每一个细分市场来说，适合男士还是女士，都是非常关键的一个特征变量。

在企业制定和实施营销战略过程中，常用的市场细分标准主要包括人口、地域、使用场合、消费者心理与行为等。

1)　人口标准

企业可以根据人口本身具有的各种特征，选择其中一个或者多个作为划分标准来进行市场细分。可以用来作为市场细分的标准主要有：①性别，如根据性别标准区分为男士护肤用品和女士护肤用品市场；②年龄，如婴儿服装市场、少儿服装市场、青年服装市场、成年服装市场、老年服装市场；③职业，如教学科研人员图书市场、企业管理人员图书市场、企业技术人员图书市场、国家机关工作人员图书市场；④婚姻状况，如单身住房市场、新婚夫妇住房市场等；⑤教育程度，如大学以下人员网络服务市场、大学本科学历人员网络服务市场、硕士学历人员网络服务市场、博士学历人员网络服务市场等；⑥民族，如汉族居民工艺品市场、回族居民工艺品市场、维吾尔族居民工艺品市场等；⑦宗教，如信奉伊斯兰教居民餐饮市场、信奉东正教居民餐饮市场等；⑧社会阶层，如政治精英文化市场、社会名流文化市场、普通居民文化市场等；⑨收入，如年薪 20 万～50 万元收入者家政服务市场、年薪 10 万～20 万元收入者家政服务市场、年薪 5 万～10 万元收入者家政服务市场等；⑩国籍，如中国居民人寿保险市场、美国居民人寿保险市场等；⑪家庭生命周期，如年轻夫妇旅游市场、三口核心家庭旅游市场、老年夫妇旅游市场等。

除了上述重要因素之外，个人的兴趣爱好、价值观念、生活方式、性格特征等，都可以作为进行市场细分的重要标准。而且，在企业具体进行市场细分的过程中，往往同时使

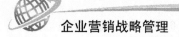

用多个人口标准组合起来对市场进行细分。例如，将化妆品市场划分为男士化妆品市场和女士化妆品市场之后，可以再按照年龄段划分女士化妆品市场，如18～25岁女士化妆品市场；再按照职业标准划分为18～25岁在校女学生化妆品市场、18～25岁职业女性化妆品市场、18～25岁在家待业女性化妆品市场等。

2) 地域标准

企业可以根据不同消费者群体所在的地域范围对市场进行细分。可以作为市场细分的地域标准主要有：①国际大区，如北美烟草市场、西欧烟草市场、亚太烟草市场等；②国家，如中国电信市场、英国电信市场、法国电信市场等；③国家内的大区，如东北地区供电市场、华东地区供电市场、华南地区供电市场、西北地区供电市场等；④省区，如江苏花卉市场、广东花卉市场等；⑤市、县，如长沙汽车市场、深圳汽车市场。

对于在一个国家市场内部按照地区进行市场细分时，不一定按照国家的行政或地理区划进行，企业可以根据本企业的业务分布和自身的市场重点采用符合自身经营条件的适当划分办法。例如，某酒业公司位于甘肃省境内，主要市场在甘肃西部、中部和东北。于是公司将整个市场细分为甘肃市场、西部市场(不含甘肃，但将西南的部分省份包括其中)、中原市场(包括华中和华北的部分省份)、东北市场(包括部分华北省份)。

此外，还有一些可按照地区气候等标准进行划分，如干旱地区瓜果市场、热带雨林地区瓜果市场等。

3) 使用场合

企业可以根据不同场合消费者具有的特征进行市场细分。例如，根据PC在不同场合的使用，可以区分为家庭用PC、一般办公用PC、商务专用PC、在校学生用PC等。再如，一家西方国家的饮料公司将饮料市场分为早餐饮料市场、上班期间饮料市场、午餐饮料市场、正餐饮料市场、各种庆典等活动期间饮料市场等，并打出了"橙汁绝不仅仅是在早餐喝"的广告用语。

4) 消费者购买心理和行为

消费者的购买过程非常复杂，在这一过程中受到多种因素的影响，由此产生多种不同的评价和选择标准，也会有多种不同的心理和行为活动方式。企业可以根据消费者在购买产品过程中具有的某些心理的、行为的特征对市场进行细分。

(1) 消费者的需要满足。例如，根据心理学家马斯洛的研究，人的需要可以划分为5个不同层次：生理需要、安全需要、社会需要、尊重的需要和自我满足需要。根据这一划分，市场也可以被划分为满足消费者生理需要的产品市场、满足消费者安全需要的产品市场等5个不同的细分市场。

(2) 消费者对产品的态度。例如，根据消费者对法国香水的态度，可以将法国香水市场细分为消费者抵制市场、消费者肯定市场、消费者追逐购买市场、消费者无明确态度市场。

(3) 消费者对品牌的忠诚度。例如，将某一女士化妆品的市场细分为无条件购买市场、有条件购买市场和不予考虑市场。

(4) 消费者的购买用途。例如，根据消费者对鲜花的用途不同，可分为家庭装饰用鲜花市场、赠送年轻人鲜花市场、赠送老年人鲜花市场、单位举办活动用鲜花市场。

(5) 消费者购买动机。例如，根据消费者购买动机可分为实惠型餐饮市场、体面型餐饮市场、感受气氛型餐饮市场、寻找体验型餐饮市场。

(6) 消费者对产品品位与格调的要求。例如，根据消费者对丝巾产品品位与格调的要求，可分为雅致型丝巾市场、华贵型丝巾市场等。

(7) 使用频率。例如，麦当劳快餐店将西式快餐市场区分为每周光顾两次及更多者市场、每周光顾 1 次者市场、每月光顾少于 3 次者市场和从不光顾者市场。

(8) 消费者购买的系列产品的种类。例如，可以将计算机市场划分为整机市场、软件市场、硬件市场、元器件市场等。

(9) 消费者使用的时间长短。例如，根据消费者对手机使用的时间长短，可分为未使用过手机的消费者市场、初次购买手机的消费者市场、多年使用手机的消费者市场。

(10) 消费者对产品的觉察、感受程度。例如，根据消费者对产品的觉察、感受程度可分为给消费者留下深刻印象的影片市场、给消费者留下一般印象的影片市场、无法给消费者留下印象的影片市场。

此外，诸如产品和消费者利益的密切程度、消费者的习惯等，都可能作为进行市场细分的标准。

## 6.3.3　形成确定的市场细分

### 1. 市场细分的步骤

企业以适当的标准对选择的用于细分的市场进行划分，最终将形成多个不同的细分市场。一般来说，企业在进行市场细分过程中应遵循如下四个步骤。

(1) 初步选择适合本企业进行市场细分的标准。上面列出了企业可以使用的用于市场细分的一些常用标准，还有很多标准尚未列出。在实践中，企业不可能、也不需要把所有的标准都用于市场细分中。企业往往从众多的标准中选择一个或者几个作为组合标准，以此进行市场细分。例如，某方便面生产商为了更好地占领市场，决定对全国范围内的方便面市场进行细分，其最初选择的细分标准有：地区、收入、年龄和职业。

(2) 对需要细分的市场的消费者进行调查。企业根据确定的主要细分标准及其他一些重要的营销市场活动的因素，对准备进行细分的市场做深入细致的调查。例如，上述方便面公司委托一家市场调查公司对全国各个省份的大中城市、小城镇和乡村以发放问卷、邮寄问卷和访谈等多种不同方式做了调查，通过调查获得了不同地区各种不同类型的消费者对方便面市场的反应。

(3) 分析调查结果。企业根据调查结果进行分析，根据细分标准对市场特征进行分析。上述方便面公司经过分析发现，城市居民和农村居民对方便面的需求明显不同。城市居民主要是为了省时、省事和加餐，而农村居民主要是作为儿童的零食。从年龄上讲，儿童和30 岁以下的年轻人对方便面情有独钟，30 岁以上的居民对方便面的需求相对较小。从职业上讲，学生是最大的方便面消费者，其次是一般的城市工薪家庭，再有就是经常出差的企事业单位一般工作人员。

(4) 决定细分结果。通过对需要细分的市场的分析，企业对该大市场的多个不同层面的市场具有更加深刻的认识。在此基础上，企业根据自身的业务，确定细分市场。如上述方便面市场目前主要是在中小城市和农村拥有广大的消费者，该企业同时准备进入大城市的方便面市场。在调查分析之后，该企业认为，年龄、收入的因素对本企业的市场来说，影响都不显著，最关键的是地区和职业。于是，该企业决定按照地区和职业将方便面市场区分为：①农村儿童市场；②农村中小学生市场；③城市学生市场；④城市工薪居民市场；⑤出差族市场。

### 2．市场细分的方法

在市场细分的整个过程中，会用到多种不同的方法。例如，经验判断的方法、直觉感受的方法、统计分析的方法、专家咨询的方法等。在整个过程中，无论采用什么方法，最后基本都可以归结为如何对市场进行分割和如何将分割的市场再聚合为不同的细分市场的方法。例如，对汽车市场的细分，首先的一个问题就是如何将整个汽车市场在概念上切割为不同的小市场，是按照地区分割，还是按收入水平等因素进行分割，这非常重要，而且，分割到何种程度也很关键。在按照地区划分时，是划分至不同的省区市场为止，还是划分到县、乡镇一级，还是对不同地区划分的程度有所不同。在按照收入划分时，按照多大的收入区间划分是关键所在。在分割为不同的市场小群体之后，企业需要按照这些小区域的相同特征和差异特征，对不同的小市场进行组合，聚合成为满足本企业经营需要的市场，这同样是非常关键的问题。一家生产高档轿车的企业，可能会将不同细分市场聚合为城市单位用高档轿车市场、城市居民个人用高档轿车市场两类。

1) 市场分割的方法

总体来看，市场分割的方法不外乎管理者的经验判断和统计数据分析两种。在实际应用过程中，具体可以区分为如下情形。

(1) 经验、阅历与企业已经积累的各种信息相结合的方法。在企业的经营实践和自身的个人社会活动过程中，每一个管理者、市场工作人员都积累了较为丰富的关于市场的各种知识。在很多情况下，企业不需要进行太多的调查，依据经历积累的经验判断和内部各种关于市场活动的信息资料，足以对市场进行细分。自身的经验、阅历不仅包含了已经感知的市场细分的标准、结果，以及对各个不同细分市场的认识等，而且包含了自身对这些细分标准和结果的不同认识。在企业经营过程中已经积累的信息中，包含了以往细分市场的各种记录，通过这些记录，可以看出以往的各个细分市场的特点和在各个细分市场上新出现的特征。

(2) 经验、阅历与公共信息资料相结合的方法。企业可以充分利用各种公共信息资料，例如，政府对不同产业部门的划分，政府对不同产业市场的统计资料，公开出版发行的报刊提供的信息资料等进行市场划分。利用政府权威部门的划分方法，结合政府部门、行业协会、研究机构等提供的关于市场的各种信息，再加上自身的经验判断，综合起来进行市场分割。在各种公开发布的信息资料中，包含了相关部门或者人员对市场的细分和对不同市场特征的认识与对不同市场最新发展状况的描绘。

(3) 经验、阅历与专业调查公司提供的资料相结合的方法。有些专门的咨询公司或者市场调查公司，利用自身掌握的信息渠道，定期或者不定期提供各种市场信息。这些公司通过收取一定费用的方式，向相关公司出售市场调查信息。这些信息一般比较全面、细致地描述了所调查的市场各个方面的特征，其中也包含了该调查公司对市场细分的一些判断和认识。当然，由于角度不同，企业同样需要根据这些信息资料，结合自己的经验判断对市场进行进一步的细分。

(4) 自主市场调查与统计分析相结合。一些企业通过自己的营销渠道，或者组建本公司的临时性或者常设性市场调查部门或者工作小组，通过发放问卷、电话调查、面谈等多种方式对整个市场各个方面的情况予以了解。然后将调查结果进行统计分析，确定影响这一市场消费者行为的显著特征，将其作为细分的变量，用以分割市场。

(5) 多重变量组合分析的方法。典型的市场细分方法常常是以一个重要的因素作为基础变量进行分析。基本的思路是预测市场上不同消费者对这一变量的反应，根据反应的不同区别不同的细分市场。为了更加细致地分割市场，可以依次选择多个不同的变量组合进行分析，形成树状细分市场结构。例如，某商场将光顾的全部消费者按照收入水平、光顾次数、次均购物金额分割为不同的市场，如图6-2所示。

2) 细分市场聚合方法

将整个市场分割为不同的市场之后，并未完成市场细分工作。真正形成对企业营销活动有意义的市场细分还需要根据多方面的信息和资料、运用多个不同的标准划分市场，聚合为几个对企业经营活动有用的细分市场，或者说聚合成企业准备考虑进入的细分市场。具体方法有以下几种。

(1) 列表法。企业可以将经过市场分割形成的多个不同市场列在一张表格上，将分割时相应的标准对应的细分市场特征列在表格内，根据这些特征的分布，结合企业的需要，将其中的部分细分市场合并，进行不同细分市场的聚合(见表 6-1)。如在这一实例中，企业可以根据消费者的购买动机将细分市场 1、3、4、5 合并为一个细分市场，即居民个人使用的市场；将细分市场 2 作为一个细分市场，即社会知名人士礼品市场。

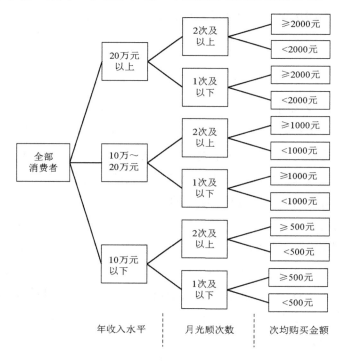

图 6-2　某商场市场分割实例

表 6-1　某白酒生产企业细分市场特征列表

| | 细分市场 1 | 细分市场 2 | 细分市场 3 | 细分市场 4 | 细分市场 5 |
|---|---|---|---|---|---|
| 其市场容量在整个市场中的比重 | 10% | 12% | 17% | 25% | 36% |
| 市场的地域特殊性 | 东北 | 东北 | 华北 | 华北 | 西北 |
| 消费者所在的社会阶层 | 工薪阶层 | 知名人士 | 工薪阶层 | 农民 | 城乡居民 |
| 消费者的购买动机 | 自用 | 礼品 | 自用 | 自用 | 自用 |
| 消费者的购买频率 | 年均 5 瓶 | 年均 1 瓶 | 年均 2 瓶 | 年均 4 瓶 | 年均 2 瓶 |
| 消费者对当前产品的满意程度 | 基本满意 | 不满意 | 满意 | 很满意 | 特别满意 |

(2) 系列问题法。系列问题法类似于列表法，但这种方法不是将分割形成的全部市场都列出来，而是根据企业的经营提出几个关键问题，根据对这几个问题的回答，将分割的不同市场聚合成为一个或者多个细分市场。例如，某载重汽车公司在对不同的市场进行分割之后提出如下两个重要问题：①该市场在农村还是城市？②该市场面向居民个人还是企事业单位？根据这两个问题，该公司将载重卡车市场区分为农村农户生产用卡车市场、农村运输个体户卡车市场、城市企事业单位卡车市场。

(3) 图解法。画出坐标图，企业选择关键特征变量作为横坐标或者纵坐标的变量，将不同的消费者细分市场群体标在坐标图中。按照这几个变量的要求，如果一个分割形成的细分市场的全部或者大部分落在另外一个细分市场上，则可以将这两个细分市场聚合；否则，可以考虑将不同的细分市场并列。

## 6.3.4　市场细分特征分析

企业进行市场细分的目的是通过了解顾客需求的差异来定位产品的消费者，以期望取得较大的经济效益。众所周知，产品的差异化必然导致生产成本和推销费用相应的增长，所以企业必须在市场细分时实现收支平衡，并实现利润的最大化。

对企业而言，进行市场细分的目的在于更好地了解市场的特征，以便更好地满足市场的需求。对已经形成的细分市场的进一步分析，可以从该市场的顾客特征、竞争状况、市场吸引力等多个不同层面展开。

### 1. 顾客分析

1)　顾客特征描述

在有关企业营销战略环境的分析中，曾经提出要对顾客进行深入分析。但在进行营销环境分析时的顾客分析，同这里进行的顾客分析存在着一些差异。在营销环境分析时，企业可能尚未对准备进入的市场进行深入的研究和给出科学的细分，而只是从一般意义上对整个行业市场的消费者行为进行分析。而在市场细分之后，对顾客的分析将更加具体，即只对本企业进行市场细分之后形成的、可能成为本企业目标市场的细分市场中的顾客群体进行分析。分析顾客范围要集中一些，而分析的内容要更加深入一些，更加全面一些。例如，某化妆品公司在进行化妆品行业与市场分析过程中对消费者行为的分析，可能更多地集中在化妆品市场消费者的购买决策过程、购买过程中各种因素的作用等；而在该公司将市场细分为城市未婚年轻女性化妆品市场、城市已婚年轻女性化妆品市场和城市中年妇女化妆品市场之后，对顾客的分析将着眼于这三个市场消费者的心理和行为特征。而且，在细分市场之后，对顾客的分析不仅局限于顾客的心理和行为特征分析，而且应该对这一市场顾客的一些基本属性特征进行描述，如年龄构成情况、收入水平、性别组成、地区分布等。

在进行细分市场的顾客行为与心理特征分析过程中，分析的内容必须考虑到企业的业务范围和性质、市场的范围和特性等多种因素的影响。

2)　顾客满意度调查与分析

由于细分的市场将可能作为企业进行营销活动的对象，因而有必要对这些细分市场上的顾客满意度进行认真的分析。

所谓顾客满意度，是指顾客获得的效用同顾客期望获得的效用之间的对比结果。理想的顾客满意度是营销活动追求的目标，也是衡量企业营销活动是否成功的重要标准。

顾客对企业提供的产品或者服务是否满意，满意的程度如何，直接取决于顾客感受到的效用和顾客使用的评价标准两个方面。顾客感受的效用受到多种因素的影响，如产品的质量、包装、价格等，顾客的情绪、所处的场合等。从企业的角度来看，有两个非常重要的因素是可以控制或者影响顾客的，一是产品本身的效用，即企业提供的产品或者服务到底能为顾客提供什么样的价值；二是企业采取什么样的方式让顾客感知其产品或者服务的效用。因此，为了能够提高顾客的满意度，或者使本企业比竞争对手能够提供更大的满意度，企业必须深入调查这些细分市场上顾客真正需要的效用是什么，以及顾客对什么样的信息传递方式更感兴趣。顾客选择使用的评价标准，会受到顾客自身的各种条件和所处的社会环境的影响。单个企业能够产生的营销行动相对较少，但是，企业可以通过长时间倡导和推动某种价值观而使顾客的评价标准发生潜移默化的变化。因此，企业应当调查哪些因素决定顾客选择使用的满意度标准，以及怎样才能对这些因素产生影响。

当然，顾客满意度是一个非常抽象和多变的概念，确定一个细分市场中顾客对提供的产品和服务的满意度如何不是一件容易的工作。因为顾客的满意度在很大程度上首先是一种心理反应，受到多种不同因素的影响，甚至气候、睡眠状况等都会对其产生影响。更进一步，影响顾客感受产品或者服务的因素和影响顾客评价标准的因素处于不断的变化之中，企业要想充分了解和跟踪这一过程，同样需要做大量细致的工作。

另外，一个重要因素在使顾客满意和使顾客不满意方面发挥的作用是不同的。例如，安全并不能保证航空公司的服务让顾客满意，在顾客看来，这是一个基本条件，其他诸如准点、空中服务等都很重要。但是，如果不安全，那么其他方面即使做得再好，顾客也不会产生任何的满意感。因此，在进行消费者满意度调查分析过程中，需要特别注意这些因素。

### 2. 竞争状况分析

有关对竞争对手的分析，在营销环境的分析中已经给出。这里特别强调的一点是，从市场细分的角度对竞争对手进行分析将获得更加深入、具体的信息。这是因为具体到某一细分市场，对竞争对手的分析将获得有关竞争对手对于进入和巩固该市场地位的信息；竞争对手在这一细分市场的战略选择的信息；竞争对手在这一细分市场的优势和劣势的信息；竞争对手在这一细分市场准备采取的举措的信息等；将帮助企业获得对竞争对手更加深入的了解，这往往比从产业的高度进行分析得到的信息更准确。例如，从整个行业的角度来看，青岛啤酒无疑是中国啤酒市场中最强有力的商家。但是，具体分析兰州啤酒市场就会发现，青岛啤酒投入的力量不是很多，营销网络也不是非常完备，公司的战略重点也不在这一市场，而这一市场的主要竞争对手是当地的黄河啤酒、五泉啤酒、西凉啤酒等。

### 3. 市场吸引力分析

不同市场具有不同的吸引力。细分市场的吸引力分析，往往是比行业吸引力更加深入的分析。例如，对行业吸引力的分析，可能会分析整个打印机行业的吸引力、激光打印机行业的吸引力和喷墨打印机行业的吸引力。而细分市场的吸引力分析，有可能到这一层次，也有可能进一步深入，如分析不同型号的打印机市场的吸引力。从行业分析的角度，我们不会单独分析某种型号的打印机的市场吸引力。

对细分市场吸引力的分析，可以借助于对细分市场的市场总规模、市场饱和程度、市场增长潜力、市场平均获利水平、市场进入壁垒和退出壁垒、市场风险等多个因素。市场增长迅速、容量大、未饱和、获利水平高、进入壁垒低、风险小等多个标准同时达到的细分市场当然是最具吸引力的市场。不过，上述因素本身具有相互冲突性。例如，进入壁垒低、风险小的细分市场，一般来说都是获利水平较低的市场。因此，企业可以从多个因素进行综合分析，如列出影响细分市场吸引力的多个因素，根据因素的重要程度给出各个因素的权数，然后给出各个因素评分，对市场吸引力有正面影响的给正分，负面影响的给负分，然后给出计算加权分数，以此判断细分市场吸引力的大小。

案例：

### 麦当劳的市场细分研究

麦当劳作为一家国际餐饮巨头，创始于 20 世纪 50 年代中期的美国。由于当时创始人及时抓住高速发展的美国经济下的工薪阶层需要方便快捷的饮食的良机，并且瞄准细分市场需求特征，对产品进行准确定位而一举成功。当今麦当劳已经成长为世界上最大的餐饮集团，在 109 个国家开设了 2.5 万家连锁店，年营业额超过 34 亿美元。

回顾麦当劳公司发展历程后会发现，麦当劳一直非常重视市场细分的重要性，而正是这一点让它取得令世人惊美的巨大成功。

1. 根据地理要素细分市场

麦当劳刚进入中国市场时大量传播美国文化和生活理念，并以美国式产品牛肉汉堡来征服中国人。但是中国人爱吃鸡，与其他洋快餐相比，鸡肉产品也更加符合中国人的口味，更加容易被中国人接受。针对这一情况，麦当劳改变了原来的策略，推出了鸡肉产品。在全世界从来只卖牛肉的麦当劳也开始卖鸡肉了。这一改变也正是针对地理要素而做的。

2. 根据人口要素细分市场

麦当劳对人口要素细分主要从年龄及生命周期阶段对人口进行细分，其中将不到开车年龄的划定为少年市场，将 20～40 岁之间的年轻人界定为青年市场，还划定了老年市场。人口市场划定后，还分析不同市场的特征与定位。例如，麦当劳以孩子为中心，把孩子作为主要的消费者，十分注重培养他们的消费的忠诚度。在餐厅用餐的小朋友，经常会意外获得印有麦当劳标志的气球。在中国，还有麦当劳叔叔俱乐部，参加者为 3～12 岁的小朋友，定期开展活动，让小朋友更加喜欢麦当劳。这是相当成功的消费者细分，抓住了该市场的特征与定位。

3. 根据心理要素细分市场

根据人们生活方式的划分，快餐业通常有两个潜在的细分市场：方便型和休闲型两个

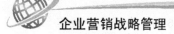

方面，麦当劳都做到很好。针对方便型市场，麦当劳提出 59 秒快速服务，即从顾客开始点餐到拿到食品离开柜台标准时间为 59 秒，不得超过一分钟。针对休闲型市场，麦当劳对餐厅的布置非常讲究，尽量做到让顾客觉得舒适自由。麦当劳努力使顾客把麦当劳作为一个具有文化的休闲好去处，以吸引休闲型市场的消费者群体。

（资料来源：http://wenku.baidu.com/link?url=_UPk-u8DaWAdrHbT4o-nyJtHgAoj8fbDx
FyOsWLIpg4NIwGuidgvSxqGE8OGWIF_AetO4xvI4lZcLNMUrQ2z2NJW9cSaBvxkYg2tW1FoWc3)

**问题与讨论：**
你认为企业进行市场细分的优势何在？具体表现在哪些方面？

# 思考与练习

1. 简述市场细分战略。
2. 简述市场细分战略的类型。
3. 简述市场细分对企业的影响。
4. 简述市场细分战略的过程。

# 第7章 目标市场

企业在进行调研后对市场进行细分，依据市场具备条件来确定目标市场。目标市场的确立能够有系统地考察每一个细分市场，更好地发现和利用市场机会，也有利于企业经营人员依据不同的市场特点来建立可行的市场营销目标，发挥自身优势来应对竞争，提升企业经营效益。

## 7.1 目标市场概述

### 7.1.1 目标市场的概念

目标市场是企业为满足现实或潜在的消费需求而开拓的特定市场。目标市场是在市场细分和确定企业机会的基础上形成的。企业通过市场细分，可以发现不同需求的消费者群，发现未得到满足需求的市场。

市场细分与确定目标市场既有联系，又有区别。市场细分是按照消费者需求和购买行为的差异划分消费者群的过程，确定目标市场是企业确定某一部分市场作为营销对象的战略。

在市场营销活动过程中，任何企业都必须选定目标市场，原因有以下两个方面。

一是对于一个特定的企业，并非所有环境机会都具有同等吸引力，或者说，并不是每一个分市场都是特定企业愿意进入和能够进入的。例如，在我国目前彩色电视机市场有较多的机会，但只对电视机生产经营企业或无线电厂有吸引力，而对食品加工业则无吸引力。

二是对于一个特定的企业，无法满足市场内所有买主的需要。由于资源有限，也为了保持效率，企业的营销活动必然局限在一定范围内，企业就必须在纷繁复杂的市场中找出适当的营销范围，确定企业的服务对象，从而制定正确的战略。

确定目标市场就是企业根据主客观条件，具体确定企业应当生产、经营什么产品，产品销往哪里，向谁销售，主要的目标市场放在哪里。

在任何经济制度下，在任何市场上，都经常存在一些"未满足的需求"，这种"未满足的需求"就是市场机会。但是，并不是所有的市场机会都能够成为企业机会。一种市场机会能否成为企业机会，不仅取决于这种市场机会是否与该企业的任务和目标相一致，而且还取决于该企业是否具备利用这种市场机会的条件，取决于该企业在利用这种市场机会时能否具有比其他竞争者更大的优势。一般来说，只有与企业的任务、目标、资源条件相一致，并且比竞争者有更大优势的市场机会才能成为企业机会。企业机会事实上是对满足市

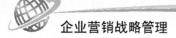
场上某一类消费者需求所做的选择，确定了企业机会，企业的目标市场也就基本上确定了。当然，不加选择地将所有消费者群和地区作为自己的目标市场，这样的企业也是有的，但这不是目标市场概念的含义。像这样的企业，就谈不上有什么目标市场，这种企业在市场处在"卖方市场"的情况下尚能生存，若产品多了，市场转化为"买方市场"，顾客有了挑选的余地，这时企业就难以生存了。由此不难看出，目标市场的选择是有条件的。

## 7.1.2  选择目标市场的条件

目标市场的选择是否得当，直接关系着企业的营销成果，经过细分后的市场，可供企业选择的子市场较多，但并不是每一个子市场都能成为企业的目标市场，企业选择目标市场必须具备以下条件。

### 1. 企业必须在目标市场上有足够的销售量

这就是说，企业所选的目标市场一定要有足够的现实需求和相当的潜在需求，能够给企业带来利益，足以使企业有利可图。因为企业为了满足目标市场上的消费需求，必然要在商品劳务的设计、生产、销售、服务等方面进行投资。如果市场狭小，没有发展潜力，没有足够的购买力，便会影响企业的销售量，使企业效益差，难以保证有合理的盈利水平，就不值得被选为目标市场。

### 2. 企业必须有能力满足目标市场的需求

在整体市场上，企业有利可图的子市场可能有许多，但不一定都能成为企业的目标市场。企业选择的目标市场必须和企业所具有的能力与条件相适应，即企业的人力、物力、财力、技术和投资能力所能满足的子市场才能成为企业的目标市场。

### 3. 企业必须在确定的目标市场上有竞争优势

所谓竞争优势，主要表现在三个方面：一是在目标市场上，没有或很少有竞争对手；二是在目标市场上开展营销活动时，虽有竞争但不激烈；三是在目标市场上，企业有足够的实力击败竞争对手。

### 4. 目标市场必须在一定时期内相对稳定

只有这样，才能有利于企业制定较长期的市场营销策略。如果目标市场变化过于频繁，会给企业带来很大的风险，这样的子市场一般是不宜选择的。

综上所述，企业目标市场的确定如图 7-1 所示。

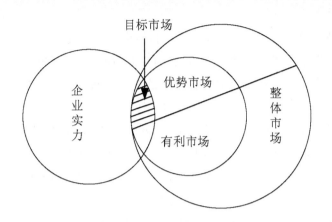

图 7-1  企业目标市场的确定

## 7.1.3  目标市场的作用

目标市场具有以下几个方面的作用。

(1) 能够有系统地考察每一个细分市场，更好地发现和利用市场机会。研究每种细分运输市场的大小，旅客、货主被满足的程度，竞争对手的活动情况，以及确定本企业在该市场上的服务潜力，有利于企业发现和掌握市场机会，发挥优势，避开风险，有助于竞争。

(2) 便于分析。针对各分市场采用的市场营销组合，判断该分市场的机会是否能足够收回运输成本和投资。如果企业资金有限，运输能力不足，可集中一个或减少几个能获利的分市场，实行密集型的市场营销；反之，企业运输生产能力充足，运输资源丰富，则可拥有广度和强度较大的运输产品组合，依据不同的分市场的相对吸引力，覆盖全市场。

(3) 有利于企业经营人员依据不同的市场和吸引力，由下而上地建立可行的市场营销目标，科学地分派运输力量到各分市场。这样不仅充分利用了企业的运输生产能力，还会提高企业的经济效益。

(4) 目标明确有利于企业经营。因为每个企业都有其经营战略目标，而战略目标的实现要受多种因素影响。任何一家企业在经营上都会受到资源的限制，如果市场营销目标不明确，全线出击，就会分散力量，处于被动局面。如果在资源有限的情况下，企业经营能够做到目标明确，有的放矢，就会取得理想的效果。

(5) 有利于发挥优势对付竞争。每个企业都有自身的优势和劣势，如大商业企业资金雄厚，设备齐全，人员素质高，管理有章可循，开拓市场能力强，可以很快占领市场，而且还能分散风险。但是，不够灵活，市场信息反馈慢，不容易采取新决策。而小商店经营面小，但很灵活，遇到市场机会可以马上捕捉到，反而容易盈利。例如，从进货渠道讲，大商店进货渠道少，价格比较单调，销售的商品不容易压价。而小商店，进货渠道多，价格灵活，消费者可以压价购买。如果明确目标市场，大商店经过冷静的分析，掌握好商品信息，多进货，就可迅速垄断市场，打开市场销路，多盈利。而小商店资金少，不可能购进那么多畅销商品，盈利就会相对减少。所以目标市场可以发挥企业优势对付竞争。

(6) 有利于创造市场机会。企业一旦选择目标市场后，不仅能针对目标市场的现实需求发掘现有市场机会，而且还会针对目标市场的变化不断调整营销策略，创造出新的市场机会。例如，1902 年，小 C 贝尼在美国怀俄明州创立了经营大众化商品的贝尼百货公司。贝尼公司在 20 世纪 50 年代已经发展成为拥有 1700 多家分店的大型连锁百货公司。但是后来由于经营不善，利润逐年滑坡，这使贝尼公司的总经理助理柏泰思忧心忡忡。有一天，柏泰思漫步到街头，随便走进属于贝尼公司的一家百货商店，看到店里的顾客虽然不少，可总是缺少一种兴旺的气氛。柏泰思迷惑不解，他仔细观察，发现顾客中老年人居多，青少年偏少，他恍然大悟，没有青少年的活动，商店的气氛自然"偏冷"。他回去以后，就决心在经营策略上改变传统观念，多购进一些青少年需要的商品。当柏泰思成为贝尼公司的副总经理时，他的愿望成为现实。他根据青少年的消费心理，把原来经营的实用性商品换成一些流行的奢侈类商品，还把百货商店只经营衣料改成包罗万象，有美容业务、餐馆业务、电影、娱乐业务等。这极大地吸引了青少年，为企业创造了市场机会，使贝尼公司变得更加生机盎然。柏泰思成功地运用了青少年的心理，对市场作了细分和选择，对选中的目标市场进行有效的、集中的营销活动，使公司立于不败之地。

(7) 有利于调整市场营销组合。企业选择目标市场后，不仅能有针对性地为目标顾客提供符合要求的产品、价格、分销和促销的组合策略，而且还可了解顾客需求发生了哪些变化，应如何制定新的市场营销组合，以满足目标顾客的新需求。

# 7.2  目标市场的选择战略

## 7.2.1  选择目标市场范围

市场经过细分、评价后，可能得出若干可以进军的细分市场，企业是向某一个市场进军或多个市场进军，这就需要确定目标市场的范围。企业可以在五种目标市场类型中进行选择，如图 7-2 所示。

### 1. 市场集中化

市场集中化是指企业只生产一种产品去满足一个细分市场的需求，这是最简单的目标市场模式，如图 7-2(a)所示。这种策略的优点主要是能集中企业的有限资源，通过生产、销售和促销等专业化分工，提高经济效益。市场集中化一般适应实力较弱的小企业，与其在大(多)市场里平庸无奇，倒不如在小(少)市场里有一席之地。集中营销使企业深刻了解该细分市场的需求特点，采用具有针对性的产品、价格、渠道和促销策略，从而获得强有力的市场地位和良好的声誉。但是，市场集中化存在着较大的潜在风险，如消费者的爱好突然发生变化，或有强大的竞争对手进入这个细分市场，企业很容易受到损害。

### 2. 产品专业化

产品专业化是指企业选择几个细分市场作为目标市场，企业只生产一种产品来分别满足不同目标市场消费者的需求，如图 7-2(b)所示。实行产品专业化战略有利于企业充分发挥生产和技术优势，降低成本，使企业在某种产品上树立起很高的声誉，树立企业形象，提升品牌知名度，扩大产品的销售。但是产品专业化由于产品品种单一，一旦该行业出现新技术或替代品，其销量就会大幅下降，给企业造成很大威胁，因此这种战略风险较大。例如，汽车企业为不同的顾客提供相同种类的高档汽车产品和服务，而不生产消费者需要的其他档次的汽车产品，这样，企业在高档产品方面树立起很高的声誉，但一旦出现其他品牌的替代品，或消费者流行的偏好转移，企业将面临巨大的威胁。一般来说，这种战略适合中、小型企业。

### 3. 市场专业化

市场专业化是指企业专门生产经营满足某个细分市场需求的各种产品，如图 7-2(c)所示。企业专门服务于某一特定顾客群，尽力满足他们的各种需求。实行市场专业化战略有利于企业分散风险，扩大企业市场占有率。例如，企业专门为青年消费者提供各种档次的汽车产品。企业专门为这个顾客群服务，能建立良好的声誉，扩大自己的市场占有率。这种方式的缺点同样在于受该顾客群消费习惯的影响过大，一旦这个顾客群的需求量和特点发生突然变化，企业就要承担较大风险。同时，这种策略投资高，产品成本相对较高，对企业经营管理提出的要求更高。

### 4. 有选择的专业化

有选择的专业化是指企业选择若干个互不相关的细分市场作为自己的目标市场，每一个对企业的目标和资源利用都有一定的吸引力，但各细分市场彼此之间很少或根本没有任何联系，如图 7-2(d)所示。这种策略能够分散企业经营风险，即使其中某个细分市场失去了吸引力，企业还能在其他细分市场盈利，也能得到较好的投资回报。它其实就是多样化战略，需要大量投资，是大企业经常采用的一种战略模式。

### 5. 全面市场化

全面市场化是指企业把所有细分市场都作为目标市场，并生产不同的产品满足各种不同的目标市场消费者的需求，即以所有的细分市场作为目标市场，如图 7-2(e)所示。实力雄厚的大公司往往会采用这种市场策略。例如，通用汽车公司的产品就覆盖了整个汽车市场，不仅生产轿车，还同时生产吉普车、越野车等，满足各种顾客群的需要。大公司可采用两

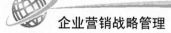
种主要的方法，即无差异市场营销或差异市场营销，达到覆盖整个市场的目的。后一种方式在汽车市场营销中普遍使用。例如，通用、福特、大众等著名整车公司都是运用这种营销方法来实现完全市场覆盖的。这些企业的产品虽然覆盖整个市场的各个方面，但每一系列的产品都有不同的型号以针对不同的消费者需求，目标市场选择仍然存在。

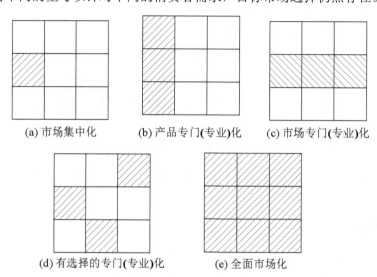

(a) 市场集中化　　　(b) 产品专门(专业)化　　　(c) 市场专门(专业)化

(d) 有选择的专门(专业)化　　　(e) 全面市场化

图 7-2　目标市场的五种模式

## 7.2.2　影响目标市场战略选择的因素

企业选择以整个市场为目标还是以几个细分市场为目标，取决于企业自身的资源条件和产品及市场状况等因素。

### 1. 企业实力

当企业规模较大，技术力量、设备能力、资金、信息等资源雄厚，供应条件较好时，可选择以整个市场为目标市场，追求市场全覆盖。如果企业资源不足，供应能力有限，不足以覆盖所有细分市场，则应选择部分细分市场作为目标市场。

### 2. 产品特点

同质性产品，如食油、面粉、盐等，其差异较小，因而市场细分在某些方面较困难，企业可以整个市场为目标，争取最大占有率。对于产品设计变化较多，差异性较大，如家用电器、高档及优质用料服装、照相机、汽车和食品等，容易按照层次、辅助功能、级别等细分市场，企业需要根据自身资源情况和相对优势决定全面覆盖整个市场还是重点覆盖几个细分市场。

### 3. 产品生命周期

新产品从开发上市到成熟衰退会经过不同的阶段，称为产品生命周期。产品生命周期一般分为四个阶段：导入期、成长期、成熟期、衰退期。

产品导入期或成长期阶段，顾客对产品了解较少，只有少数追求新奇的顾客可能购买，销售量很低，此时新产品欲投入市场，通常只介绍一种或几种款式。当该产品处于导入期时，宜采用无差异市场营销或集中市场营销，去探测市场需求和潜在顾客。当该产品进入成熟期或衰退期时，企业应转向差异市场营销，才能延长成熟期，开拓市场，维持和扩大销售量，或采用集中市场营销来实现上述目标。

### 4. 市场同质性

如果消费者的需求欲望、爱好相似，在一定时期内购买数量相同，对市场营销刺激的反应也相同，就显示了市场的同质或相似，企业可采用无差异市场营销。如果各个消费者的购买欲望、爱好相差甚大，则必然采用差异市场营销或集中市场营销。

### 5. 市场竞争状况

企业生存于市场竞争环境中，对市场策略的采用受到了竞争对手的制约。当竞争对手已实行差异市场营销时，如果本企业采用无差异市场营销，就无法有效参与竞争，很难占领有利地位，除非本身有极强的实力和较大的市场占有率。此时企业应对市场进行更有效的细分，寻找新的机会，实行差异市场营销或集中市场营销。如果竞争对手用无差异市场营销，则企业无论本身实力大于还是小于对手，"跟踪追击"，实行差异市场营销或集中市场营销，都是有利可图、有优势可占的。此外，竞争者数量的多少，也是企业选择自己目标市场营销策略时要考虑的因素，"知己知彼""攻虚避实""乘虚而入"，方能百战百胜。

## 7.2.3  确定目标市场营销策略

企业细分市场的目的是实行目标市场营销。市场细分的结果，可以发现一些理想的市场机会，诸如潜在的运输需求和未被满足的运输需求，这就为目标市场营销准备了选择市场的条件。由于目标市场不同，市场营销的策略也不一样。一般可供企业选择的目标市场策略有以下三种。

### 1. 无差异市场营销策略

无差异市场营销策略，即企业把一种产品的整体市场看作一个大的目标市场，营销活动只考虑顾客或用户在需求方面的共同点，因此企业只推出单一的标准化产品，设计一种市场营销组合，通过无差异的促销活动，吸引尽可能多的购买者。无差异市场营销策略的核心是针对运输市场需求中的共同点开展市场营销，舍去其中的差异点，所以其最大的优点是运输成本的经济性。因为市场范围大，运输规模经济效益可以发挥，同时单一的促销活动可以降低促销费用，无须进行市场细分可以节省市场调研开支等，所以不少企业认为这是一种与标准化生产和规模经济相适应的市场营销策略。

无差异市场营销策略，也有其弊端，并且对于一个企业来说，一般也不宜长期使用。这主要是因为：第一，大多数运输产品的市场需求有其异质性并不断发生变化，一种产品很难长期满足这些需求；第二，当众多企业都采用这种策略时，就会形成整体市场竞争异常激烈，而某些细分市场上的需求却得不到满足的局面，这对企业和需求者都不利；第三，采用这种策略的企业，容易受到其他企业发动的各种竞争势力的伤害。

### 2. 差异性市场营销策略

差异性市场营销策略，即在市场细分的基础上，企业选择两个以上乃至全部细分市场作为自己的目标市场，并为每个选定的细分市场制定不同的市场营销组合方案，多方位地开展有针对性的营销活动。

采用这种营销策略，其明显的优点在于：第一，针对不同的目标市场，制定不同的营销方案，这种针对性较强的营销能够分别满足不同需求者群的需要，营销活动易于收到较好的效果；第二，选择两个以上目标市场，还可以使企业取得连带优势，提高企业的知名度。但是，实行差异性营销策略会使企业的运输生产成本、期间费用等大幅度增加，因此，实施差异性营销策略要求所带来的收益超过所增加的成本和费用，并且要求企业具有较为雄厚的财力、物力和人力条件。所以，许多企业在采用这一策略过程中，会适当减少某些市场营销组合，并适当使用反细分策略。

### 3. 集中市场营销策略

集中市场营销策略是指企业实力不足，当它的运输生产能力受到限制时，企业集中所有力量，以一个或几个性质相似的分市场作为目标市场，采用相应的营销组合手段服务于该市场的策略。这种策略的特点是不以追求整体市场为目标，而是全力以赴，在较少的分市场上有较大的市场占有率来替代在较大市场上的较少市场占有率，一般都通过提供独具特色的运输劳务去占领该市场。

集中市场营销策略可以扩大市场占有率，又可减少生产和促销方面的费用。这是因为企业经营产品单一，便于精益求精，提高产品的知名度和企业信誉。结果会因为市场占有率的扩大，成本相对降低，利润就会增加，积累加快，促使企业发展壮大。但该策略有较大的风险性，因为企业所选择的目标市场范围较狭窄，一旦市场变化或出现强大的市场竞争对手，由于企业全部资源投入这一市场而缺少回旋余地，就有可能陷入困难的境地，导致经营失效。所以，实行集中市场营销策略，当其力量一旦许可，通常即扩大目标市场范围，实行多角化经营，把目标分散到几个分市场中去，以分散风险，增加企业经营的安全性。一般认为该策略适合于中小型企业或大企业初次进入一个新市场。

基于以上分析，归纳可供企业选择的目标市场营销策略如表 7-1 所示。

表 7-1 可供选择的目标市场营销策略

| 策 略 | 市场选择及相应的营销手段 | 运输企业实例 |
| --- | --- | --- |
| 无差异市场营销 | 营销组合手段→整体市场 | 经营客运→整个客运市场<br>经营货运→整个货运市场 |
| 差异性市场营销 | 营销组合手段Ⅰ→细分市场Ⅰ<br>营销组合手段Ⅱ→细分市场Ⅱ<br>营销组合手段Ⅲ→细分市场Ⅲ | 经营客运→客运分市场<br>经营货运→货运分市场 |
| 集中市场营销 | 营销组合手段→细分市场 X | 经营客运 ｜→班车客运市场<br>｜→团体包车市场<br>｜→旅游客运市场 |

**案例：**

### 小油漆厂如何选择目标市场

英国有一家小油漆厂，在访问调查许多潜在消费者的需要后，对市场做了细分：本地市场的 60%，是一个比较大的普及市场，对各种油漆产品都有潜在的需求，但是本厂无力参与竞争。另有四个分市场，各占 10%的份额。一个是家庭主妇群体，特点是不懂室内装饰需要什么油漆，但是要求质量好，希望油漆商提供设计，油漆效果美观；一个是油漆工助手群体，顾客需要购买质量较好的油漆，替住户进行室内装饰，他们过去一向是从老式金属器具点或木材厂购买油漆；一个是老油漆技工群体，他们的特点是一向不买调好的油漆，只买颜料和油料自己进行调配；最后是对价格敏感的青年夫妇群体，他们收入低，租公寓居住，按照英国的习惯，公寓住户在一定时间内必须油漆住房，以保护房屋，因此，他们购买油漆不求质量，只要比粉刷浆稍好就行，但是要价格便宜。

经过研究，该厂决定选择青年夫妇作为目标市场，并制定了相应的市场营销组合。

(1) 产品：经营少数不同颜色、大小不同包装的油漆，并根据目标顾客的喜爱，随时进行增加、改变或者取消颜色品种和装罐大小。

(2) 分销：产品送抵目标顾客住处附近的每一家零售商店。目标市场范围内一旦出现新的商店，立即招徕经销本厂产品。

(3) 价格：保持单一低廉价格，不提供任何特价优惠，也不跟随其他厂商调整价格。

(4) 促销：以"低价""满意的质量"为号召，以适应目标顾客的需求为特点，定期更换商店布置和广告版本，创造新颖形象，并变换使用广告媒体。

由于市场选择恰当，市场营销战略较好适应了目标顾客，虽然经营的是低廉的产品，该企业仍然获得了很大的成功。

(资料来源：http://www.docin.com/p-99104476.html)

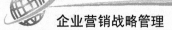

**问题与讨论：**

分析这家小油漆厂的情况，你认为企业在进行目标市场选择的过程中应该注意哪些问题？为什么？

# 思考与练习

1. 简述目标市场的概念。

2. 简述选择目标市场的条件。

3. 简述目标市场对企业的影响。

4. 什么样的目标市场才适合企业发展？

# 第 8 章　企业营销市场战略

企业营销市场战略主要有产品战略、品牌战略、价格战略和促销战略等，每个战略都有自己独特的营销特点。

## 8.1　产　品　战　略

### 8.1.1　产品战略概述

产品是一个抽象的概念，是消费者与企业联系的纽带，也是企业吸引顾客的"诱饵"。首先理解产品的内涵，可以为制定有效的产品策略奠定基础。

#### 1. 产品的一般概念

通常，产品被定义为提供给市场用于满足人们某种欲望和需求的有形或无形的事物。

有形的事物是指可以为消费者直接利用的有形物。特别要指出的是：营销学中的产品还有别于一般生产过程中的产品，它包含有三层含义：一是核心产品，指产品或服务满足消费需要的本质或核心内容；二是形态产品，指提供给市场的产品的物质属性及其一系列具体特征；三是附加产品，指消费者从购买前到使用后的整个过程中由营销主体提供的与产品有关的附加服务和附加利益。

无形的产品通常是指服务，指用于出售或者是连同产品一起进行出售的活动。这种无形产品的特征在于：产品本身无形(相对于有形事物而言)、生产消费同步(提供服务的过程也是接受服务的过程)、品质不能划一(由服务提供者的特点及接受服务消费者的感受千差万别所导致的)、没有成品储存(由生产消费同步这一特点衍生出来的)。

#### 2. 产品的整体概念

从产品的一般概念来看，产品具有宽广的外延和深刻的内涵。而菲利普·科特勒(Philip Kotler)等营销学者认为，采用 5 个层次的表述方式能够在一般概念的基础之上，更深刻和更准确地表述产品整体概念。这 5 个层次的内容由产品的一般概念概括而来，具体表述如下。

1) 核心产品

核心产品是指向顾客提供的产品的基本效用或利益，从根本上说，每一种产品实质上都是为解决问题而提供的服务。

2) 形式产品

形式产品是指核心产品借以实现的形式，由品质、式样、特征、商标和包装 5 个特征

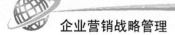

构成。即使是无形的服务产品，也具有与此相类似的特征。

3) 期望产品

期望产品是指购买者在购买产品时期望得到的与产品密切相关的一整套属性和条件。

4) 延伸产品

延伸产品是指顾客购买形式产品和期望产品时，附带获得的各种利益的总和，可以包括产品说明书、保证、维修和技术培训等。

5) 潜在产品

潜在产品是指现有产品包括所有附加产品在内的、可能发展成为未来最终产品的潜在状态的产品，这种产品指出了现有产品可能的演变趋势和前景。

以上 5 个层次的内容归纳了产品的整体概念，它恰恰体现了现代市场营销以顾客为中心的观念，因此可以说，由于强调了产品的整体概念，增加了从整体看待产品的视角，从而促进了贯彻现代市场营销观念的进程。

## 8.1.2 产品选择战略

产品选择战略需要决定开发哪些产品，在现有产品中重点发展哪些、维持哪些、淘汰哪些，并不断促进产品结构优化和产品更新换代的一种业务战略。产品战略旨在确定产品发展方向、明确产品经营方向和生产重点、制订相应的产品发展计划，以充分利用企业资源，把握市场时机，谋求企业的发展。

### 1. 进入战略

进入战略指的是企业开发或引进新产品。企业开发或引进一个新产品，一般是试探性的，投入适当的资源进行探索性工作，当确认产品具有良好的市场前景后，再进行较大的投入。进入战略主要针对那些企业认定有发展前景，但企业在产品经营方面还没有建立相应的资源与能力的产品。进入战略的主要目的是熟悉和了解产品顾客及市场环境，一般是少量的试探性投入。进入战略的方式较多，包括引进新产品、代销新产品、少量广告投入、小规模生产，等等。

### 2. 发展战略

发展战略是指企业对现有某个产品加大投入，以提高它的竞争地位，谋求更大的发展。发展战略主要针对有发展前景的产品。往往企业在此行业的资源与能力还存在不足，需大力提高。通常来说，当企业开发或引进一个新产品后，通过一段时间了解，确定此产品具有巨大的发展前景，而且确信自己有能力经营好这个产品时，宜采取发展战略。发展战略的主要目的是扩大此产品的经营规模，获取更强的竞争地位，以求未来获取更多利润。发展战略一般都是适当减少现有利润水平来进行较大规模的投入，失败可能会对企业经营业绩产生较大的影响，因此，发展战略都是在产品发展前景比较明朗时进行。发展战略的方式也非常多，包括成立产品研发小组、大规模产品渠道建设、大规模广告投入、大规模产品生产线建设，等等。

### 3. 维持战略

维持战略是指企业对现有某个产品保持原来或适当地投入以维持现状，保持现有的竞争地位。维持战略主要针对那些已经发展成熟的产业。当企业认定某产品发展已经成熟，企业再进一步投入也不会带来更大的发展，但减少投入会导致竞争地位较快下降时，通常会采用维持战略。维持战略的主要目的是维持此产品的经营规模，保持现有竞争地位，获取现有的利润水平。维持战略的主要内容是维持原来的投入，一般风险不大。维持战略的方式主要是维持现状，使现状基本保持不变，包括研发投入、市场投入、品牌投入、生产投入，等等。

### 4. 收缩战略

收缩战略是指企业减少某产品的投入，加大现金流回收，把原来的一些投入转为现金，收回原来的投资。收缩战略就像产品进入了收获成果的季节，把原来的投入转化成回报，尽可能地获得更多的现金利润。收缩战略的主要目的是把原来的投入转化成现金，适当降低投入水平，愿意牺牲适当的产品经营规模、竞争地位。收缩战略的方式也非常多，一般都是适当减少投入，包括减少研发投入、减少营销投入、减少广告投入、减少生产改进投入，等等。

### 5. 退出战略

退出战略是指企业淘汰现有某个产品，完全从某个产品经营中退出。退出战略一般发生在产品无利可图，或者企业把投资转到了未来投资回报率更高的产品时。退出战略的主要目的是完全退出这个产业，一般采取的方式是出售公司、出售资产、清算资产，等等。

对某个产品来说，企业应该采用何种产品选择战略，主要基于两方面的因素：一方面是产品发展的前景，另一方面是企业对产品经营的实力。比较偏重于产品发展前景的产品选择的战略，我们称之为"机会型战略"；比较偏重于企业自身产品经营实力的战略，我们称之为"能力型战略"。

企业应该采取什么样的产品选择战略呢？是进入、发展、维持、收缩，还是退出？对于产品的选择已经有了比较成熟的行业选择方法，如波士顿矩阵法、通用电器矩阵法，我们可以作为产品战略选择的方法。这些理论比较清楚地说明了机会和能力不同组合下的产品选择战略，是非常好的方法论体系。

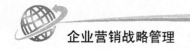

### 8.1.3　产品开发战略

企业开发什么样的产品，这是一个重大的战略选择。产品开发的角度不同，从而形成不同的产品开发战略类型。

**1. 按产品开发的新颖程度进行分类**

根据产品开发的新颖程度不同，产品开发策略可以分为以下三种。

1)　全新型新产品开发战略

新产品是指在性能、结构、材质和技术特征等某一方面或某几方面比老产品有显著改进和提高；或独创的、具有实用价值和推广价值，带来明显经济效益的产品。新产品一般具有新颖性、先进性、经济性和实用性等特点。全新型新产品是指新颖程度最高的一类新产品，它是运用科学技术的新发明而开发和生产出来的，具有新原理、新技术、新材质等特征的产品。例如，激光技术产品、超导技术产品、数字化产品等，它们同老产品相比，已发生根本性的质的变化。选择和实施全新型新产品开发战略，需要企业投入大量资金，拥有雄厚的技术基础，开发实力强，同时花费时间长。

2)　换代型新产品开发战略

换代型新产品开发战略是指在原有产品的基础上，部分采用新技术而开发和制造出来的，具有新用途、满足新需要的产品战略。例如，在收音机的基础上采用录音技术，开发成收录两用机；在黑白电视机的基础上采用彩色显像技术，开发成彩色电视机。收录机相对于收音机，彩色电视机相对于黑白电视机，都是换代新产品。换代新产品使原有产品发生了部分质的变化。选择和实施换代型新产品开发战略，只需投入较少的资金，费时不长，就能改造原有产品，使之成为换代新产品，具有新的功能，满足顾客新的需要。

3)　改进型新产品开发战略

改进型新产品开发战略是指在原有产品的基础上，改进性能，提高质量，增加型号而开发出新品种的战略。所开发的新品种与原有品种相比，只发生了量的变化，即渐进的变化，同样能满足顾客新的需求。这是代价最小、收效最快的一种产品开发战略。

以上三种产品开发战略中，第一类开发战略，一般企业实施较难，只有大型企业或特大型企业在实行"产、学、研"联合开发的条件下，才能见效；第二、第三类开发战略，大多数企业选择和实施较为容易，且能迅速见效。大多数企业应着重考虑选择第二种和第三种新产品开发战略。

**2. 按产品开发新的范围和水平进行分类**

根据产品开发新的范围和水平的不同，产品开发策略可以分为以下四种。

1)　地区级新品开发战略

这里所指的"地区级"，是指省(市、自治区)一级，也就是新品开发达到省、市、自治区一级水平的战略。凡我国其他省(市、自治区)已经开发和生产的新产品,本省(市、自治区)还没有这种新产品,某企业率先开发和生产出来,经有关部门鉴定和确认,则属于本省(市、自治区)一级的新产品。任何企业首先应该开发和生产出达到本省(市、自治区)一级水平的新产品,然后以此为基点,再向更高一级水平的开发目标努力。

2) 国家级新品开发战略

国家级新品开发战略是指新品开发达到国家一级水平的战略。国家级新产品,是指在全国范围内新出现的产品。凡国外已率先开发和生产,国内尚没有这类产品,国内某企业率先开发和生产出来,经国家有关主管部门鉴定和确认,则属于国家级新产品。我国企业在掌握国外新品开发动向和获得新品信息的基础上,从自己的实际出发,应努力开发和生产出达到国外同类水平的新品,以填补国内空白,满足国内市场对这类新产品的需求。

3) 国际区域级新品开发战略

国际区域级新品开发战略是指新品开发达到国际区域一级水平的战略。国际区域级是指亚洲、北美洲、欧洲、南美洲等区域。国际区域级新产品是指:①在国际区域市场上尚未出现、本国某企业率先开发和生产出来的先进产品;②国外某区域虽然已经出现某种新产品,国内企业在掌握国外新品特点的基础上,开发出性能更好、水平更高的同类产品,也属于国际区域级领先产品。一个国家,如果达到国际区域级的新品越多,那么,该国的经济实力就越强,在国际上的经济地位就越高。我国企业应为国争光,为提高国家在国际上的声望,在拥有国家级新品的基础上,应向开发国际区域级新产品的目标奋斗。

4) 世界级新品开发战略

世界级新品开发战略是指世界上别的国家都未开发和生产的某种产品,我国某企业率先开发和生产出来,投放市场,处于世界领先地位的新产品所实施的战略。例如,海尔创新推出的"双动力"式洗衣机,就属于我国开发出来的世界级新产品,它属于洗衣机第四代的世界最新产品,它集前三代产品的波轮式、搅拌式、滚筒式三种洗衣机的优点于一身,而且克服了以上三种洗衣机的缺点,采用了特殊的结构:盆形大波轮和特设的内桶搅拌叶以及特殊的功能,波轮和内桶双力驱动,双向旋转产生的强劲翻腾水流,使衣物洗得干净、磨损低、不缠绕,15 分钟就可以轻松洗好大件衣物,省水、省电各一半,给消费者带来实实在在的好处。海尔这种全新的洗衣机创造了一种全新的行业标准,完全拥有中国自主知识产权,这就是海尔集团公司实施的世界级新产品开发战略。

以上四种新品开发战略,可以由低向高逐级选择和实施,即先选择第一级地区级新品开发战略,实施成功后再选择第二级即国家级新品开发战略;这一战略实施成功后,再选择第三级即国际区域级新品开发战略;在实施第三级的国际区域级新品开发战略取得成功后,再选择实施最高也即世界级新产品开发战略。凡条件较好的企业,也可跳跃式开发,企业还没有地区级新产品,可直接开发国家级新产品;有些企业拥有地区级新产品,但还没有国家级新产品,只要条件允许,可选择开发国际区域级或世界级新产品的战略。

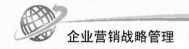

### 3. 按产品开发方向进行分类

根据产品开发方向的不同，产品开发战略可以分为以下五种。

1) 产品功能化战略

产品功能化战略具体有两个方案，即单功能战略与多功能战略。有的用户和消费者，或者是使用的要求简单，或者是购买力水平低，只需单功能产品；有些用户或消费者则相反，需要多功能产品。现在总的趋势是对多功能产品的需求增长。例如，对电视机的功能，要求全频道、立体声、高清晰度，甚至要求能同时收看两个频道的节目。企业应根据顾客的需求及其发展趋势，或在两种战略中择其一，或同时开发单功能产品和多功能产品，即两种战略都选择。

2) 产品规格化战略

产品规格化战略有四种方案，即产品大型化战略、产品中型化战略、产品小型化战略、产品微型化战略。不同用户和消费者对同一类产品的需求是不同的，由于消费需求的不同，导致对产品规格需求的多样性。有的需要大型规格的，有的需要中型规格的，有的需要小型或微型规格的。不同规格的产品对生产设备的要求差异甚大。大型、重型产品需要大型加工设备和大量投资；中型、小型或微型产品的生产，需要中小型设备和少量投资。企业应根据顾客的需求和自身的投资条件，从四种战略方案中做出选择。实力雄厚的企业可选择产品大、中型化的开发战略；资金欠缺、实力较弱的企业适宜选择产品小型化或微型化的战略。当然资金雄厚的企业，根据顾客对小型或微型产品需求量大的趋势，也可选择产品小型化或微型化的开发战略。

3) 产品精密度战略

产品精密度战略有两种方案，即产品精密化战略和产品简洁化、小巧化战略。这一战略与产品功能化战略有密切关系。产品要多功能，相应地产品内部结构就要求复杂和精密；反之，产品要求单功能，产品内部结构就要求简单和轻巧。顾客的两种需求都客观存在，企业应根据自己的实际做出开发战略的选择。现在相当多的产品，尤其是家用电器产品或生产用的维修器具，要求简洁化、小巧化、便携化，因此，一些企业应着重选择简洁化、小巧化的产品开发战略。

4) 产品节能化战略

随着生产的发展，能源的消耗量剧增，而能源的生产发展跟不上需求的增长，同时，有些能源资源因大量开发和消耗，储藏量锐减，甚至濒临枯竭。这一方面要求开发新的能源，而储量丰富、经济实用的新能源的开发，需要有新技术的突破，如太阳能、氢能、生物能的开发利用，需要很长时间的探索、科研和开发；另一方面对现有的能源要求节约地使用，国家实行开发和节约并重的方针。现有的能源如电能、煤炭和石油供应紧张，这就要求节约地使用能源。企业应开发节电、节煤和节油的机器设备和家用电器产品，以满足用户和消费者使用节能产品的要求。

　　5)　产品特色化、差异化战略

　　产品特色化、差异化战略是指企业利用本国或本地特有资源或丰富资源，或利用本企业独创的新技术，或者专门为某一领域的特殊需要而开发和生产的特色产品战略。产品特色化战略至少有三个方案，即特色资源产品战略、特色技术产品战略和满足特需产品战略。这类战略贵在以奇制胜、独有资源、独有技术，使企业开发的产品奇货可居；特需产品，独家生产，使企业在市场上独占鳌头，使企业在市场上处于强有力的竞争地位。本企业的产品有特色，就能同其他同类产品厂家的产品区别开来，并配合独特的营销方式打开市场，形成自己独有的市场格局。企业应从顾客的需求特点，尤其是注重研究用户和消费者的特殊需要，并从自己的实际出发，从上述三个特色化、差异化的产品开发战略方案中做出正确的选择。

## 8.1.4　产品发展战略

　　企业应当选择何种产品作为生产经营的发展方向，这是关系到企业全局性和长远性的重要问题。在众多的产品发展战略中，企业应当根据各种产品发展战略的优缺点，结合企业自身的实际情况慎重地做出抉择。下面将可供选择的发展战略分别进行介绍。

### 1. 品种单一化发展战略

　　这是一种用于形成品种专业化的产品发展战略。有些类型的产品虽品种众多，但企业却不是全面进行发展，而是选择其中一个或者少数几个品种进行发展。

　　品种单一化发展战略的优点是：由于品种单一，因此在生产和经营过程中管理工作相对简单，有利于集中力量提高产品质量，增强企业竞争能力；品种单一容易有效地组织大批量生产，有利于降低产品成本和提高生产效率；在销售工作方面，容易搞好服务工作，取得顾客信任。

　　这种战略的缺点是：由于品种的单一，不利于企业各种资源的综合利用；同时，由于品种单一使企业在市场竞争中的回旋余地小，适应市场变化的能力也较差，这就加大了企业经营的风险。

### 2. 品种多样化发展战略

　　这是一种用于形成产品专业化的产品发展战略，或称单门类产品发展战略。企业在某一类型的产品中，向多系列、多规格、多款式、多花色方面发展，形成多品种的生产。

　　品种多样化发展战略的优点是：品种多，可以提高企业资源的综合利用，为企业带来更多的效益；同时，多品种可以为客户提供更为广泛的选择余地，能够满足顾客对该门类产品中的不同需求，使企业提高了适应市场变化的能力，减小了企业在经营中的风险。

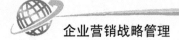

这种战略的缺点是：由于品种多，不利于大批量和流水线的生产，给企业提高生产效率、降低产品成本带来了难度；特别是对一些中小企业，因品种增多，管理上力量分散，稍不注意就极易造成管理链上的脱节，影响工作效率的提高。

### 3. 产品多样化发展战略

这是企业采取发展多个门类、多种类型产品的一种战略。产品多样化可以是水平多样，向左右延伸；也可以是垂直多样，采取纵向延伸；还可以搞综合多样化以充分利用企业资源。产品多样化的依据条件一般是生产工艺的相近，并在产品结构或制造原理上相通。

产品多样化发展战略的优点是：可以更充分地利用企业的资源，多种产品更加能适应市场的需求，增强了企业的应变能力，这种发展战略特别适宜规模大、实力强、水平高的企业。

采用产品多样化发展战略的缺点是：工作难度更大，管理更为复杂。

### 4. 产品独特化发展战略

产品独特化发展战略，就是企业利用本地的特有资源，或者利用企业自身所具备的独特技术进行挖掘、深化、发展而形成的特色产品，也可以是为某一领域的特殊需求而采取的专门技术和方法生产出的独家产品。

产品独特化发展战略的最大优点是：能充分展现产品独特的魅力，因而能避免竞争，是产品发展战略的最高境界。所以只要有独到之处，不论企业大小、行业分布如何，都可以采用这种战略。

采用这种战略需要企业的决策者有做"个性老板"、办"个性企业"的高人一筹的经营胆量和谋略，当然还需进行严谨的市场调研和预测，同时还要根据企业的实力条件采取独具个性的手段，才能打进市场空当，抢占市场的制高点。

### 5. 经营多样化发展战略

经营多样化发展战略，是指企业把跨部门、跨行业的多种产品和服务作为发展方向，实施多样化的灵活的经营发展战略。

这种发展战略的经营领域更广泛，回旋余地更大，企业可以灵活转向，因此，经营中的竞争风险性更小，尤其适合那些跨地区、跨产业的巨型公司和企业集团。

选择这种战略的企业必须具有一定的规模和较强的实力，并且在战略实施中要善于把握时机，如果在条件尚未成熟时蛮干，势必造成不良后果，这是需要特别注意的事项。

## 8.1.5 产品生命周期

从市场需求的角度来说，产品也有生命，也有产生、发展、兴盛和衰亡的生命周期。关于产品生命周期理论被定义为产品从进入市场到退出市场在销售和利润方面的变化过程。产品生命周期始于研究与开发环节，从进入市场到退出市场，一般分为以下四个阶段。

### 1. 新生期

新生期是指企业研制开发出新产品并推向市场的阶段，由于产品新近开发上市，所以，具有生产成本高、知名度低和促销费用高等特征。

### 2. 成长期

成长期是指新产品上市后一个阶段，由于促销宣传和早期用户的示范作用，产品被更多消费者接受的时期，因此具有生产成本降低、销售量增加、知名度提高和促销费用下降等特征。

### 3. 成熟期

成熟期是指产品的市场增长率几乎为零的时期，具有生产成本较低、营销费用提高、价格趋于下降、产量大于销量、盈利水平稳中趋降、竞争最为激烈和替代产品出现等特征。

### 4. 衰退期

衰退期是指由于需求饱和，竞争替代品增多且竞争空前激烈，导致产品的销量和利润水平明显下降，最后因无利可图被迫退出市场的阶段。

由于在产品生命周期的不同阶段，人们对产品的接受程度不一，产品成本不一，决定了企业在不同的时期采用不同的营销策略。新生期以投资回收和市场渗透两种目的为主，以产品的创新性吸引消费需求，运用价格和促销两种基本营销手段，实施掠取或渗透两种策略。成长期的策略以降低售价、稳定促销为主，企业要进一步细分市场、完善产品、宣传自己的特色，从而吸引更多的消费者，提高市场占有率。成熟期的营销策略应该通过产品的完善和差异化或市场的多元化寻求新的细分市场，通过改进营销组合参与竞争，巩固消费者群体。衰退期的营销策略一是选择准备早日退出市场以节约成本或及时退出市场以减少风险，即退出策略；二是坚持营销努力，在其他企业退出市场时坐享剩余的市场机会，即维持策略；三是使用目标市场地域转移与产品改造、嫁接及与新用途开发相结合，即转移策略等。

## 8.2  品 牌 战 略

### 8.2.1  品牌战略的内涵

所谓品牌战略，是指企业为了提高企业产品的竞争力而进行的，围绕着企业及其产品的品牌而展开的形象塑造活动。它是企业为了生存和发展而围绕品牌进行的全局性的谋划

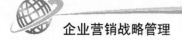

方略，是企业整体发展战略的重要内容。

随着市场经济的发展，经济的重要性日益突出，人们为了更深入地研究不同层次的经济全局，又出现了国家经济战略、地区经济战略、企业经济战略等不同层次的战略。

品牌的基础在企业，品牌战略一般来说是企业经济战略的一种。在当代，企业的经济发展越来越影响到地区经济的发展和国家经济的发展，在各级政府的参与下，又出现了地方品牌战略和国家品牌战略。地方的和国家的品牌战略都是间接性的，归根到底要通过企业的品牌战略来实现，来实施。

品牌战略的终极目标是发展经济，提高经济运行质量和运行效益，使经济强大起来。具体实行上就是要创立和发展名牌。名牌往往是经济实力和竞争力的象征。一个企业、一个地区、一个国家名牌的多少、大小、强弱，往往反映该企业、该地区、该国家经济实力和竞争力的强弱和大小。在名牌发展的基础上是否形成了名牌经济以及名牌经济所占地位和所起作用的大小，往往是衡量一个地区、一个国家经济实力和竞争力的重要标志。因此，品牌战略归根到底，就是名牌战略。美国、日本、欧洲一些发达市场经济国家，其经济实力强，很重要的一个方面是通过它们的名牌产品、名牌企业、名牌经济而体现出来的。中国作为一个发展中大国，为了振兴经济，为了国家的富强，必须实施品牌战略和名牌战略。发展名牌经济，实施品牌战略——名牌战略，是中国经济振兴，走向富强的必由之路。所以发展品牌战略的最终目的，就是为了振兴经济。

## 8.2.2 品牌定位战略

所谓品牌定位就是确定品牌在顾客心目中的位置。笔者认为，品牌定位是指企业为了在品牌与目标市场间建立起特定的营销联系，而对品牌进行的特异性规划与描述，从而有利于区别其他竞争对手，并能够在目标客户心目中建立起深刻的品牌印象。

品牌定位是营销的第一步，就如射击一样，射击前必须设定并瞄准靶心。品牌定位首先要解决三个基本问题：第一，确立品牌营销的基本点与基本方向；第二，建立品牌与目标客户之间的联系；第三，获取差异化竞争机会与竞争优势。总之，企业进行品牌定位就是为了解决"我是谁，卖给谁，如何卖"的问题。

给品牌定位，企业需要针对品牌做出系统的定位描述。品牌定位可以从产业(品类)定位、功能定位、市场定位、目标客户群体定位、价格定位、传播定位、竞争定位、形象定位等方面进行描述，这是一个完整的品牌定位规划所应明确的内容，如表 8-1 所示。

表 8-1　品牌定位描述项目与解释说明

| 序　号 | 定位构成 | 解释说明 |
| --- | --- | --- |
| 1 | 品类定位 | 品牌所覆盖的行业、品类及品项 |
| 2 | 功能定位 | 品牌所代表的产品或服务可以给客户带来的物质价值与精神价值 |

续表

| 序 号 | 定位构成 | 解释说明 |
|---|---|---|
| 3 | 市场定位 | 低端、中端或高端，或大众产品、奢侈品 |
| 4 | 目标客户群体定位 | 客户性别、年龄、身份、职业、地位、经济收入、行为等 |
| 5 | 价格定位 | 产品定价或系类产品的价格带 |
| 6 | 传播定位 | 传播上的独特营销主张(独特的销售主张、独特的价值主张) |
| 7 | 竞争定位 | 市场领导者、市场挑战者、市场跟随者、拾遗补阙者 |
| 8 | 形象定位 | 市场形象与社会形象 |

由表 8-1 可知，品牌定位越复杂，就越难描述，品牌的个性特征就越不清晰。美国著名营销专家凯文·莱恩·凯勒(Kevin Lane Keller)曾指出："能够把某个品牌与同一参照系里的其他品牌区别开来的强烈、独特与良好的联想，是品牌定位取得成功的基础，品牌定位必须营造一种强烈而有效的差异点。"因此，品牌定位要有针对性。精而准是许多知名品牌定位成功的法宝。

毋庸置疑，品牌定位关系企业的成败。正如地产大亨冯仑先生所说："无数企业当中最终能存活下来并且成为市场主流的企业，都是那些专注、简单、持久和执着的公司。"给品牌定位时也一样，一定要找到需求最强烈的目标客户群体。任何一个品牌都不可能为全体客户服务，细分市场并正确定位，是品牌赢得胜利的关键。如果一个品牌像"贪吃蛇"那样想包揽全部市场，那么这个品牌注定会成为一个失败的品牌。

## 1. 立足于未知的判断与决策

市场形势的复杂多变，以及营销环境的剧烈变化，使企业越来越难以把握市场规律与营销规则。企业必须面对更多的不确定性，包括市场的不确定性与营销的不确定性。市场的不确定性是指企业很难准确地把握市场的变化与未来走势。而营销的不确定性则是指企业事先很难准确地知道自己在某项营销决策上的执行结果。为此，企业进行品牌定位，必须考虑各种可能的情况以及各种可能出现的结果。

很多大公司、大品牌都栽倒在了品牌定位这一基础性、关键性的工作上。品牌定位既是营销的基础性工作，也是一项战略性决策，还是基于市场研究、分析、判断基础之上的推理与规划。因此，企业应以战略性思维来进行品牌定位，而不应追求对品牌定位的"一步到位"。品牌定位战略是对企业品牌定位的总规划和长期计划，要根据经营变量的变化不断进行调整和更新。

我们知道，品牌与其载体——产品是一对形影相随的伴侣。品牌与产品和谐共舞、相互支持、匹配共同创造精神价值和物质价值。时至今日，还有很多技术及产品驱动型企业，这些企业"引导"市场需求，在产品及品牌定位上自我色彩浓厚一些，对各种不确定性考虑得相对少些，甚至并不关注。这种情况下的品牌定位与产品定位就容易出问题。另外，很多企业正从产品与技术导向型企业向市场驱动型企业转变，而市场的混沌不堪，使品牌

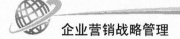

定位显得更加扑朔迷离。实际上，让企业对品牌定位倍感头痛的因素主要有两个：

1) 竞争

最激烈的竞争往往来自于定位相同或相似的品牌或产品之间，这是一个营销常识。竞争对品牌定位的影响主要来自于两个方面。

(1) 市场过度竞争。过度竞争使产品、服务等严重同质化，使市场呈饱和状态。在这种情况下，进行品牌定位更是难上加难，因为从同一个市场上寻找生存与发展空间的市场缝隙太难。在过度竞争状态下，产业市场内的很多领域都有企业在耕耘，但是大家的收获都很小，甚至导致市场处于不景气状态。

(2) 竞争对手的反定位干扰。竞争对手常用的一个手段是"反定位"，即将他的竞争对手重新定位，进而企业被推到了一个非常危险的定位点上。例如，非油炸方便面品牌五谷道场，就对传统的油炸方便面进行了重新定位。再如，健康产品初元曾试图将竞争对手定位为"节日礼品"，以便自己在"病人礼品"市场上独占鳌头。

2) 消费者漂移

营销专家路长全指出："消费者漂移的成因，是经济水平达到一定程度之后，消费人群整体的内在觉醒力量所推动的快速的求新求异趋势。"营销界有一个共识：任何市场调查的结果都是过去时，然而品牌定位往往是立足于"过去时"的市场调查的基础之上，因此，很可能会"过时"，或者很快就会"过时"。所以，品牌定位可以概括为跟随性品牌定位与引导性品牌定位。跟随性品牌面临着随时被市场抛弃的风险，而引导性品牌则冒着做"先烈"的风险，因为走在市场前面，做不了"先驱"，就很容易成为"先烈"。

**2. 品牌定位会如何"跑偏"**

在为企业做咨询、策划及培训的过程中，总是听到企业老板们抱怨：市场竞争太激烈了，市场已经没有空间了。真的是这样吗？非也！没有糟糕的市场，只有糟糕的品牌。市场机会是永恒的，就看企业能否真正找到市场缝隙与空间。

就拿卡车行业的市场来说，这个市场长期被东风、解放两大品牌割据。解放和东风凭借长期以来消费者对"一汽""二汽"的认可优势占领了卡车市场第一、第二的位置，并逐渐形成了涵盖重卡、中卡、轻卡的全线产品。但是，我们还是看到了福田、时代等品牌，它们不但获得了市场机会，还在各自的细分市场里活得很滋润。福田汽车首先研究了当时的卡车市场，发现 1 吨左右的小轻卡市场尚有空缺，而东风、解放的战线过长，难以顾及这一领域，于是福田锁定这一市场缝隙推出了"不大不小，用着正好"的小轻卡。同时，为了避免小轻卡受到福田"农用车"品牌的影响，福田推出了新品牌——"时代"。实践证明，"时代"品牌有效地抢占了东风和解放的市场缝隙，获得了巨大成功，市场份额一度达到30%，"时代"一举成为轻卡第一品牌。

看来，只要为品牌找准定位，就不愁没有市场机会。也就是说，只有"精准"的定位才能获得良好的市场业绩。脑白金以其恰当的"礼品"定位大获成功；海飞丝因为其恰当的"去头屑"的功能定位而获得成功。润妍洗润发产品为什么在中国市场上遭遇了失败？就是因为宝洁公司将其目标客户群体错误地定位为城市 18～35 岁的女性，这个群体对发色的要求并不守旧，但润妍却错误地秉持着"健康、黑发"等观念而不知转变。

"千里之行，始于足下"，定位是企业营销"长征"的第一步。在无法预知怎样做才算正确之前，知道怎样做错误则更重要，企业在品牌定位上容易出现以下五大"过失"。

1)　定位偏差

市场调查、市场策划等多种因素都可能导致品牌定位与真正的目标市场出现差距，这就是定位偏差。企业必须具备自我否定的勇气，一旦经过市场检验发现定位存在偏差，就要重新调整定位。例如，联通 CDMA 早期曾将其产品定位于高端，因为他们认为"绿色健康"是其核心卖点，期望以此与中国移动争夺高端市场。老实说，这毕竟是中国联通的主观想法，能否成功还要通过市场来检验，市场最有发言权。结果，CDMA 业务未能如预期那样获得高端客户的青睐。但是，中国联通很明智，在发现 CDMA 业务高端定位之路行不通时，联通及时将目标客户群从高端下移，使产品卖点充分突显出来，得到了市场的响应。

2)　定位不稳

很多企业对产品定位缺乏长期的坚持，产品定位飘忽不定，这就是定位不稳，也可称为"钟摆式定位"。定位一经确定就需要企业长期坚持，只有坚持下去才能成大器。

20 世纪 80 年代初，个人电脑在日本逐渐得以普及。这时，一些游戏机生产厂家看到了个人电脑的巨大市场空间，纷纷加入其中。但是有家企业却不为所动，这家企业就是任天堂。当时，任天堂的决策者们准确地预测到了将来个人电脑必然大部分用来玩电子游戏，于是坚定不移地坚持自己的游戏机定位，并请专家开发研制游戏电脑。在制造电脑时，也倾向于电脑的游戏功能而忽略其他的一般功能。结果，任天堂的游戏电脑新产品一投放市场，就获得了市场的热烈响应，并且畅销不衰。很快，任天堂就成为世界著名的电子游戏机品牌。任天堂不为短期利益所诱惑，立足长远，坚持自身的游戏机定位，最终获得了成功。

3)　定位模糊

定位模糊是指产品定位不清晰、不明确，过于宽泛。定位讲究的是"精准"，尤其如今已经进入个性化消费的"YOU"时代，产品定位模糊会使产品与消费者之间很难建立起联系，势必会影响到产品的销售。

2007 年 7 月，一汽大众汽车公司推出了中高级车迈腾，但销售并未达到预期目标。迈腾上市后的 4 个月，即从 2007 年 7 月份到 10 月份的销量依次为 4231 辆、5066 辆、3490 辆和 4496 辆，并未达到其月度销售 8000 辆的目标。定位模糊是迈腾销量停滞的因素之一，迈腾在上市之初就把目标客户群体扩大到商务和公务高级车市场，但由于迈腾车关键零部件自动变速箱供货不足的限制，迈腾难以切入公务和商务车市场，而迈腾自身特有的运动

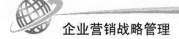
和高性能特点则被摇摆的定位所削弱，使个性化中级车消费者弃之而去。

4）定位延伸

定位延伸经常随着品牌延伸出现，包括行业定位延伸、目标客户群体定位延伸等。定位延伸存在一定的风险。"金利来，男人的世界"，在白领世界里，"金利来"成为男人的象征。金利来在"男人的世界"苦心经营 20 年后，推出了金利来女装系列，让人感觉很不协调，因此，女装并没有给金利来带来预期的回报。

5）定位冲突

需要强调的是，产品定位不同于品牌定位，没有进行品牌延伸的品牌，品牌定位接近于产品定位。而经过品牌延伸的品牌，其定位未必等同于产品定位。这种情况下，企业往往会采取主副(母子)品牌策略，也就是要针对副品牌进行定位，而主品牌的定位则宽泛而模糊。

品牌定位的目的是在目标消费者心中树立鲜明的识别标识，展现独特的价值与个性。品牌定位可以从产品利益点出发，也可以直指目标消费者的感性世界。产品主要为消费者提供物质价值，品牌更多的是通过其知名度和影响力为消费者提供精神价值，二者相辅相成才能相得益彰。品牌定位与产品定位不和谐或有冲突，既影响产品的品牌力，又影响销售力。避免冲突的根本途径是以市场为核心，实现品牌、产品和目标消费者间的良性互动。

**3. 品牌定位要遵守一定之规**

品牌定位可分为两种：一种是主动定位。一些品牌已经取得了一定的经营业绩，但是通过优化品牌定位，能更有利于品牌经营，这种定位属于优化之举。第二种是被动定位，因为原品牌定位模糊、失误、偏差等，而不得不进行的定位，这属于纠正错误之举。

为防止"错误"的出现，企业进行品牌定位时应该遵循以下六项基本原则。

1）首创性

品牌定位只有具有首创性，品牌才能率先进入消费者心里。很多营销人常说的一句话就是"在市场上只有第一，没有第二"，只有成为第一，才能成为市场关注与选择的对象。所以，如果不能在某个品类做到第一，就开创一个新品类成为第一。这样品牌就可以拥有一个良好的起点，要知道良好的开端是成功的一半。闻名全球的企业管理大师杰克·韦尔奇(Jack Welch)为通用电气(GE)确立了"要么做行业老大，要么被淘汰"的经营哲学。三星电子也极力坚持"要么做第一，要么退出"的经营理念，结果在 2005 年实现了对原亚洲第一品牌索尼的超越。可以说，成为一个行业或品类的市场领导者是每一个企业的梦想，不过，这需要一个品牌从"起跑线"上就成为第一。正如杰克·特劳特(Jack Trout)曾指出的，成为第一胜过做得更好。

2）机会性

品牌定位体现了品牌的市场价值，而市场价值则是寻找市场机会的资本。或者说，给品牌定位的过程，就是企业寻找市场机会的过程。在市场过度竞争的情况下，品牌成功定位的机会在于两点：①蓝海定位，别人没有发现的完全空白市场；②缝隙定位，在市场缝隙中寻找品牌成功的机会。这里的市场空隙体现在多个方面：品类(项)空隙、价格空隙、性别空隙、年龄空隙、职业空隙等。

3) 现实性

实践出真知，品牌定位如果未经市场检验，企业就无法确定品牌定位是否正确，或者是否存在偏差。宝洁公司刚进入我国时，其旗下品牌"飘柔"最早的定位是二合一带给人们的方便以及使头发柔顺的独特功效。后来，宝洁公司在市场开拓和深入调查中发现，消费者迫切需要的是建立自信，于是从 2000 年起宝洁公司的"飘柔"品牌以"自信"为诉求进行了重新定位。

4) 聚焦性

美国著名品牌专家阿尔·里斯(AI Ries)认为，大企业必须重新聚焦才能获得竞争力，聚焦也是成功打造品牌的第一步。这位品牌大师所倡导的品牌定位聚焦，是指品牌要专注于特定行业甚至特定品牌，而不应轻易把一个品牌多元化。当品牌因定位宽泛而失去竞争力的时候，有效的方法是重新聚焦。

5) 简单性

品牌定位的简单性，可以理解为品牌定位要清晰、直接、明确，不要过于复杂。实际上，成功的品牌定位，都可以用一句品牌定位语来体现。营销界有一个共识，就是如果一个品牌定位不能用一句话表达，那这个定位基本上是失败的。品牌定位语不但可以展现品牌的核心价值、品牌承诺、品牌观点、品牌个性等品牌经营要素，还可以体现出品牌与目标客户之间的情感联系。

我们来看几个家纺企业的品牌定位语：水星家纺的品牌定位语为"恋一张床，爱一个家"，体现了水星家纺服务于家庭生活的市场定位；罗莱家纺的品牌定位语为"经典罗莱，品位生活"，体现创造中高档的品位生活，产品趋向经典、精致的品牌定位；富安娜家纺的品牌定位语为"富安娜，艺术家纺"，集中反映了富安娜在于艺术的表达。

6) 可延展性

企业进行品牌定位时，必须为未来的发展预留一定的空间，体现在两个方面：

(1) 跨国界扩张，这时很可能需要对品牌进行再定位；

(2) 品牌升级需要，很多时候，低端品牌逐步高端化也是经常出现的事情。

## 8.2.3　品牌延伸策略

品牌的延伸存在不同的方法，还有很多需要注意的实际问题。在决定进行品牌延伸之时，为企业选择合适的品牌延伸方法是至关重要的。

### 1. 单一品牌延伸策略

顾名思义，单一品牌延伸策略就是在新产品上完全使用原有品牌，不做任何变动。这是一种最简单的品牌延伸形式，也是争议最大的品牌延伸形式。实施单一品牌延伸的产品通常可分为与原产品相关和不相关两大类。

1) 相关产品的单品牌延伸

单品牌延伸适应如下一般的规律：其一，实施单一品牌延伸的相关产品通常是同属于一个产品大类，是原有产品的改良或换代产品。例如，全世界最大的医药保健品公司——美国强生公司，该公司生产的婴幼儿产品虽种类繁多，但都围绕着婴幼儿日常护理的不同需要而设计，产品之间竞争不大。其二，实施品牌延伸的产品不存在高低档次的问题。例如，美国吉列公司的产品存在不同的价位，但其价格的差异只是表明剃须刀架的技术含量不同，丝毫不会给消费者一种档次不同的感觉。而派克在原有高档产品的基础上开发低档钢笔市场并且沿用"派克"品牌，却因为人们心中对其品牌一直是高档、荣耀的象征造成了思维定式，阻碍了企业的品牌延伸。所以，当企业考虑向不同档次的市场推出类似产品时，如果采用单一品牌延伸战略，需要考虑原有品牌是否存在品牌定位局限。

2) 不相关产品的单品牌延伸

这种类型的品牌延伸往往基于企业的多元化经营。随着企业实力的增强，许多企业开始尝试进行与原有行业和技术不相关的多元化经营。实施不相关产品品牌延伸应遵循如下规律：其一，品牌延伸离不开品牌文化的有力支撑。想要进入不同的行业的企业，如果其品牌文化内涵单一，专业色彩过浓，品牌联想狭窄，实施品牌延伸策略则容易受阻。例如，国际知名品牌"拉尔夫·劳伦·保罗"的理念在于体现一种休闲的高品位的美国乡村生活态度，它将品牌延伸到了不同档次、用途的时装、香水甚至涂料行业。其二，企业在进行跨行业品牌延伸时，富有特色的市场推广和广告宣传必不可少。由于新产品与原有产品差别较大，需要开发新的目标市场，在这种情况下，为了实施品牌延伸的优势，除了尽量寻找新产品与原有产品和市场之间的合理关联外，利用原有品牌资产，开发品牌文化内涵，将品牌所倡导的精神和理念作为广告宣传和市场推广的背景和依据，通过各种市场营销方法将品牌合理地延伸到其他领域。

### 2. 多品牌延伸策略

一个企业同时经营两个以上相互独立的、彼此没有联系的品牌，就是多品牌延伸策略。实施多品牌延伸策略可以最大限度地占领市场，填补市场缝隙，对消费者实施交叉覆盖，是典型的低风险战略。即使一个品牌失败，对其他品牌也不会有太大影响。实施多品牌延伸战略对企业提出了以下要求。

(1) 采用多品牌延伸策略成功的关键在于有效地细分市场，并且需要为不同的品牌赋予不同的文化内涵，使其品牌内涵更加清晰，更加具有差异性。例如，宝洁公司旗下拥有八十多个不同的品牌，通过全面占领细分市场，最大限度地赢得了市场。整个公司的品牌定位很简单，就是"宝洁公司，优质产品"。在这个明确的品牌定位基础上，不同的品牌就有不同的文化特点和个性，以洗发水为例，"飘柔"是"自信"，"海飞丝"是"清新潇洒"，"潘婷"是"靓丽"，"沙宣"是"时尚"，等等。同时在广告代言人、广告诉求、产品包装上也都与自己的个性保持一致，从而使其品牌文化在消费者心中得到了广泛认同。

(2) 实施多品牌延伸战略需要公司具备雄厚的资金实力。每一个品牌从树立、宣传、维护到后续的研发，都需要投入大量的资金，有时甚至会给企业一种骑虎难下的感觉。所以，没有雄厚的资金实力作后盾，企业很可能会力不从心，顾此失彼。

(3) 实施多品牌延伸战略的优势是显而易见的：占领更多的销售终端和销售渠道；为忠诚度较低的消费者提供更多的选择，同时各品牌具有不同的个性和利益点，能吸引和维系不同的消费群体；降低单一品牌的风险；激发企业内部资源的合理分配和品牌错位的合理竞争，保持企业的活力，营造更具进取心的企业文化。但是企业如果无法协调好各个品牌之间的竞争关系，造成"诸侯混战"的局面，不仅违背了企业的初衷，还会给企业造成很大的损失。

### 3. 主副品牌延伸策略

主副品牌延伸是品牌延伸的另外一种常见的方式，通常指企业在原有品牌的基础上进行一定的变动，如增加副品牌，但仍然保持原有品牌的主体地位。通过副品牌，既分享了主品牌的品牌资源，又突出了新产品的特点，更有利于消费者进行识别。例如，美的公司就设计了不同型号、不同功能偏重的空调产品，并通过副品牌告诉消费者，"美的——冷静星"制冷能力强；"美的——超静星"具有安静、无噪音的特点；"美的——智灵星"电脑控制、操作更简便；"美的——健康星"突出"健康"。通过这种主副品牌延伸可以体现产品特质，让消费者一目了然，印象也更深刻。这种效果是单一品牌延伸和多品牌战略所达不到的。

实施主副品牌延伸策略需要注意以下几个方面。

(1) 企业可以通过设立副品牌增加品牌文化的内涵，给品牌一种新的含义，避免从正面上区别不同档次的产品，从而从新意上树立新产品的形象。世界顶级奢侈品牌 Giorgio Armani 被誉为是在市场需求和高贵优雅之间追求近乎完美统一的典范。阿玛尼的品牌几乎包括了时尚界的所有产品，但是，时装行业的激烈竞争使得阿玛尼也开始考虑涉足一般服装。为了维护"阿玛尼"品牌的奢侈品形象，公司没有像香水、珠宝那样使用单一品牌延伸，而是在服装上使用了主副品牌延伸。Giorgio Armani 是主品牌，定位于高端市场。为体现新产品与原有产品的差异，公司推出了多个副品牌：Giorcarmani Exclusive 针对上流社会需要，全部采用手工缝制，有限推出；Emporio Armani 在秉承阿玛尼一贯优雅与自信个性的基础上，更给人们一种既充满活力又不失高贵的印象，丰富了品牌的内涵，使得品牌得到一个更大发展空间；Armani Jean 则展现更年轻、更时尚的元素。

（2）如果企业为了权宜之计，在原有品牌下推出一个低价的品牌产品，来应对来自市场的低价压力时，需考虑消费者对产品的理性认识，低价产品有可能造成消费者对产品品质的怀疑。

（3）企业采取主副品牌延伸时，如果将副品牌定位于高端市场，会更有利于保持原有品牌在行业内的强势地位，减少并延缓主品牌老化的程度，提升品牌的价值，有利于主品牌可持续发展的战略。

## 8.2.4 品牌战略的运用

面对愈来愈激烈的市场竞争态势，愈来愈多的企业高度重视品牌战略的运用为企业赢得竞争、最终赢得市场的重要作用，从而将竞争的重点从价格战，"点子"战、广告战、策划战转移到品牌战，充分调动各种资源，请出各路名人，开展名目繁多的造"名"运动和造"势"运动，以图使企业和企业的品牌一夜成名，产生强烈的轰动效应，在竞争中取胜。应该说，我们的企业从重价格竞争到重品牌竞争，是一个重大的进步。但透过轰轰烈烈的造"名"运动和造"势"运动，笔者深感我国企业对品牌战略的运用还存在一些误区，特提出如下思考。

### 1. 品牌战略运用的载体：名牌效应、名人效应

在市场经济条件下，品牌的知名度越高，认知率越高，表明品牌的影响范围越广，消费者对它们的识记程度、认可程度、接受程度和信赖程度越强，越愿意优先选择和购买它们。因此，知名品牌对消费者的购买行为具有强烈的影响作用和引导作用，能有效地促进商品的销售，提高甚至极大地提高企业的竞争能力，这就是名牌效应。据国外研究表明，消费者第一个想到的品牌的购买量是第二个的三倍，第三个的四倍。对有些企业而言，盛销不衰、无可匹敌的品牌就是它们的核心竞争力。可以说，企业品牌战略运用的载体就是名牌效应，企业通过创名牌，保名牌，利用品牌较高的知名度进行产品线的延伸和拓展，进行资产的营运和整合。但是，纵观我国企业对品牌战略的运用，更多的是重视名人效应，而不是名牌效应。

名人是社会中一个特殊的群体，他们头上笼罩着神秘莫测、炫耀无比的光环，拥有较高的媒体曝光率，能够较多地吸引人们的眼球，对千千万万普普通通的消费者具有强烈的示范效应，人们往往自觉或不自觉地推崇、追随和模仿名人的生活模式和消费行为。企业利用名人做广告、充当品牌形象代言人或开展各种公共关系活动，可以凭借人们对名人的接受和认可在潜移默化中灌输品牌信息和商品信息，用以引导人们的购买行为，刺激他们的购买欲望，大大提高企业及其品牌的知名度，使名人和名牌相得益彰，交相辉映，产生强烈的促销效果。这就是名人效应所特有的巨大的商业价值。名人效应也确实能够帮助企

业提高和促进名牌效应。但是，名人效应不能等同于名牌效应，名声不等于名牌，企业或企业家有了名声也不等于创造了名牌。名人效应以名人的名气为依托，而名气可以通过媒体的炒作和包装营造。

名牌的诞生需要数年、数十年乃至上百年的艰苦努力，需要企业能量的积累。名牌的创造过程，涉及战略制定与实施、市场调研、品牌设计、产品研制与开发、质量管理、价格制定、分销渠道建设、整合营销传播等全方位的营销活动。名牌效应的持续维持靠的是企业高超的整体营销活动。在市场经济条件下，企业最本质的特性是盈利性，也只有顾客才是企业利润的唯一源泉。企业实施品牌战略，尽可能长期保持品牌较高的知名度和生命力，不仅要吸引顾客的眼球，更要赢得顾客的心；不仅要吸引顾客，更要留住顾客，培养企业的忠诚顾客。而留住顾客、培养忠诚顾客靠的不是名人的名气和名人效应，只能靠企业整体营销活动。名人效应可以帮助企业造名于一时，但不能维持名牌效应于长久。名牌效应是有效运用品牌战略的重要载体。

### 2. 品牌战略的核心：品牌忠诚、产品忠诚

品牌忠诚是指消费者深深地偏爱并眷恋某一品牌，长期地购买该品牌产品，并自觉地关注和维护该品牌的声誉和市场地位。品牌忠诚赢得的是顾客忠诚，可以大大增强企业产品与竞争对手产品相抗衡的能力。因为忠诚顾客对他们所选择、所钟情的品牌有较强烈的信赖感和依赖感，他们对品牌的忠诚不是建立在直接的产品利益上，而是建立在品牌所凝聚的深刻的文化内涵和精神内涵上，维系他们与品牌长期联系的是独特的品牌形象和情感因素。他们是企业的高质量、高创利顾客，很难发生"品牌转换"。此外，忠诚顾客对其他消费者群体还有较强的示范作用，对新的购买者产生积极影响。企业的忠诚顾客越多，固定的顾客群就越多，销售量就越大，市场根基就越牢固。一般认为，企业 80% 的销售额来自于 20% 的忠诚顾客。另据一项研究表明，同一品牌如果促销成果比广告好上两倍，把促销焦点放在"特定高忠诚度顾客"上，促销效果会上升 5～10 倍。如果这些顾客刚好正在使用该品牌商品，促销效果甚至会提高到 20 倍。因此，企业品牌战略的核心应是品牌忠诚，即努力培养顾客对品牌的忠诚度，培养企业的忠诚顾客。

但现实中有些企业在实施品牌战略时不是将核心任务放在品牌忠诚的塑造上，而是放在产品忠诚的塑造上。企业在品牌形象的建设和推广中，重点宣传的不是品牌的文化内涵、情感内涵、象征性价值以及精神品质，而是产品本身的功能、效用和特性；不懂得牢固维系消费者与企业持久关系的根本所在，实际就是消费者对品牌的情感依赖和精神寄托，而不是产品的具体的利益；不注重培养广大消费者对品牌的情感依恋和忠诚，而致力于扩大产品的重复购买和大量购买，其结果往往是产品出了名，而企业的品牌却遮掩在产品的阴影中。一旦某一产品的市场生命周期结束了，企业的市场知名度随之下降，企业的顾客群体也随之减少。

企业品牌战略的核心应是品牌忠诚，而不是产品忠诚，因为产品的使用价值和利益是经常变化的，具有较强的时效性。而品牌作为一种商品的标志，除了代表商品的质量、性能及独特的市场定位以外，还是一种文化，代表着一种品位、一种格调，乃至代表了一种生活模式以及一种时尚，具有更深厚的文化底蕴和内涵，超越时空的限制带给消费者更多的高层次的心理和精神的满足。单个产品要随着时间的变化而变化，而品牌则可以经久不衰，并随着时间的推移而不断增值。成功的品牌还具有强大的生命力和非凡的扩张能力，在一个品牌下可以容纳多个产品的生产，进行品牌的延伸。品牌是产品的旗帜，品牌忠诚是产品忠诚的坚实基础，只要旗帜不倒，企业产品就会赢得消费者的青睐和爱戴。

### 3. 品牌战略的基础：名质、名牌

企业品牌战略的实施以名牌效应为载体，品牌效应的基础是名牌，即品牌的知名度，品牌的名气。企业的品牌一旦由默默无闻而变得红红火火，其产品的销售额就会迅速增长，市场占有率就会不断扩大，企业的生产规模也会随之膨胀。据联合国工业计划署的统计，名牌在全球品牌中所占比例不到3%，但市场占有率却高达40%，销售额超过50%，个别行业甚至超过90%(如计算机软件)。这就是名牌所蕴含的独特的竞争优势，也是名牌所具有的无可比拟的神奇魔力。正因为如此，国内众多企业不惜耗费巨资，千方百计求奇出新，进行名牌策划、名牌推介等种种创名牌、树名牌活动，以求名扬天下。

然而，创业容易守业难，出名容易持名难。中国市场上诸多品牌，如"三株""爱多""秦池"等靠巨额的广告投入、密集的媒体轰炸、特殊的市场营销环境以及中国大多数消费者普遍存在的从众心理而一夜之间响彻云霄，声震大江南北。但遗憾的是，这些企业在实施品牌战略、创名牌、炒名牌中却渐渐偏离了自己真正的战略方向，牌子虽然叫响了，但企业的盈利却难以支持巨大的广告费，其结果是缺乏真正的创新投入，产品质量得不到提高和有效的保证，牌子很快就倒了。这种知名品牌在市场上来也匆匆、去也匆匆，"各领风骚三五年"，甚至"各领风骚三五月"，品牌生命周期越来越短的怪现象已经引起学术界和企业界的广泛关注和深刻反思。

品牌出了名就可以马放南山、刀枪入库了吗？名牌长久的生命力靠什么支撑？这是企业实施品牌战略要考虑的重要问题。

毋庸置疑，名牌的支撑是名质，是消费者对产品综合质量的普遍认可、高度信赖和优良评价，这里要特别强调的是，应该从消费者的角度，而不是从企业角度看待的产品的综合质量，只有消费者认可的优质，才是真正的优质。例如，春兰公司在近二十年的发展历程中，始终坚持竭诚为社会提供优良服务的理念，树立了非凡的产品质量意识，建立了完善的质量保证体系，其优良的产品质量，赢得了全世界广大消费者的由衷信赖，享受了千千万万消费者给予的良好口碑。"海尔"这一品牌也因名不虚传的名质而誉满华夏，挺进欧美，愈久弥响。可见优质、名质是名牌的根本，名牌能吸引消费者的真正魅力不是品牌的

知名度，而是品牌所代表的知名产品的知名的质量。名牌只不过是产品品质的一个外在符号而已，"皮之不存，毛将焉附？"因此，品牌战略的基础是品质。

### 4. 品牌战略的目的：企业可持续增长

在我国目前市场经济还不成熟、不规范的条件下，大多数消费者尚不理智，崇名、趋同的消费心理较为普遍。因此，企业通过精心的策划，利用先声夺人的广告，万众瞩目的主题事件，轰动一时的公共关系活动，别出心裁的促销手段，大腕明星的宣传，媒体的联合炒作等，确实可以使企业及其品牌瞬间成名，一鸣惊人。例如，2005 年 5 月深圳两家民营房地产公司耗资 25 万美金邀请世界顶级明星克林顿到深圳做演讲，成功地策划了一场克氏"旋风秀"，引起了新闻媒体的倾情炒作，也使那两家民营企业转瞬间名声大振。

那么，企业品牌战略的最终目的究竟应该是什么呢？是企业可持续增长还是企业瞬间成名？成熟理智的企业家都会认识到是企业可持续增长和企业核心竞争力的增强以及企业生命周期的延长。

现代市场经济条件下，科学技术日新月异，社会经济飞速发展，人们的生活质量不断提高，消费层次也愈趋提升，认牌购买、名牌消费已成为生活的时尚和潮流。与此相适应，现代市场的竞争，也最集中、最直接地表现为品牌的竞争。企业之间的竞争，无论是技术的竞争、知识的竞争、人才的竞争，还是资本的竞争，归根结底都是品牌的竞争。企业所有的优势，无论是技术的优势、知识的优势、人才的优势，还是资本的优势，最直接地体现在企业是否塑造了强势品牌，是否培育了名牌。品牌是企业核心竞争能力的最直接体现。尤其是加入 WTO 后外国企业全面进入中国市场，和中国企业展开全方位竞争，品牌越来越成为竞争的核心能力。没有品牌、不能培育出名牌的企业最终只能成为名牌企业的附属或加工基地，甚至在竞争中被淘汰出局。因此，在日益激烈的市场竞争中，企业要想获得长久的竞争优势，谋求健康发展和高速发展，就要大力推行品牌战略和名牌战略。通过品牌战略的科学制定和有效实施，建立核心竞争优势，提高竞争能力，赢得企业的可持续增长，延长企业的生命周期。

# 8.3 价 格 战 略

## 8.3.1 价格战略概述

### 1. 市场经济离不开价格的杠杆作用

价值是价格形成的基础，价值决定价格。作为价格基础的价值指的是社会价值，而不是个别价值。确定商品价格只能依据平均成本，而不能依据个别成本。个别成本(企业成本)如果低于平均成本，企业就可以获得较多的盈利；相反，企业成本如果高于平均成本，企业就可能少获盈利，甚至亏本。价值决定价格，是从社会价格总额等于社会价值总额的角度来讲的，并不是指每一个商品的价格。就个别产品价格来讲，它同价值经常是背离的，要么高于价值，要么低于价值，同价值相一致是偶然的现象。就价值决定价格这一基本理论来分析，不管是资本主义社会，还是社会主义社会，价格都是由价值决定的。但是，由于商品的价格是在市场竞争中形成的，因此，生产(供给)和需求之间经常是不一致的，要么供过于求，价格下跌，要么供不应求，价格上涨，价格围绕着价值不断发生上下波动。这种现象是价值规律作用的表现形式，是正常的现象。

**2. 影响定价的因素**

产品的价格受综合因素的影响，主要包括产品成本、市场、消费者心理及国家的政策、法规等。

1) 产品成本

企业在实际定价中，首先考虑的是产品的生产成本，它是产品定价的基础。产品成本是企业核算盈亏临界点的基础，定价高于成本，企业就能获利，反之则亏本，企业要扩大再生产就比较困难。因此，产品定价必须考虑补偿成本，这是保证企业生存和发展的最基本条件。

产品成本有个别成本和社会成本之分，个别成本是指单个企业生产某一产品时所耗费的实际费用；社会成本是指产业内部不同企业生产同种产品所耗费的平均成本，即社会必要劳动时间。企业对产品定价时，只能以社会平均成本作为定价的主要依据，同时结合考虑企业自身资源情况与管理水平而导致的企业个别成本与社会成本之间的差异，从而给企业产品确定适当的价格。

就单个企业来说，其个别成本即总成本又由固定成本和变动成本所组成。固定成本是不随产量变化而变化的成本，如固定资产折旧、机器设备租金、管理人员费用等。变动成本是指随产量变化而变化的成本，如原材料、营销费用、生产一线的员工工资等；总体而言，企业定价时首先要使总成本得到补偿，这就要求价格不能低于总成本。

2) 市场因素

企业给产品定价时，除了产品成本这个基础因素之外，还要充分考虑影响产品价格的另一个重要的因素——市场状况，这也是最难把握的一个因素，它决定着产品价格的最高临界点，价格再高不能高到无人购买的程度。市场状况主要包括市场商品供求状况、商品需求特性等。

(1) 市场商品供求状况。市场供求影响价格，价格调节供求。这是价格的运动形式，是商品价值规律、供求规律的必然要求。在我国社会主义市场经济条件下，由于国家能够对商品市场价格实行有效的宏观调控，企业定价不是绝对地受一时一地的供求关系影响。但从全局性、长期性的过程来看，商品价格仍然与市场供应呈反比、与需求呈正比关系。

在其他因素不变的情况下，商品供应量随价格上升而增加，随价格下降而减少；而商品需求量随价格上升而减少，随价格的下降而增加。因此，企业定价必须认真考虑价值规律的客观要求，根据市场供求状况，及时制定或调整价格，有利于维持供给与需求的平衡，促进国民经济持续、快速、健康地发展。而且，商品价格只有正确反映市场供求状况，才能承担起合理配置、调节和使用资源的功能，促进国民经济建设有活力地正常进行。

(2) 商品需求特性。商品需求特性对价格的影响表现在以下四个方面。

① 时尚的商品或消费者购买时对品质、款式具有高度要求的商品，价格属次要因素。例如，每年各季节流行的时装，追逐时尚的消费者在购买时往往较少考虑其价格与价值是否一致，而关心更多的是所买商品是否是流行的款式或颜色等其他一些有关产品本身的特性。又如购买工业机器设备时，产品的品质和性能往往是选择的主要依据，价格并不起最重要的作用。

② 购买频繁的日常生活用品，有很高的存货周转率，适宜薄利多销；而一些周转率低、易损、易腐商品则需要有较高的毛利率。

③ 价格弹性。消费者需求弹性较大的商品，价格的弹性也较大。价格一旦有调整，就会引起市场需求的变化。

④ 竞争状况。价格竞争是企业经营竞争的重要手段和内容。现实和潜在的竞争对手的多少及竞争的激烈程度对产品定价的影响很大。竞争越激烈，对价格的影响就越大，特别是那些对资源水平要求不高，或对技术、设备要求不高、容易经营的产品，企业面对的潜在威胁就更大。在充满竞争的市场中，企业定价在一定程度上要受竞争者的左右，自主权要受到一定的限制。

3) 消费者心理因素

消费者对于价格产生的各种心理直接影响到消费者的购买行为和消费行动，因此，企业定价必须考虑消费者心理因素。

(1) 预购心理。消费者预购心理指的是消费者对未来一段时间内市场商品供求及价格变化趋势的一种预测。当消费者感到商品有涨价趋势时，就会争相购买；相反，就会持币待购。

(2) 认知价值和其他消费心理。消费者面对商品往往会凭借自己对有关商品的了解、后天学习、不断积累的购物经验及自身对市场行情的了解，同时结合个人的兴趣和爱好，对商品价值产生一种心理上的价值估计，这种价值估计就叫作认知价值。消费者购买商品时，常常要将商品的价格与自己内心的认知价值作比较，然后趋同选择这种价格差异最小的商品，做出最终的购买决策，产生购买行为。

4) 国家的有关政策、法规因素

国家在社会经济生活中充当着极其重要的角色，国家的有关政策对市场价格的制定有着重要的影响。国家可以依据价值规律，通过物价、税收、金融等有关政策、法规对市场

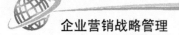

价格进行直接、间接的控制或干预。

企业给自己的产品定价，制定价格政策时，除了要充分考虑以上几个方面的影响因素外，还应综合考虑币值、货币流通及国际市场经营和竞争状况、国际产品的价格变动等因素，必须将影响价格的多种因素综合考虑、充分研究，从而制定出最合理的商品价格。

### 3. 产品定价的方法

产品的价格对于产品的销售起着至关重要的作用，企业往往采用下列定价的方法。

1) 基本定价方法

基本定价方法有以下两种形式。

(1) 根据需求弹性定价。商品的价格是各个市场中供求关系运动的结果，所以，在制定价格的时候，要注意调查和分析市场的供求情况，从中选出最好的价格。以需求弹性来定价的方法，主要是协调好价格、销售量以及营业收入之间的关系。它们之间的关系为：价格×销售量＝总收入

不管是企业生产的产品，还是企业经营的商品，按照其需求随着价格的变动而变化的情况一般分为两类：一类是需求随着价格的变动而出现较大变化的商品，叫作需求有弹性的商品；另一类是需求随着价格的变动而出现变化较小或者没有变化的商品，叫作需求无弹性商品。

这两类商品，因为价格的变化，产品需求和收入受到的影响情况：需求有弹性的商品，价格提高，销售量降低，收入减少；价格降低，销售量提高，收入增加。需求无弹性的商品，价格提高，销售量不变，收入增加；价格降低，销售量不变，收入减少。

在定价的过程中，对需求有弹性的商品，提高价格一定要注意，提高价格的幅度应该以不减少总收入为依据。即销售量减少的损失应该由价格提高的收益来补充，在价格降低的时候，正好和价格提高的情况相反，价格一旦降低，销售量增加了，所以，价格降低的损失，应该由销售量增加的收益来补充，就是要使收益额大于损失额。对需求无弹性的商品，要提高商品的价格，因为不会影响销售额，所以，能够增加总收入，对企业是有好处的。

例如，在通常情况下，日用品的替代品很多，是需求弹性非常大的商品，因此，对待这类商品的定价必须要注意。这类商品的生产企业和经营企业不应当把商品的价格提高到超过竞争企业的相似代用品的价格，若价格提高了，顾客往往转向购买价格低廉的代用品。结果，提高价格的企业，商品销售量的大大降低使得总收入随之减少。

特种商品很少有替代品，需求弹性相对很小，在合理的范围内提高其价格，顾客不会因为价格提高而放弃购买。因此，特种商品的生产企业和经营企业，提高商品的价格，往往能够增加企业的收入。

位于日用品和特种商品之间的属于选购商品。选购商品的需求弹性比日用品小，比特

种商品大，选购商品的定价应该用介于两种商品之间的方法。

这种定价方法的依据是需求弹性的大小。需求弹性是企业主观估计的，要让这种估计变得准确，就应该运用科学的方法做大量的调查工作。

目前，往往用下列方法来衡量商品需求弹性的大小。

① 访问法。通过对一些典型顾客进行访问，这些顾客应该是已经购买了商品的顾客。通过访问掌握顾客在不同价格下购买商品数量的差异，这是衡量需求弹性最简易的办法。

② 统计法。即利用以往的销售记录，来预测商品需求弹性的大小。

③ 试销法。对一种商品采取不同的价格销售，看商品销售量的变化，以此来确定需求弹性的大小。

拥有了准确的需求弹性资料以后，就能以此为根据制定出最好的价格。

(2) 以成本来定价。它是生产企业与流通企业惯用的定价方法。这种定价方法，主要的依据是商品的成本。

成本定价法的特点是：重视成本，不注重供给与需求。重视成本最普遍的办法是成本加价法，就是以成本为基础再加上一定比例的加价来确定商品的价格。运用成本加价法来制定价格，有时复杂，有时又相对简单一些。

多数企业都采用简单的方法，比如：简单地根据商品的进货发票上标的价格，加上一定比例的加价，就能确定零售的价格了。因此，企业普遍地运用这种方法定价。可是，这种定价的方法有其缺点，主要是定价很少考虑到需求的情况。再有，它很难把固定成本与可变成本分摊到每种商品上，在很多情况下，精确地计算出商品的总成本是非常困难的。因为商品成本不准确，所以定的价格也不合理。

2) 商业定价方法

商业定价方法指的是流通领域对商品定价的方法。商品离开了生产领域后，在流通领域还需要经过许多环节才能到达顾客手里，在每个环节中的价格确定又叫作商业定价。商业定价一般分为以下两种。

(1) 以采购价来定价。商品在每个流通环节都有其采购的价格。比如，一级批发商的采购价是制造企业的销售价格，二级批发商的采购价是一级批发商的销售价格，零售商的采购价格是批发商的销售价格，等等。总而言之，每个环节都有其采购价格，每个环节的销售价格都是在采购价格的基础上加上适当的毛利。受到各种因素的影响，每个商业企业的毛利率是不同的。毛利率的高低，是由商业企业费用的高低来决定的。

比如，经营高级商品的商业企业与经营周转速度很慢的商品的商业企业相比，需要的流转费用多，毛利率就会相对较高。相反，经营普通的商品、周转速度快的商品的商业企业，需要的费用低，就会降低毛利率。若毛利率太低，商业企业扣除了流转费用以后没有获得一定的利润，就会破产。若毛利率太高，无法提高销售的价格，也会造成销售的停滞，对商业企业的营销同样是有害的。

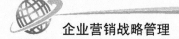

商业企业确定毛利率的高低时，应该考虑多方面的因素，如商品周转的速度、销售量、费用和利润，等等。

在考虑毛利率的大小时，必须与企业的营销计划充分地结合起来。这就是说，年度销售计划大、商品周转速度快、流转费用低的时候，毛利率必须相应地低一些；否则，毛利率就必须高一些，才能实现企业的盈利。

在经过全面分析后，无法达到毛利率的时候，要考虑更换商品，把它更换成周转速度快的商品，从而增加销售额。以采购价为基础确定销售价格的时候，要调整营销计划，考虑商品周转的速度、费用、销售额和利润等因素，绝不能光考虑毛利率或者价格的高低。

(2) 以市场价来定价。以市场价来定价的方法，指的是顾客可以接受的确定的价格，或者是顾客认为便宜的价格。这种价格的确定是以实践为基础的，只有在实践中，才可以判断出什么价格是顾客最容易接受的。

## 8.3.2　定价的基本策略

定价的基本策略主要有以下四种。

### 1. 明码定价

明码定价不仅方便了自己，而且方便了顾客。很多顾客都是因为商品并未标价而不去购买的。

在商场上，在很多使人感兴趣的词语中，"不二价"就是其中之一。"不二价"是商场上的绝招。有了这句话，顾客知道不会受骗，因为"不二价"显现出商品的价值了。顾客会觉得这个商品比其他商品的品质好。因此，许多销售人员在一些商品标签上标明了"不二价"，以突出这种优势。

### 2. 零数标价制

经济学家们发现，商品价格中很小的差别，往往使犹豫不决的顾客产生两种不同的印象。商品标价在 5 美元以下的，末尾是 9 的定价最受顾客的欢迎，商品价格是 1000 美元的商品不如 999 美元和 998 美元的受欢迎。经济学家称之为"零数价格制"。不过，若离开了商品的价值来谈论价格往往是不正确的，可是这也不是没有一点道理。如果是整数价格，比如 1 元、10 元、100 元等，顾客从心理上会觉得卖方把零数提升为整数了，买这样的商品是不划算的。可是，非整数价格，比如：6 角 9 分、1 角 8 分，顾客会觉得这是卖方经过仔细计算的价格，能够产生信任感。而且，顾客若拿出几张整数的钱，卖方找回来一些零钱，能够使顾客从心理上获得一些平衡。

目前，港台和欧美都兴起了 98 元销售热，认真考虑，这并没有太大的学问。1980 元的电视机，离 2000 元仅差 20 元，其实没有太大的影响，可是效果就在这 20 元上。所以，引起商家的群起仿效。

### 3. 心理性折扣标价

心理性折扣标价适用于商品牌子比较陌生的商品或者减价商品。这些商品在进行广告宣传的时候，往往标明它的原价，销售的时候在原价的基础上标出降价后的价格。这样一来，前后价格进行对比以后，人们会认为购买这种商品是经济实惠的。

### 4. 以两包或三包为一整数标价法

以两包或三包为一整数标价法在国外，特别是在美国已经屡见不鲜了。人们往往不善于这种细微事物的计算，因此在销售上可称为一种高明的标价法。

"2 包 13 元"的世霸洗衣粉上市的时候，令竞争本已十分激烈的洗衣粉市场，又激起了股股风浪。"3 包 19 元"的雪泡洗衣粉又给顾客另外一种价格的新刺激。对于细心的顾客来说，他们能马上算出洗衣粉的价格由 6.5 元钱跌到 6.3 元钱一包。对于许多男性顾客，他往往愿意一次多买几包，少跑几次路。

# 8.4　促　销　战　略

## 8.4.1　促销及其作用

### 1. 促销

促销，又叫作促进销售，是指通过人员或非人员的方法将企业的产品(或服务)信息进行传播，帮助消费者认识商品或服务带给他们的利益，从而引起消费者的兴趣，激发其购买欲望，促使其采取购买行为的一切营销活动。促销包括以下几个方面的含义。

(1) 促销的主要任务是沟通和传递信息。现代市场营销活动是以满足消费者的需要为前提的，其关键在于生产经营者与消费者之间互相沟通信息。促销是个沟通的过程，工商企业通过信息的沟通和传递，将商品的存在、性能和特征等信息传递给消费者，使买卖双方的认识趋于一致并保持良好关系，进而激发消费者的购买欲望和购买行为；同时，企业还可以通过市场调研活动，根据消费者信息反馈，制订相应的营销计划，保证企业营销活动顺利进行。

(2) 促销的目的是吸引消费者对企业的形象或新产品产生兴趣，激发其购买欲望，促使其采取购买行为。在一般情况下，消费者的态度直接影响和决定着消费者的行为。所以，要促进消费者购买行为的产生，就必须充分利用各种方式，通过信息的传播和沟通，影响或转变消费者的态度，使其对本企业的产品产生兴趣和偏爱。

(3) 促销的方式分为人员促销和非人员促销。人员促销是指人员通过与消费者面对面的洽谈、说明、帮助、说服消费者产生购买行为的促销活动。人员促销是一种传统的推广方式，也是一种最普遍、最基本的促销方式。它的针对性强，但影响面较窄。非人员促销是指企业借助一定的媒介，传递企业或产品信息，促使消费者产生购买欲望和购买行为的一系列活动，包括广告、公共关系和营业推广。非人员促销的针对性较差，但影响面较宽。企业在促销活动过程中，通常将人员促销和非人员促销两种方式结合运用。

### 2. 促销的作用

促销具有以下几个方面的作用。

(1) 沟通信息。这是促销最基本的作用。企业的营销活动是商流、物流和信息流的有机结合过程，而信息流是商流和物流的前导。促销的实质就是通过信息传递，在企业和消费者之间架起沟通的桥梁。一方面通过宣传将企业的形象，产品的性质、特点、作用等信息传递给消费者，调动其购买的积极性；另一方面，通过信息反馈可以及时了解中间商与消费者对产品的看法和意见，及时解决营销活动中存在的问题，以适应市场需求，达到促进销售的目的。

(2) 扩大销售。消费需求具有可诱导性。企业通过人员推销、广告、公共关系和营业推广等方式激发消费者的购买欲望，引导需求，创造需求，从而变潜在需求为现实需求，扩大产品销售。多数企业的经验表明，当某一产品销量下降或出现滞销时，适当的促销活动可以使销量得到某种程度的恢复。

(3) 强化优势。随着科技的进步，产品的同质化程度越来越高。而消费品市场又具有非专家购买的特点，即消费者对产品有较多局限。因此，在同类产品竞争激烈的情况下，通过促销活动，突出宣传本企业的市场优势和产品优势，使消费者对本企业的产品产生偏爱，提高企业竞争能力。

### 3. 影响促销的因素

影响促销的因素很多，但主要需要把握好以下几个方面。

1) 目标市场

企业为了取得最佳经济效益，在选定的目标市场上往往是综合运用各种市场营销策略，比如产品组合策略、价格组合策略、销售渠道策略、促销组合策略等。从市场营销策略的总体来看，促销组合策略是市场营销总体策略的一部分，并在市场营销活动中独立地发挥着作用。从促销的角度分析，应该研究目标市场上消费者群体的特点。消费者在购买力相同的条件下，一般有三种类型：一是在"求新"思想指导下的早期"抢先"购买者，一旦产品在消费者中被广泛使用时，他们就会"更新"，又采用更先进的产品，这些消费者的时尚感很强；二是中期购买者，这些消费者很稳重，他们的购买行为都是对产品进行调查了解之后进行的，从不盲从；三是晚期购买者，这些消费者的时尚感比较差，他们购买产品一般都是在社会上已经广泛流行之后，甚至成为"传统"产品时，才会把购买欲望变成购买行动。促销活动应根据不同消费者类型采取不同的措施，促进销售目标的实现。

2) 促销目的

促销的目的是为了通过促销活动，不断加快商品流通，实现商品的价值和使用价值，保证企业获取尽可能多的盈利。为保证促销目的的实现，还必须确定促销的具体目的。比如，通过促销活动影响消费者的购买行为，这就是促销活动的一般目的，它是服务于促销总目的的。还比如为了占领市场的促销目的、延长产品市场寿命周期的促销目的等，都需要采用不同的促销策略。促销的总目的是通过具体的促销目的实现的。

3) 产品市场生命周期

一种新产品从进入市场到退出市场，要经过导入期(进入期)、成长期、成熟期、衰退期等。在产品市场生命周期的不同阶段，促销的重点目标是不相同的。因此，所采用的促销策略也不一样。比如在导入期阶段，消费者对新产品的性能、特点等都还不了解，促销的重点目标是尽快地让消费者了解认识产品，其促销策略应采用各类广告形式；在成长期和成熟期，消费者对产品有了较全面的了解和认识，促销的重点目标是激发消费者的购买兴趣甚至使他们产生某种偏爱，其促销策略就应该在广告和其他宣传内容上作适当改变，同时在销售渠道方面也应为消费者提供方便，以扩大销路；在衰退期，有些消费者由于对该产品产生偏爱，还会继续购买，但是，对于相当一部分消费者来讲，就会辞旧换新，促销的重点目标是增强消费者对该产品的信任感并使其能够继续购买，其促销策略应采用以营业推广为主的促销方式，其他促销形式可以作为补充。总之，在产品市场生命周期的全过程中，虽然在各个阶段上都有具体的促销策略，但是，从总体的角度讲，每一种促销策略的实施，都应该尽力消除某些不满感，并针对不同消费者进行说明或解疑，做好售后服务，不断提高、维护企业和产品的声誉。

4) 产品性质

产品的性质不同，消费者也就不同，采用的促销策略也应有所区别。比如工业品，特别是生产资料，它的技术性、专业性很强，购买的批量很大，多为对口配套生产。因此，在促销策略方面可多采用人员推销方式，广告等其他促销方式可作为补充形式。如果是日常消费品，它的销售范围广，购买的批量小，品种多，替代性强，购买者对产品的性能、特点了解较少，因此在促销策略方面可多采用广告形式，其他促销形式可作为补充。由于产品是多种多样的，因此在确定促销策略时应对产品进行深入细致的分析，以便有针对性地确定促销策略。

5) 市场性质

市场类型多种多样，而且分布在各个不同的地区；市场有大有小，经营的商场有多有少，而且价格各异；市场的服务对象有异，而且消费者的素质也各不相同……由于市场不同，采用的促销策略也应有所差别。比如，规模较小只在商品产地的市场，多用人员推销的方式；如果是规模较大、产品销售范围比较广泛的市场，多用广告促销的方式；如果是

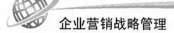

生产者市场，用户比较固定，销量大，价格也高，可用人员推销的方式，当面向用户介绍产品；如果是消费者市场，买主数量大，市场又分散，可采用广告、产品包装等促销方式。对于其他市场，可根据产品的性质和消费者的特点，采取灵活的促销方式。

6）促销费用

促销费用对于促销具有十分重要的作用。企业经营者在确定采用促销策略时，除认真考虑上述讲到的五种基本因素外，还要注意能拿出多少促销经费。一般来说，促销费用多，可采用广告形式，在较大范围内宣传和介绍自己的产品；促销费用少，可采用人员推销的方式。因为目前的广告费用较高，要取得较好的广告效果，必须连续不断播放，而人员推销方式比较经济，适合促销费用少的企业。

为了充分发挥各种促销手段的作用，企业应从长远利益考虑，适当多增加一些促销费用。为了本企业的利益，重视促销活动，就应舍得投资，这既是发展本企业实力的要求，也是商品经济发展的客观要求。

从对影响促销战略诸因素的分析可以看出，促销战略的确定并不是由经营者的主观意志决定的，而是由客观条件决定的。有经验的企业经营者，他们所用的促销战略之所以正确，有利于促使本企业的发展，就是因为他们把握住了影响促销战略的诸因素以及它们之间的相互关系。可见，促销对于企业具有十分重要的意义。

## 8.4.2　促销方式

促销的方式主要有以下几种。

### 1．广告策略

广告是企业用付费的方式，通过一定的媒体，运用印刷、书写、画面或镜头宣传等向顾客促销产品或服务的一种方式。

广告与商品经济是不可分的，随着商品经济的高度发展，广告也高度发达。目前许多企业都广泛采用广告的经销方式向市场推销产品，树立企业形象。为使广告取得更好的效果，企业在制定广告策略时要对以下五个方面做出决策：一是确定广告目标；二是制定广告预算；三是设计广告；四是选择广告媒介；五是评估广告效果。

1）确定广告目标

企业的广告目标取决于企业的整个营销目标，但企业在实现其整个营销目标的过程中，可分为若干不同的阶段，每个阶段广告起着不同的作用，但有着相同的目标。归纳起来，按企业的不同目标，可将广告分为通知广告、劝说广告和提示广告三种。

（1）通知广告。通知广告的目标又可分为多种。例如，向市场介绍一种新产品的问世，向顾客说明某种产品的新用途；告诉顾客某种产品的价格已发生变化；解释产品的使用方法；介绍本企业提供的各项服务；纠正顾客对产品的误解，减少顾客的顾虑，以及树立企业形象和产品形象等。通知广告主要适用于产品生命周期中的介绍期，主要目标是促使初步需求的产生。

(2) 劝说广告。劝说广告主要用于产品的成长期，这个时期需求的特点是选择性需求，即顾客对某一产品有需求但还没有形成品牌偏好，可在不同品牌中进行选择。此时企业的主要广告目标应是劝导顾客购买自己的产品，突出产品的特色，介绍产品优于其他产品之处，促使顾客形成品牌偏好。

(3) 提示广告。提示广告用于产品的成熟期，广告目标是提示顾客购买。例如，可口可乐是众所周知的产品，早已处于成熟期，它的广告目标就不再是介绍和劝说人们购买，而是提示人们购买。例如，提示人们别忘了购买这种产品的地点；提示人们近期将会需要这种产品；在淡季提示人们不要忘记这种产品，以及保持高的知名度，等等。

2) 制定广告预算

企业的广告费用要根据所选择的组合方案和促销预算来决定，在广告计划期内从事广告活动所需的经费总额、使用范围和使用方法是企业广告活动得以顺利进行的保证。

3) 设计广告

任何广告都必须花费成本，而且一旦传播，就会产生社会影响。因此，企业必须注重广告的质量，而质量首先是由设计决定的。

(1) 广告设计的原则。

广告设计的原则主要是真实性、针对性、创造性、简明性、艺术性和合法性。信誉是企业的命脉，广告作为一种宣传手段，直接关系到企业及其产品在顾客心目中的形象。因此，广告必须真实，不能浮夸、欺骗或攻击他人。广告的主要目的是刺激销售，因此必须针对顾客的心理特征、消费偏好等选择设计方案，突出广告主题。创造性是指为了在竞争中占上风，广告在内容和形式上都必须多样化，独具特色、吸引力强，切忌千篇一律，陈词滥调。为了节省费用，广告必须简明扼要，在有限的版面、时间内输出尽可能多的信息，并且要适应顾客的视、听、读和记忆能力。为了引人入胜，广告在内容上要给人以知识和美的享受，在形式上则力求图文并茂，具有艺术感染力。最后，广告在内容、项目、形式上都须遵守国家广告管理法规和其他有关法律法规，特殊产品和荣誉宣传还必须附有权威机构的证明。

(2) 广告设计的管理。

在大多数的情况下，广告都是委托专门单位设计的。为了保证质量，企业必须做好广告设计的管理工作。首先，必须选择最佳的设计单位，广告设计涉及市场、产品、艺术、心理、制版、摄制技术等各种知识，所以必须委托具有条件的单位进行设计。其次，必须选择最佳的设计方案。委托之后，企业必须关心设计过程，分析各设计方案的效果，参与方案的审定和选择。再次，选择最佳的表达方法。广告的魅力不仅在于说什么，而且在于怎么说，广告的诀窍是用形式来吸引顾客注意内容。因此，必须根据不同的目的选择生活片断、艺术幻想、音乐歌曲、技术鉴定、用户体验、科学证明等来加强真实性和感染力。最后，必须和设计单位保持密切的联系，与供应商、中间商、银行等一样，广告的代理单位也会和企业发生经常的业务关系，并且对企业的经营活动产生影响，所以，企业应当和他们经常交流，密切联系。

4) 选择广告媒体

广告必须通过一定的媒体传播出去，媒体的质量影响着广告的成败。选择广告媒体的目的是：利用最佳手段输出信息，达到尽可能大的宣传覆盖面和宣传效果，这和媒体的类型直接相关。

(1) 广告媒体的分类。

① 报纸。报纸是一种和社会具有广泛联系的大众传播工具。选用报纸做广告的主要优点是读者广泛、传递迅速、便于说明、制作灵活和费用较低等。其缺点是印刷彩色版面少、内容庞杂和浏览性读者多。在我国，报纸又可分为全国性报纸和地方性报纸、宣传性报纸和娱乐性报纸、日报(晚报)与周报等，企业必须根据不同报纸的广告效果和自身财力进行选择。

② 杂志。杂志的优点是可信度和权威性高，能加强广告的说服力；专门化程度高，能提高广告的针对性；印刷精良，能增加广告色彩；可读性强，重复宣传效果好。杂志广告的最大缺点是缺乏灵活性，出版周期长，发行量有限和读者面较窄，专业性杂志尤其如此。

③ 广播。广播是一种通过听觉产生效果的广告媒体。其优点是迅速及时、深入城乡、安排灵活、制作简单、费用低廉，其缺点是播出时间固定、表现手法较窄等。

④ 电视。电视是一种具有视、听、读综合效果的最佳广告媒体。其长处是具有强烈感官刺激，接近现实生活，能产生高度的吸引力；传播范围广，老少皆宜；表现手法多样，形式丰富多彩；有利于进行连续或系列广告等。电视广告的主要缺点是选择性比较低、广告时间短、易受其他节目和广告的干扰、费用较高等。

⑤ 网络。网络广告就是利用互联网技术和网络投放平台，采取广告横幅、文本链接、多媒体的方法，在互联网刊登或发布广告，通过网络传递到互联网用户的一种高科技广告运作方式。与传统的四大传播媒体广告相比，网络广告具有得天独厚的优势，是实施现代营销媒体战略的重要一部分。

除了报纸、杂志、广播、电视、网络五大媒体外，企业还可以利用邮寄、电影、招贴、包装、路牌等多种手段进行广告宣传。但无论采用哪种广告媒体，都必须符合实际条件。

(2) 广告媒体的选择。

要使广告达到一定的促销效果，就必须注意广告媒体的覆盖面、接触频率和作用强度三个基本指标。如何掌握这些指标呢？在选择广告媒体时须考虑到以下几个方面的因素：

① 产品的种类和特点。比如服装、化妆品、食品等最好用彩印或电视广告，这样可

以突出色彩，形象生动。新产品或高技术产品则可利用邮寄广告，以便详细说明或有目的地选择顾客。

②　目标市场的特点。广告的目的是被顾客接受和为顾客服务，因此必须根据目标市场的特点选择广告媒体。比如，在农村就可以用数十年建立起来的有限广播网；办公用品多用报纸、杂志；儿童用品多用电视广告等。其中，还必须充分考虑不同顾客对各种媒体的接受程度。

③　广告媒体的覆盖面和影响力。这直接关系到传播范围、接触频率和作用强度。一般来说，媒体的传播范围应当与市场范围相一致，应当对目标市场具有更大的影响力。因此必须了解媒体的发行量、发行地区、订阅者类别、视听率等各项指标。

④　广告目的和内容。同一种产品，可以因为广告目的和内容的不同而选择不同的媒体。例如，推销性广告要求大众化、传播速度快、瞬时印象深，电视是最佳的媒体；而强调劝说性的广告则可利用报纸、杂志刊登用户来信，以提高效益。

⑤　广告成本。企业必须对广告成本进行分项核算，掌握效果和成本的关系，提高广告的经济效益。

5)　评估广告效果

企业应对广告产生的效果进行持续的评估。评估的内容很多，但主要有两方面：一是信息传递效果，二是销售效果。

(1)　信息传递效果的评估。

信息传递效果的评估即评估广告是否将信息有效地传递给听(观)众。这种评估在事前和事后都应进行。事前，企业可邀请顾客代表对已准备好的广告进行评估，了解他们是否喜欢这则广告，广告信息中存在哪些问题。事后，可再邀请一些目标顾客，向他们了解是否见到或听到过这一广告，是否还能回忆起广告的内容等。此外，还可利用一些现代科学手段进行测试。

(2)　销售效果的评估。

销售效果的评估即评估广告使销售额增长了多少。这种评估很困难，因为销售额的增长，不仅取决于广告，还取决于其他许多因素，如经济发展、顾客可支配收入增加、产品本身质量提高和功能改进、渠道效率提高、价格合理调整、其他促销方式效果的提高等。因此，单独衡量广告对销售额的影响比较困难。目前有的企业尝试着采用实验法来测量广告效果，即把某种产品的销售市场按地区划分，在甲地区使用电视广告，在乙地区使用杂志广告，在丙地区使用报纸广告等，各种媒介的广告预算相同，经过一定时期后，检查各地区的销售额的增长情况。这种检查可大致分析出哪种媒介最有效。此外，企业还可采用另一种做法，即在甲地使用大量广告，在乙地使用少量广告，在丙地不用广告，一定时期后检查各地区的销售额的增长情况。这种检查可大致估计出广告对销售额的影响。

## 2. 人员促销

人员促销在促销中能够发挥特殊的作用。人员促销的优点就是能够准确地选择目标，把精力放在说服顾客购买的目的上，这样能够集中力量，从而避免资源的浪费。营销人员直接和顾客或者中间商联系，容易解决问题，能和顾客建立长期的联系。

人员促销往往适用于产品价值高、市场范围有限的市场，一般是大客户，或者经营风险大、使用复杂的产品。例如重型机械制造、精密仪器和高新技术产业等。制造企业的目的十分明确，重视每一笔交易的成功率，保证和大客户保持密切的关系。人员促销是这些市场中最有效的促销手段。

1) 促销人员的选用

人员促销成功的关键在于促销人员，选择优秀的促销人员等于促销成功了一半。好的促销人员需要具备的基本素质体现为"三力两心"：表达能力，个人魅力，成功驱动力；为顾客着想的"同情心"，对工作负责的"责任心"。除此以外，企业在选聘促销人员的时候，还应该按照企业产品的特性确定促销人员应该具备哪些专业的基础知识、多大年龄等。

选聘了高素质的促销人员以后，企业还应该对促销人员进行必要的培训。培训内容主要包括以下几个方面。

(1) 促销态度训练。促销成功最关键的因素是对促销有一个正确的态度，有勤奋肯干、不断进取的精神。

(2) 企业知识。让促销人员了解企业的历史、战略目标、规章制度和职能机构等企业的情况。

(3) 产品与技术知识。了解企业的产品品种、生产过程、包装、使用方法和产品的性能等知识。

(4) 市场知识。对市场行情、需求趋势和竞争对手的基本情况有深入的了解。

(5) 顾客知识。了解目标顾客的不同类型和特点、购买动机、购买行为和营销系统等。

(6) 财务知识。了解货款的结算方式、顾客信用调查等方面的知识。

(7) 业务程序与职责。让促销人员掌握促销计划、洽谈和旅行等知识。

(8) 促销技巧。促销技巧主要包括：怎样找到顾客，主动接近顾客，怎样处理人际关系，怎样克服心理障碍，怎样与顾客保持联系等。

2) 促销人员的配置

促销人员的配置原则为：目标市场的顾客由营销人员分工负责；分工应该有利于成本的节约，使企业拓展市场和服务等综合成本最低；人员配置应该保证业务的长久性，有利于和顾客建立长期的关系。

促销人员的配置采取的形式一般如下。

(1) 根据地域配置。企业根据地理区域划分营销人员的责任区域，每个区域再依此类推，形成覆盖各个区域的营销体系。这种结构相对成本较低，各区域的营销人员熟悉风俗习惯，接触区域内的顾客省时、省力，并且不会出现区域复合而造成争夺客户的冲突，有利于营销体系的稳定。

(2) 根据产品分类配置。在产品品种多、购买对象有明显差异的时候，往往采用这种办法配置促销人员。企业根据产品来安排营销人员，每一个部门负责一种产品的营销。这种方式的优点是营销人员只营销几种产品，专业性很强；其缺点就是同一个地区的不同营销部门人员向客户营销不同的产品，导致成本的重复性浪费。

(3) 根据顾客的类别配置。每一种行业或者每一类顾客都配置了专业的销售队伍。各个营销人员根据对象的特点进行促销，从而降低了成本的消耗。这种方式的缺点是促销对象地区之间分散、销售庞大和销售成本扩大。

(4) 综合配置。按照实际情况把以上两种或者三种形式混合配置，在每一层次采用不同的划分方式。综合配置适用于企业规模较小，促销人员少，或者根据某一种形式配置无法涵盖整个目标市场的情况。综合配置的优点是从多方面来综合考虑，以适应企业不同的需要，对产品、区域和顾客都能兼顾，具有多方面的优点。但是，这种方式组织复杂、管理成本和技术要求很高，会导致促销人员之间的竞争现象，造成浪费。

3) 薪酬要及时兑现

促销人员的工作具有很大的挑战性，往往会遭受很多挫折和失败，需要花费大量时间和精力，促销人员的工作积极性高低直接影响着产品的销售量，所以，要用适宜的薪酬鼓舞促销人员的士气。常见的有下列三种支付薪酬的方式。

(1) 薪金制。企业在规定的期限内向营销人员支付较高并且稳定的薪金，薪金的数量和销量的多少没有联系。这种方式适用于新产品上市，企业处在市场开拓期的时候或者促销人员的工作业绩无法评估的情况下。稳定的工资给促销人员带来了安全感，减轻了工作压力，可是很难鼓舞营销人员努力做出好的业绩。

(2) 佣金制。促销人员收入按照销售业绩的一定百分比提成。当产品进入成熟期或者衰退期的时候，或市场竞争十分激烈的时候多被采用。这种方式多销多得，所以十分公平。但是，这给企业的营销人员带来了巨大的心理压力，容易产生紧张感。企业对营销人员的控制力差，营销人员往往追求短期目标。

(3) 薪佣复合制。固定底薪和浮动奖金结合起来，取两者的长处，薪佣复合制是目前采用比较普遍的方式。采用这种方式的难处就是难以确定底薪和奖金的比例。

除此以外，各种各样的奖励方式也被企业所采用，比如分红利、配额完成奖、旅游、升迁等。

4) 促销业绩的评估

企业对促销人员的工作要给予正确的薪酬和奖励，并对促销人员的业绩进行评估。

(1) 按照促销人员递交的销售报告书评估。在每一项促销活动开始以前，要求每一个促销人员写出他的促销计划，活动结束以后再写出销售结果，管理人员把两者进行比较，评估出工作业绩，并且找到其中的问题，以促进日后工作的改进。评阅报告的时候，需要注意的指标是：促销人员平均销售访问的次数、每次访问的时间、每次访问的费用、每次销售访问的收入、销售访问的次数与收到订单的百分比、各个促销活动的新客户数目、各期客户损失的数目。

（2）按照管理者的观察，通过对顾客的信件和其他相关人员的谈话来评估促销人员的业绩。管理人员通过各种途径掌握促销人员的外表、口才与性格等，不断考查促销人员对相关知识的掌握程度。

（3）对不同促销人员的业绩加以比较和排序。比较在评估地区市场潜力工作负荷和企业促销工作等方面业绩的时候才有实际的意义，现阶段销售额并不是唯一的成绩指标，要注意到每个促销人员为了净利润做出的贡献，更重要的是要掌握促销人员是怎样满足顾客需求的。

（4）对现在和过去的销售额进行比较。比较每个促销人员现在和过去的业绩，找出促销人员进步或者落后的原因，从而准确地评价每一个促销人员。当一个促销人员业绩相比处于弱势，可是和过去相比却有明显进步的时候，管理人员应该给予鼓励，以提高促销人员工作的积极性。

5）如何让顾客心动

我们每天通过新闻媒体都可以得到各种各样促销活动的消息，如抽奖、积分赠券、赠品等。有一次国内某知名品牌在举办促销活动时，一位顾客向周围人群指手画脚说："下面要做游戏了，一会儿发优惠券让我们到热卖区买东西，马上就要抽奖啦，没看头了，走吧。"一眨眼一些人转身离开，不大工夫现场就没剩几个人了。年复一年，许多陈旧的促销老套路不厌其烦地上演。面对传媒讯息的频繁轰炸，消费者本已应接不暇，就算是参加了活动也是转身就忘，很难留下深刻的记忆。

在品牌的成长发展过程中，促销与广告传播、公关活动等行销项目一样，在企业的行销策略组合中占有举足轻重的地位。当企业在推出新产品、产品改良、增加分销渠道、产品强销期、转化竞争对手顾客、配合整合行销策略时，促销都以各种形式大显身手，为企业实现利润目标。

但不可忽视的是，一些企业在促销策划、执行的过程中还存在着很多弊端。这些毛病的共同特点就是缺乏新意，使企业花了钱，却没有收到预期的效果。

一些企业的行销管理者常常这样认为，虽然时间已经过去一年，但是目标顾客群体没变，他们对产品的需求和喜好也没变，所以今年还可以继续使用去年的促销方案。因为这个方案已经执行过，从策划人员到执行人员、渠道分销商都很熟悉，大家都有过不错的配合，所以不会再浪费很多的精力和时间。而且参照去年促销带来的销售增长来看，即使没有大功效，至少没有太大的风险。

这些行销经理们认为世界始终是静态的，他们忽略了很重要的一点：消费者的核心需求和习惯喜好都是处在不断地变化中的。聪明的竞争对手会密切关注消费者的变化，随时有针对性地调整策略，使消费者感受到"心随我动"的快感。

宝洁公司在制订新一年的海飞丝促销推广方案时，员工认为和去年的项目基本是一个模式，不用花费什么大力气就可以完成。但宝洁的行销决策层认为，在传播语言上，今年的海飞丝的广告已经由去年的"头屑去无踪，秀发更出众"改为"去屑又清凉，秀发更出众"，原因是根据对消费者新一轮的调研后发现，在夏季里消费者的潜在需求是希望在去屑护发的同时又能获得清凉爽快的感受。而在促销执行的表现上，也要由去年执行时的歌舞秀和游戏，改为增加现场冰桶陈列海飞丝和现场洗头，使消费者获得即时的感受和体验。过后的事实证明，策略的改进取得了很好的业绩。

这个事例对营销部门的领导来说是一个很好的启示，促销策略也要紧随消费者需求的变化而变化。虽然因循守旧、墨守成规有时也能够侥幸有一些效果，但是，其效果会逐渐衰减。这也就是说，当你第二次第三次使用时，就难以保证你的行销目标了。

营销是科学，也是艺术。营销首先是一个科学决策的过程，是战略与战术的系统决策过程。公司老总拍脑门进行营销决策的现象并不少见，诸如厂家推出一种产品完全凭感觉而非可行性分析研究确定，商家在为店铺选址仅是看看市场，百万、千万元投资无效益的广告、公关创意比比皆是。领导感觉成为营销策略，就是意味着失败。

案例：

### 联想集团市场营销战略案例分析

联想集团成立于 1984 年，从贸易起家，逐步发展成为多元化的信息技术跨国公司。联想作为中国现在计算机和信息服务领域的领军企业，这 30 多年的发展历程充满了艰辛。在 30 多年的发展道路中，对应着不同的市场状况，从由中科院计算所投资 20 万元人民币、11 名科技人员起步到香港上市、进入世界 500 强，联想集团也在战略上不断地进行调整和转型。

1984—1989 年，联想集团成立初期，曾随着改革开放的潮流从做一般商品贸易起家，逐渐转向电脑代理业务，从电脑代理贸易中联想看到了西文汉化的市场机遇，进而进行了联想汉卡的开发，并在市场上获得了成功。

此期间联想集团仍旧以贸易为主，通过成立香港联想，开始逐渐开拓海外贸易市场。从中可以看出，联想集团此阶段的战略领域主要还是在计算机及相关产品，以贸易代理加联想汉卡为主要销售模式，从国内贸易逐步走向海外市场。

1990—1999 年，联想由代销和分销为主的贸易模式转向为自主生产和销售模式。当时的计算机市场主要还是以国外品牌为主，由于计算机刚刚进入国内家用和商用市场，较高的市场价格使得计算机需求量并不是很高。联想的国内自主品牌的崛起给当时的消费者一个新的选择，并且联想电脑的价格低廉和稳定的质量使之在市场中站稳了脚跟。在此期间，联想通过制造，建立产量规模化，从而获取规模效益；通过提高管理水平，加强资金的有效流动。

此时的联想营销战略上也同样开始了转型，由原先贸易模式，即谁需要卖给谁转变为明确的目标市场，即家庭和商用电脑市场。在这 10 年间，迅速发展代理人、经销商和批发商渠道。为了避免渠道的冲突，在 20 世纪 90 年代后期对代理人、经销商和批发商之间进行了一定的内部分配和市场划分，进而建立起广泛而低成本的销售渠道。

2000—2005 年，21 世纪是互联网的时代。作为国内计算机业的领军企业，联想通过技术、核心竞争力来提升自身的竞争力与价值。由于当时 PC 市场国外品牌商的降价和国内多家 PC 制造企业的崛起，市场竞争激烈，产品价格利润低。联想集团战略由产品全面转向技术、服务的多样化战略，并进一步丰富自身品牌元素，开拓国际化道路。但是 2003 年联想的业绩同比增幅仅为 3.5%。多样化战略是联想集团业绩增长的放缓主要原因，因为有限的技术力量与过长的产品线，想在每个领域都做出成绩，结果每个领域都淡淡无奇。因此，从 2003 年后，联想集团从多样化又重新回归到以 PC 以及相关产品(笔记本电脑、服务器、外部设备等)作为自己的核心业务。

2005 年至今，联想完成了 IBM 个人电脑业务的并购，奥运会的开幕，国际资本的引入，联想开始了真正的国际化道路。联想重新回到 PC 业务上，并在最近发力于智能手机和平板电脑，由于手机与电脑的差异化变得越来越小，智能手机市场逐渐引得关注。通过几年的消化和吸收，联想集团从 2010 年开始取得了飞速的发展，营业额突破了 200 亿美元，全球市场份额也急剧上升。战略的转型使得企业改变了财务状况欠佳的局面。

通过 SWOT 分析，现在电脑产业虽然还处于充分竞争，但个人电脑的潜在需求还是很大，产品仍旧处于较快的更新换代中，企业对高端机器的需求会随着互联网的发展进一步加大，并且 IT 产品的差异化需求也会越来越大。威胁方面，全球经济增长的放缓，危机四起，本身就充分竞争的行业，利润将越来越少，并且技术更新也越来越快，所谓的技术优势也只是暂时的。优势上，国家对于联想品牌发展的支持，联想品牌知名度的提升。劣势：联想的核心技术并没有贯穿整个产业链，价格易受到国际市场影响，资金以管理优势与国外知名企业相比还是稍有差距。

总之，联想集团通过几次转型，有成功也有挫折，但也在不断地发展与成熟，管理能力在不断提升，竞争力不断增强，在手机和互联网快速发展的今天，联想集团在 PC 业务再接再厉的同时也会再重新考虑尝试产品多元化的战略。

(资料来源：http://wenku.baidu.com/link?url=yKhsN20i0UOJg2G7_PCyz5whDa6IdSXJBJMvfr5NM0Cqv PrbGn2s8aiYWqRAq_75wD1L-vNekvdTAdEc4lYWz6taGoV2fRPw7N0CW2jkN3O)

**问题与讨论：**
企业在进行战略转型时应该注意哪些问题？

# 思考与练习

1. 企业营销市场战略有几种？请分别概述。

2. 产品战略有几种选择？

3. 品牌战略如何在企业营销中运用？

4. 简述促销战略对企业营销的影响。

5. 对比几种市场战略对企业营销的利弊。

# 第9章　企业营销竞争战略

企业在面临竞争时，要明确识别竞争者，并详细了解竞争者的情况，针对不同类型的竞争者采取相应的竞争战略，才能在竞争中把握先机。

## 9.1　竞争者分析

企业只有对顾客需求进行准确及时的把握以及全面了解竞争者的情况，才能在竞争中取胜。企业对竞争者进行分析时应该清楚谁是竞争者，以及竞争者所采取的战略，竞争者的目标，并了解竞争者的优势。

在寡头垄断竞争的市场结构下，识别竞争者是很容易的，例如，可口可乐公司的最大竞争对手就是百事可乐公司。但是实际上，这种简单的判断方式是很不全面的，企业的实际和潜在的竞争者的范围是广泛的。未来的竞争者更可能是企业最终的埋葬者，他们为消费者带来更好、更方便的产品，从而使企业的产品被迅速淘汰。

因此，识别竞争者是相当重要的，有些竞争者往往通过一些间接的影响制约了企业的发展。要准确全面地识别竞争者，企业需要营销者具有市场竞争的观念，对本企业的产品不能有狭隘的看法，企业营销者应有开阔的市场观念，对企业所属市场的竞争者有清醒的认识。

在确定了竞争者之后，企业营销者应该通过市场调查判断竞争者的战略，竞争者进入市场后其所确立的细分市场往往就是其战略的一种体现，例如，竞争者开拓高质量产品的市场，那么对于技术力量比较薄弱的厂商来说，这个细分市场的门槛就比较高。当然竞争者的竞争战略不会如此简单化，而是会由多个变量来构成。

竞争者会利用各种手段来巩固他的市场份额并力争发展他的市场。例如，通过产品差异、产品组合、顾客服务、定价、广告和促销手段、创新等战略来巩固自己的地位。

战略后面是企业的目标，这也就是说，企业营销者在了解了竞争者所采用的竞争战略后，应该进一步确定竞争者的目标。明确竞争者的目标对营销的意义在于营销者可以据此来判断竞争者对于竞争的态度，以及他们碰到竞争时可能采取的行动。企业的目标可以是利润、市场份额、流动性、技术领先、服务领先等。不同企业对这些方面的重视程度是不一样的。例如，美国公司多数按最大限度扩大短期利润的模式来经营，这是因为其当前经营绩效的好坏是由股东们进行判断的，如果当前经营绩效差，股东们可能会因此失去信心，出售股票使得公司资本减少。日本公司则主要按照最大限度扩大市场份额的模式来经营。

这是由于为其提供大部分资金的银行所寻求的只是平稳的利息而不是风险比较大的高额收益，所以日本的公司对利润要求比较低。这样做的结果就是，日本公司产品的定价较低，并在建立公司形象进入市场方面显示出更大耐性。

不同目标下的公司所显示出的攻击性是不同的，一个追求低成本的竞争者对于竞争对手在制造过程的技术突破所做出的反应远比同一位竞争者增加广告预算所做出的反应要强烈得多。所以企业营销者在了解了竞争者的目标后，就可以针对其目标，采取不同的竞争手段，避开其敏感的方面，主动攻击其最担心的方面。

目标必须通过制定的战略实现，但实行战略需要资源的保证，企业所占有的资源相差很大，所占有资源的不同在竞争中就体现为竞争的优势与劣势。企业营销者需要辨认每个竞争者的优势与劣势。首先，收集每个竞争者业务上的最近的关键数据，如销量、市场份额、毛利、投资报酬率、现金流量、新投资、设备能力等。有些信息可以从其报表中取得，有些则比较困难。其次，进行顾客调查，无论是优势还是劣势，最终都体现在顾客对他们的评价上，由企业自称的优势是没有任何意义的，只有顾客认可，才能称为其真正的优势。顾客调查主要调查以下几个指标，如顾客知晓度、产品质量、产品利用率、技术服务、推销人员。最后，进行比较，把本企业的相应指标与竞争对手的指标值进行对比，从中可以发现竞争对手的薄弱环节，也可发现本企业应该努力的方向。

由于竞争是一种连续的博弈过程，本企业的攻击战略肯定会得到竞争对手的反应。因此，预测竞争对手的反应对于企业间的竞争而言是必需的。竞争者的反应模式与其目标、资源有关，同时还与企业经营者的经营哲学有很大关系。企业竞争反应模式可以分为以下几种。

第一种是从容型竞争者，大企业由于有过辉煌的过去，而且本身也具有了一定的实力，因此，对于竞争的残酷程度往往会有所低估，对竞争者的行动不会进行迅速而有力的反击，有时这种战略是正确的，有时却可能给企业带来灭顶之灾。

第二种是选择型竞争者，这种竞争者对本企业的优势与劣势有一定的了解，因此，并不对所有的竞争行为做出反应，但如果竞争对手的战略对其有较大威胁时，他就会做出强烈的反击。

第三种是凶狠型竞争者，这种竞争者力图在某类市场保持垄断地位，对任何企图进入该市场的企业都进行严厉无情的打击。对于这种企业而言，他们认为市场容量有限，如果不排除一切竞争者，就会对企业自身利益造成损害。

第四种是随机型竞争者，这类竞争者的反应模式并不固定。

在市场竞争中，确定竞争对手的反应模式是相当重要的一环，针对不同的反应模式，企业应该有不同的应对措施。竞争是一种博弈，所以不同的反应就构成不同的对局，这时企业的收益是不同的。因此，企业进行营销时，一定要对不同反应模式下企业的收益变动有清楚的认识，才能据以确定合适的营销战略。

# 9.2　基本竞争战略

不同的竞争态势导致不同的地位，随即应采取不同的竞争战略。一般而言，人们把企业在市场中的竞争地位划分为市场领导者、市场挑战者、市场追随者和市场拾遗补阙者四种类型。

## 9.2.1　市场领导者的基本竞争战略

市场领导者即市场的支配者，他们往往占有绝大多数的市场份额，拥有绝对的影响市场的能力和资源条件。这一类企业所追寻的目标当然是保持或更突出市场的领导地位。为此，其竞争战略往往是围绕扩大市场需求、保护和提高市场占有率三个方面展开的。

### 1. 扩大市场需求

市场领导者占有最大的市场份额，扩大市场需求将会给他们带来最大的利益。房地产行业扩大市场需求可以从寻找新的客户、进军新的市场、开创新的模式三方面入手。

1)　寻找新的客户

依靠市场调查和消费者需求分析可以发现许多潜在的客户群。针对这些客户开发的新产品就能拓展一方需求。例如，最近才崭露头角的以体育运动为主题、以教育为主题、以老年人休闲养老托老为主题的住宅小区，以及为单身贵族、高级白领设计的酒店式公寓等，均是成功的尝试。

2)　进军新的市场

市场领导者往往在市场开拓方面倾注精力。无论是地域范围，还是产品种类他们都有能力开拓新的市场，占领新的市场。比如近年不少开发公司进军西部，在西安、成都、乌鲁木齐，甚至是西藏的拉萨、日喀则开发项目，也有南方的物业管理公司进入北京、天津甚至东北的城市接管物业。

3)　开创新的模式

市场在变化，环境在变化，管理模式、经营模式、营销模式永远不可能一成不变，要不断地创新，开拓新的模式。往往一种新模式的出现，就打开了一片新的天地，创造了无数新的商机。例如，北京市在危旧房改造中充分利用房改政策，提出的"房改带危改"新思路，就在北京市龙潭西里的危旧房成片开发改造中取得了成功。其主政策框架是：①危改区居民可申请政策性住房抵押贷款购买安置房；②选择回迁的被拆迁户根据不同情况按房改房价优惠、成本价或经济适用房价格购置。这一新模式的推行，对于推动北京市危旧房改造工作起到了巨大作用。

### 2．保护市场占有率

市场领导者的地位随时都会受到竞争者的挑战。为此，企业必须随时关注市场动态，研究市场状况，尤其是挑战者的行动，采取措施以保护自己的市场占有率。

### 3．提高市场占有率

进攻是最好的防御。面对竞争，市场领导者最好的办法是不断创新，不断提高市场占有率。但市场占有率的提高并不意味着企业盈利会自动增加，这取决于企业追求提高市场占有率的战略和投入。一般而言，位于市场领导者地位的企业在采取措施提高其市场占有率时，应重点考虑以下两个因素。

1）引起垄断行为的风险

一个居于市场领导者地位的企业在采取行动进一步提高其市场占有率时，可能会被其他企业或政府指控为垄断行为而受到制裁。这时，风险上升付出的代价可能会超出市场占有率增加所带来的盈利。

2）成本费用增加的风险

如果市场上存在一定实力的竞争对手，企业想进一步提高市场占有率往往会付出很大的代价而得不偿失。一般来说，提高市场占有率而带来利润增加，必须满足如下条件：①实现规模经济，获得成本优势；②产品销售价格的提高大于为实施差异化战略所发生的成本费用的增加；③产品销售利润的增长高于实施竞争战略投入的增长。

## 9.2.2　市场挑战者的基本竞争战略

市场挑战者是指那些拥有 30%左右的市场份额，地位低于领导者的企业。它们只有积极向市场领导者或其他竞争者发起攻击才能争取更大的市场份额。挑战者在追求市场占有率时要做好确定战略目标、选择挑战对象以及相对应的竞争战略两方面的工作。

### 1．挑战者的战略目标

大多数的市场挑战者的战略目标是为了提高市场占有率，可供选择的进攻对象有三种类型：市场领导者；具有同等竞争地位的企业；地区性的中小企业。

### 2．选择挑战对象以及相对应的竞争战略

1）挑战领导者的战略

(1)　正面进攻。选择竞争对手的主要市场阵地展开全面进攻(进攻对手强项)。

(2)　侧面进攻。集中优势力量攻击对手的弱点(这是一条最有效、最经济的进攻战略)。

(3)　包围进攻。进行一场全方位、大规模的总攻，摆出与对手决一死战的架势。

(4)　迂回进攻。一种间接的进攻战略，完全避开对手现有的市场及用户，采取绕道的

方式开展"盘外"活动。

(5) 游击进攻。发动季节性、区域性的进攻，干扰对手，侵蚀对手阵地，以图占据新据点。

2) 挑战非领导者的战略

如果选择对象是与自己大致相同的企业和较小的企业，则可以使用蚕食竞争方式；或者是向市场提供大量优质产品，使之掩盖竞争对象的产品；或是进攻竞争对手地域上的薄弱区域；或是争夺对手已经占领的市场中尚未满足的消费者群等。

市场挑战者在发动挑战时，可以采取以下具体的营销战略。

(1) 价格折扣。即以低于竞争者的价格向市场提供产品。

(2) 提出名牌产品。即企业向市场推出比其他竞争对手更为优良的产品，而且是消费者乐于接受的品牌。

(3) 产品革新。即对产品的样式、特色等进行充分的改进，不断以革新产品去吸引竞争对手的顾客。

(4) 提高服务质量。提供比竞争者更为优越的服务设施和服务保障，以争夺对方客户。

(5) 增加宣传费用。即以密集的广告，大块的评论、众多的公益事业，令顾客对企业形象、企业实力等留下深刻的印象，从而大幅度提高知名度、扩张客户群。

## 9.2.3　市场追随者的基本竞争战略

市场追随者是指那些市场份额不大(占 20%左右)，实力也不大的企业。这类企业愿意维持原状，通常因资源有限害怕在竞争中得不偿失而在营销中多采用模仿战术。通常的市场追随者是依靠低廉的成本、优秀的产品和服务、良好的信誉而保住客户群，维持其市场份额的。市场追随者的竞争战略大致有如下三类。

(1) 紧随市场趋势。即研究市场动向，模仿市场领导者。

(2) 近距离追随战略。即在主要市场、产品、价格、服务等方面全力跟随市场领导者。

(3) 选择性追随战略。即只模仿市场领导者最主要的战略，经常进行小规模的革新。

## 9.2.4　市场拾遗补阙者的基本竞争战略

市场拾遗补阙者是指那些生存于市场夹缝中，满足于特殊顾客群、特殊消费需求的小企业。这类企业规模小、实力小，市场份额小(通常不到 10%)。这类企业不具备与大公司竞争的实力，通常致力于在一个或几个细分市场上开展经营和营销活动。对于市场拾遗补阙者来说，选择市场方向，通常要注意如下四方面的条件：

(1) 是否有足够的规模和购买力；

(2) 是否具备发展潜力；

(3) 是否为大企业所忽略；

(4) 企业是否具备为该市场提供服务的必需技术和资源。

市场拾遗补阙者不但要善于发现细分市场，还要不断地拓展细分市场，进军新的细分市场，逐渐扩大市场，积累实力进入新的市场挑战者或领导者的行列。

# 9.3　制定企业营销竞争战略

## 9.3.1　制定应对竞争者挑战的战略

企业在营销过程中，经常遇到竞争对手直接或间接的挑战与威胁，企业必须要有应对竞争对手的战略。这个战略大体上包括以下几个方面的内容：识别竞争者、识别竞争者的目标、识别竞争者的战略、分析竞争者的优势和劣势、判断竞争者的反应模式、制定自己的竞争战略及确定妥善处理企业与竞争者关系的原则。

### 1. 识别竞争者

企业识别出竞争者，这是企业制定竞争战略的前提与基础，只有找出竞争者，企业才能明了竞争态势，制定相应的战略。同时，只有了解了竞争者，才能妥善处理好同它的关系。识别竞争者应注意以下两个方面的问题。

(1) 企业既要识别出所有竞争者，也要找出主要的竞争者。识别竞争者看起来似乎简单，实际上是一个比较复杂的问题。不少企业经常在这个问题上走进"竞争者识别近视症"的误区，即只注意自己的直接竞争对手，忽视甚至看不到间接或潜在的竞争者，这是十分危险的。科学与技术的突飞猛进，不仅加速了产品的更新换代，而且替代的产品与经营形式层出不穷，例如，数码相机不仅要最终取代传统的相机，而且还要取代化学感光材料制成的胶卷与相纸。因此，企业要从广义和狭义的角度识别自己的直接或间接竞争者。企业应从直接的竞争者、同类产品的竞争者、同一需求的竞争者和相同购买力的竞争者等四个方面进行识别。一是直接的竞争者，即对企业构成直接威胁的竞争者。例如，一家生产中档轿车的公司的直接竞争者是其他生产中档轿车的公司。二是同类产品的竞争者。这是从一个比较广泛的意义上识别竞争者，即将所有生产同类产品的公司都视为竞争对象。例如，生产中档汽车的公司应将所有生产轿车，不论是中档，还是低档、高档的公司都纳入自己的竞争者范围。三是同一需求的竞争者。这是从更广泛的意义上，即将所有满足同一种需求的公司都包括在内的识别方法。例如，小轿车满足顾客快速出行的工具需求，这样，所有生产汽车的企业，即轿车、客车、卡车、摩托车的企业都成为这家中档汽车生产公司的竞争者。四是相同购买力的竞争者。这是从最广泛的意义上识别竞争者，即所有与轿车购买数额大体相同的企业，如房地产公司、旅游公司、耐用消费品公司等都是中档轿车公司的竞争者。企业在识别出所有的竞争者后，还要对其进行全面的分析，找出不同时期威胁企业营销的主要竞争者，详细研究其营销战略，扬长避短，制定出有的放矢的应对战略。

(2) 要从不同层面识别竞争者。绝大多数企业经营的产品种类较多，这样不仅要从整体上，即宏观层次上识别公司的竞争者，而且还要从具体产品上，即微观层次上识别对手。有时公司的宏观对手与微观对手并不相同。例如，摩托罗拉与诺基亚、三星与索尼等，他们既是宏观上的竞争对手，同时在微观层次上，他们的产品各有千秋，并不是说某个公司在宏观上强，它的所有产品都比对手强。

### 2. 识别竞争者的目标

识别竞争者的目标应从当前目标与长远目标、主要目标与次要目标等方面分析。不同企业的经营目标是不同的。即使同一个企业，在企业发展的不同时期，目标也不同。企业不仅要从宏观上对竞争者的诸如利润、市场占有率、品牌推广、市场准入等目标进行识别，还要从微观上，即具体层面上识别。例如，竞争者的目标是利润最大化，是当期最大化，还是中期最大化？品牌推广的具体目标的重点是放在提升品牌的知名度上，还是美誉度上？市场占有率最大化每年的具体目标是什么？对于某个跨国公司进入我国市场，要明确是进攻性进入，还是防御性进入，换言之，是为了打破全球的竞争均衡而主动进入我国市场，还是为了保持均衡而被迫地进入我国市场，两种不同的进入目标，必然带来两种不同的经营战略。

### 3. 识别竞争者的战略

竞争者的战略主要有以下四种类型。

1) 总成本领先战略

这是一种以价格优势，即低于竞争者的价格吸引众多的目标顾客，迅速扩大自己市场占有率而成为行业的领先者的方式。产品的成本是由两部分成本构成的：一种是固定成本，它是由维持企业正常生产与经营的诸如厂房设备等固定资产的折旧费(或设备与厂房的租借费)、财务费用、办公费、管理费等相对固定的开支构成，一般不随产品的产量变化而变化。一种是变动成本。变动成本是指原材料、计件工资、奖金等随着产量变化而增加的成本。一般地说，企业在经营初期，固定成本远远高于变动成本。采取总成本领先战略的核心是如何减少单位产品上的固定成本，即在较短期内生产出较多的产品，这样每一件产品的固定成本就少了。实践中企业通常采取提高市场占有率的方法，实现设计规模生产最大化。例如，康师傅方便面就是通过此战略夺得行业第一的市场位置。台湾顶新集团在开发出"康师傅"方便面时，产品质量受到顾客的青睐，可以采取较高的价格。当时进口的碗装方便面的价格是每碗 5 元，国产方便面虽然 0.4 元一袋，但鉴于质量差，购买者较少，许多人都被国产方便面吃"伤"了。如果"康师傅"方便面将碗装价格定在 4 元左右，袋装面定在 1 元左右，消费者也能接受。但它却采取低价的战略，将碗装方面的单价定为 1.98 元一碗，袋装单价为 0.58 元，向经销商让利 27%。产品物美价廉，投入到市场，就成为经销商的热门货，受到消费者的欢迎，有时甚至出现脱销的现象。不少经销商经常提前一天将卡车开到"康师傅"的工厂排队等候拉货，有的还预付货款。"康师傅"通过低价战略，很快占领了市场，成为我国大陆方便面的第一品牌。同时，实现规模生产最大化的目标，大大地降低了单位产品的固定成本，企业的经营进入了良性循环，当年就收回了投资。

总成本领先的方法还有很多，可以从企业产品价值链实现过程中的各个环节减少企业的经营成本，这里仅介绍企业经常采用的两种方法：采购控制与贴牌生产。

(1) 采购控制。这是从产品价值链的源头对成本进行控制。原材料与零部件的价值在产品最后增值的价值中占据的比例很大。例如，在我国制造行业中，原材料与零部件的采购价值占产品最后价值的 50%～70%。据此，在某种意义上，采购也是企业的利润中心。企业可以通过货比三家，比价采购或公开招标等方式降低采购成本。例如，北京百货大楼、国美电器连锁店、山东三联等大型零售商率先在我国通过招标采购商品，降低了商品的进价。

(2) 贴牌生产。这是品牌营销经常采用的一种形式，即企业利用自己的品牌优势，将产品的生产委托给同类厂商生产或将自己产品的售后服务承包给专门的服务商负责。例如，近几年来，由于我国已经成为世界最大的家电生产基地，美国通用电器公司等跨国公司常常委托我国某些知名的家用电器公司为其生产冰箱、空调、彩色电视机等。康柏、戴尔、东芝等国际电脑公司进入我国市场后通常的做法是将自己产品的售后服务外包给国内的服务厂商。这就大大地降低了上述跨国公司的经营成本。

2) 技术领先战略

技术领先战略过去并没有成为一个独立的竞争战略，它通常是融合在其他的战略之中，成为其中的一部分。但是在科技成为第一生产力的今天，技术领先战略已经成为不少公司的核心竞争战略。技术领先战略是指公司通过长期保持比竞争对手领先的技术优势，超前一步甚至几步地开发出本行业中的新产品，从而获得短期的超额垄断利润。英特尔公司、美国的 3M 公司、日本的 SONY 公司等就是通过技术战略保持其核心竞争优势的。英特尔公司开发的计算机心脏 CPU(中心处理器)一直保持着领先地位，领导着计算机消费的潮流。

3) 差异化战略

差异化战略是指在同一市场上企业采取不同于竞争对手的、被目标顾客认同的、体现企业优势的营销战略，它的实质是特色经营。差异化战略对我国绝大多数行业的营销有着特别重要的意义，因为我国多数行业已经进入成熟期，产品同质化相当严重，价格竞争成为主要的竞争手段，而差异化是避免恶性竞争的主要方法。可以这样说，谁能在我国市场上灵活地运用差异化战略，谁就掌握了市场的主动权。差异化的基础是 STP 营销理论，即在科学的市场细分基础上，寻找符合自己的目标市场并对其进行恰当的定位。企业可以从产品、服务、人员、渠道、品牌等多方面实现差异化。

4)　集中战略

集中战略是军事上集中优势兵力或全部兵力打歼灭战的战略在营销上的应用。即企业将全部资源集中在一个或几个市场上，满足某一类顾客的特殊需求，通过"集中一点"或"集中几点"经营来获取竞争优势。它不仅特别适合于小企业的创业，而且也利于它们避开激烈的竞争，采取专业化经营保持长期的竞争优势。例如，美国西南航空公司舍远求近，抛弃其他公司认为最有获利潜力的国际与国内的长距离客运市场，专门经营 500 英里以内的 1 小时左右航程的短途客运，成为美国最成功的航空公司之一。北京新东方集团也是依赖选择高校或其他培训公司忽视的出国应试英语作为自己的目标市场而起家的，并且很长时间就经营这一个市场，将其做精、做透、做出品牌来，实践证明他们是正确的。集中战略投入少，见效快，针对性强，风险性大，这就要求企业要对目标市场进行科学的细分与评估。

### 4. 分析竞争者的优势与劣势

在市场竞争中，企业需要分析竞争者的优势与劣势，以避其锋芒、攻其弱点，以自己的"强"来攻击对方的"弱"。有针对性地制定适合的市场竞争战略，从而实现企业的营销目标。

1)　收集信息

评估每一个竞争者的优势与劣势，企业需要搜集关于竞争者的信息和数据，为了及时准确地掌握竞争对手的信息，还需要建立灵敏的情报信息系统。首先，建立系统。运用现代化的工具计算机，开发竞争情报软件系统，建立竞争对手信息库，便于查询相关资料。其次，收集情报，收集竞争者业务上最新的关键数据，如业务收入、市场占有率、利润率、投资收益率、现金流量、呆坏账额、产能利用率等。收集信息的方法是向顾客、供应商及中间商获取第一手资料和查找第二手资料。

2)　分析评估

根据所得资料综合分析竞争者的优势与劣势，竞争者优劣势分析的内容主要有以下几个方面。

(1)　产品。竞争者产品在市场上的地位；产品的适销性；产品组合的宽度与深度。

(2)　资金实力。竞争者的资金结构；筹资能力；现金流量；资信度；财务比率；财务管理能力。

(3)　生产与经营状况。竞争者的生产规模与生产成本水平；设施与设备的技术先进性与灵活性；专利与专有技术；生产能力的扩展；质量控制与成本控制；原材料的来源与成本。

(4)　研发能力。竞争者内部在产品、工艺等方面所具有的研究与开发能力；研究与开发人员的创造性能力等方面的素质与技能。

(5) 市场营销组合。竞争者市场营销组合水平；销售队伍的培训与技能；广告促销的力度和效果；销售渠道的效率与实力；销售渠道的服务能力。

(6) 管理能力。管理者的领导素质；管理者的协调能力；管理者的专业知识；管理决策的灵活性、适应性、前瞻性；对环境因素变化的适应性与反应程度。

### 5. 判断竞争者在竞争中的反应

判断竞争者在竞争中的反应是一项难度较大的工作。企业可以从以下两个方面对其进行判断：首先，要结合行业的竞争特点从一般营销规律方面进行判断，即从其营销战略方面判断。例如，从新产品的开发、价格、渠道，特别是促销方面可能采取的措施进行判断。这些反应带有行业的普遍规律，比较明显，容易看到。其次，从企业的经营理念、企业文化及发展战略等深层次方面分析其对待竞争的反应。为了有效地分析竞争者的反应，企业应该加强两方面的工作：一是应该将对竞争对手的分析作为企业信息系统中的一项重要内容，使其成为企业的一项常规工作，从动态的角度收集、储存竞争对手的各种信息，并经常分析，做到对竞争对手心中有数；二是可以请有关专家或咨询公司帮助企业进行分析。

### 6. 制定自己的竞争战略以及妥善处理企业与竞争的关系

妥善处理企业与竞争者的关系是每一个企业必须认真考虑的问题。企业处理同竞争对手的关系应遵循既竞争又合作的原则，也就是说该竞争的时候就竞争，该合作的时候就合作，竞争不影响合作，合作也不影响竞争。这是由于厂商本来就存在着这种对立统一的关系。服装、蔬菜等摊点集市里的众多卖家之间的关系就典型地体现了这种既是对手又是朋友的关系。张三的服装卖得多了，李四的自然就卖得少了，竞争关系十分明显。但是隐藏在激烈竞争下面的合作关系众多卖家也是看得十分清楚的。首先，正是由于众多的竞争对手聚集在此，才会形成能够吸引顾客到此购买的客流。同时，卖家出于竞争而形成的特色，也给顾客提供了选择的余地，否则顾客也不会来此购买。没有一定规模的客流谁也不会赚到钱。其次，众多卖家的竞争可以形成一个大家都能接受的基础价格，这个基础价格实际上成为维护商家基本利益的保护价格，避免了无节制的降价给大家带来共同的伤害。最后，众多的商家聚集在一起还可以相互调剂余缺，相互帮衬。企业只有真正认识到同行之间的这种"不是冤家不聚头"所形成的竞争与合作关系，才能避免目前我国企业界经常出现的恶性竞争给行业带来的共同损害，建立积极健康的同业关系。

## 9.3.2 制定自己的竞争战略

厂商制定自己竞争战略的方法很多，既有从宏观层次，即从环境匹配角度，企业的资源与营销环境中的机遇相符程度上选择自己的竞争战略，SWOT 分析就属于这种性质；也有从微观层次，即制定体现自己核心竞争力的竞争战略。所谓核心竞争力是指在企业长期发展过程中形成的，给其带来较高收益的，而且竞争对手难以模仿或者替代成本较高的，自己独特的有形资源和无形能力。从中观层次，即企业在所在行业中的地位也可以作为制定竞争战略的依据。从中观层次分析就不能不提到竞争理论的权威——美国的波特提出的行业结构吸引力理论，这种理论是从某个行业中的现有竞争者、未来竞争者、替代竞争者、买方议价能力以及供应方的议价能力等五种影响力对某一行业的盈利能力进行综合分析。除了波特的五力分析外，还可以从企业在所处行业中的地位制定竞争战略。如同从微观层次制定竞争战略一样，这种方法制定的竞争战略不仅简单易行，而且对于厂商的营销有着直接的指导作用。

这种战略要求企业要对自己在所处行业中的竞争地位有一个全面的了解，即自己在既定行业中的排名位置以及由此决定的经营战略。每一产业(行业)中都有许多企业，每个企业对行业的发展、影响是不同的，这就是企业在行业中的位置。企业在行业中的位置取决于行业的结构特征、行业发展的阶段性、经营模式、企业所占的市场份额、销售额、利润率、企业的特殊优势和顾客对企业的认同程度。归根到底，厂商在行业中的位置是其综合实力的反映，它代表了企业的市场竞争力。现代营销学从市场竞争力的角度，将企业分为市场领导者、市场挑战者、市场跟随者和市场拾遗补阙者四种类型，每种类型企业的营销战略是不同的。市场领导者在某一行业中占有最大的市场份额，它在价格变动、新产品开发、分销渠道和促销手段等方面对整个行业就有着决定性的影响作用。绝大多数行业都有一家居于领导地位的企业。目前世界上的各行各业中的市场领导者从其形成的原因看，主要有两种类型：一种是在市场经济的环境中，主要依靠自己的力量，在激烈的市场竞争中发展成为行业的领头羊。西方国家中的市场领导者基本上都属于这种类型。例如，汽车业中的通用公司、电脑软件业中的微软公司、软饮料中的可口可乐公司和快餐业中的麦当劳公司等。另一种是一些第三世界国家中的大公司，主要是依靠国家政策的支持，通过对某一行业的垄断而成为市场的领导者。在我国从计划经济向社会主义市场经济转变的过程中，原先身兼行业管理与经营的大型或特大型企业就具有这种性质，只不过它们的政策垄断性色彩越来越淡，市场经济的成分越来越重，最终成为一个价值规律支配下的市场领导者。例如，我国银行业中的中国工商银行，通信领域中的中国移动，航空运输业中的国际航空公司等。每个行业内都有几家市场份额占据第二、第三，对整个行业也有着重要的影响，但其影响作用处于次要地位的企业。例如，汽车业中的丰田公司、福特公司，软饮料市场中的百事可乐公司，我国银行业中的中国建设银行、中国农业银行及中国银行等，我国电信业中的中国电信公司、联通公司、网通公司等，民航中的南方航空公司、东方航空公司等。这些处于次要地位的公司在市场上可以采取两种竞争战略：一种是保二争一的战略，即立足于第二，不甘于第二，时刻要夺取第一的战略。它们的主要任务是向市场领导者发起挑战，使自己成为市场挑战者。一种是安于第二，保住第二的战略。它们不仅接受市场领导者的领导，与其和平共处，还紧紧跟随着领导者和其他的领先者，尽量多地分享其利益。

总之在跟随中获利，从而成为市场跟随者。所谓市场拾遗补阙者就是无力同大企业竞争的中小企业，它们通过占领被大公司忽视、遗忘的小市场，通过在行业中发挥拾遗补阙的作用而获得生存、发展的空间。

明确了自己在行业中的竞争位置后，企业就可以确定自己的竞争定位并在此基础上制定具体的竞争战略。厂商可以从静态与动态两个角度为自己选择竞争定位。所谓静态定位是指厂商接受现状，满足企业在所处行业中的竞争地位，其竞争目标是保持或维持现在的地位，处于市场领导者的企业通常都属于这种性质。当然，处于市场追随者与拾遗补阙者地位的厂商也有不少安于现状。另一种是动态定位，即企业并不满足自己在行业中的地位，而是从现有的竞争地位出发，试图在一个时期内提升自己的竞争地位。例如，通常挑战者是其典型代表，它们的目标是将处于第一位的市场领导者拉下马，取而代之。

案例：

### 欧莱雅集团的竞争策略

面对中国化妆品市场的激烈竞争，欧莱雅集团丝毫不敢有所大意。为了尽可能地争取最大的份额，欧莱雅集团在产品设计方面苦下功夫，保持了欧莱雅集团产品高质、独特、领先、丰富的文化内涵。高质是世界名牌化妆品的心脏，独特是世界名牌化妆品的大脑，领先是世界名牌化妆品的性格，文化是世界名牌化妆品的气质。而随着化妆产品原料构成得越来越一致性，化妆品公司的竞争重点已悄悄地发生了转移：由原来的产品竞争转为市场营销竞争。欧莱雅集团为了抢夺中国化妆品市场，主要采取了以下营销竞争策略。

1. 市场定位策略

由于欧莱雅集团属于世界顶级品牌，所以欧莱雅集团引入中国的品牌定位于中高档，主要分为大众品牌和高档品牌。随着竞争的加剧，欧莱雅集团的大众品牌价格开始有意识地下调，使得大众品牌中又分为不同档次，其最低价格已经接近国内品牌化妆品的价格，从而开始了中低市场的争夺。而高档品牌则继续高品位策略，稳定压倒一切。

2. 细分市场策略

第一，从产品的使用对象进行细分，有普通消费者用化妆品、专业使用的化妆品。专业使用的化妆品主要是指美容院等专业经营场所所使用的产品。

第二，按照化妆产品的品种进行细分，有彩妆、护肤、染发护发等，并进一步对每一品种按照化妆部位、颜色等进行细分。例如，彩妆又按照部位分为口红、眼膏、睫毛膏等，而就口红而言，又按照颜色细分为粉红、大红、无色等，按照口红的性质又分为保湿、明亮、滋润等。如此步步细分，光美宝莲口红就达到150多种，而且基本保持每1～2个月就推出新的款式。所以化妆品的品种细分已经达到了极限。

第三，按照地区进行细分。由于南北、东西地区气候、习俗、文化等的差异，人们对化妆品的偏好具有明显的差异。例如，南方由于气温高，人们一般比较少做白日装或者喜欢使用清淡的装饰，因此较倾向于淡妆；而北方由于气候干燥以及文化习俗的缘故，一般都比较喜欢浓妆。同样东西地区由于经济、观念、气候等的缘故，人们对化妆品也有不同的要求。所以欧莱雅集团敏锐地意识到了这一点，按照地区推出不同的主打产品。

第四，其他细分。如按照原材料的不同有专门的纯自然产品；按照年龄细分等。

3. 品牌策略

为了充分满足欧莱雅集团在中国的竞争布局，欧莱雅集团在中国引进了十个主要品牌，分别分布于不同的市场细分和定位，使得集团的竞争策略能够顺利地进行。因此，精确的品牌布局是欧莱雅集团最为关键的策略。没有恰到好处的品牌布局，就没有欧莱雅集团今天在中国大放异彩的成功。另外，对品牌的延展性、内涵性、兼容性做出了精确的定位和培养，是欧莱雅集团品牌在中国取得成功的又一秘密。

4. 广告策略

由于化妆品的激烈竞争和越来越强的无差异趋势，如何提高自身的知名度和认可度，就成为化妆品公司挖空心思的问题了。化妆品的日新月异和人们对流行的追随，让消费者对某一款式或品牌的忠诚度大打折扣。如果某个公司在某年度忘记了广告，那么他的化妆产品也就被人们忘记了，可见广告对化妆品的重要性。

5. 公共沟通策略

由于广告的局限性，大量的广告有时反而容易引起消费者的反感、抵触情绪，所以在运用广告之余，充分把握和利用一些公共沟通方式，往往可以起到意想不到的效果。

欧莱雅集团正是这方面的高手之一。利用文艺、选美、模特赛事、体育等活动，展现产品的特点，宣传品牌。通过与权威机构合作办理公益事项，扩大品牌效应。例如，欧莱雅集团和国际组织共同设立"欧莱雅——联合国教科文组织世界杰出女科学家成就奖"和"联合国教科文组织——欧莱雅世界青年女科学家奖学金"，每年评选一次，极大地提高了公司的地位和可信赖度。

通过积极地使用公共沟通策略，欧莱雅集团成功地让其各种产品每天 24 小时尽可能地出现在人们的视野、阅读中，无形中让消费者不断地认识或加深了对欧莱雅集团各个品牌的印象和好感。

（资料来源：http://wenku.baidu.com/view/20aab43031126edb6f1a10a1.html?from=search）

**问题与讨论：**

(1) 欧莱雅集团是如何将品牌策略和促销策略与市场定位相结合的？

(2) 结合案例谈一谈企业该如何进行差异化营销。

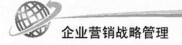

# 思考与练习

1. 企业营销中的竞争者有哪些？

2. 有哪些基本竞争战略？

3. 企业营销竞争战略是如何进行制定的？

# 第 10 章　企业营销战略的实施与管理

企业营销战略的实施与管理是企业战略管理中的最后一个阶段，是实现企业战略目标的重要步骤。

## 10.1　企业营销战略的实施

市场营销战略的实施是将市场营销计划转化为行动方案的过程，并保证这种计划的完成，以实现计划的既定目标。分析市场营销环境、制定市场营销战略和市场营销计划是解决企业市场营销活动应该"做什么"和"为什么要这样做"的问题；而营销战略的实施则是要解决"由谁去做""在什么时候做"和"怎样做"的问题。

营销战略的实施是一个艰巨而复杂的过程。美国的一项研究表明，被调查的营销实施人员中的 90%认为，他们制定的战略和战术之所以没有成功是因为没有得到有效的实施。管理人员常常难以诊断市场营销实施工作中的问题，市场营销失败的原因可能是由于战略战术本身有问题，也可能是由于正确的战略战术没有得到有效的实施。所以，我们首先必须了解营销战略实施中存在的问题及其原因。

### 10.1.1　营销战略实施中存在的问题及其原因

企业在实施市场营销战略过程中为什么会出现问题？正确的市场营销战略为什么不能带来出色的业绩？原因主要有以下几个方面。

#### 1. 计划脱离实际

企业的市场营销战略和市场营销计划通常是上层的专业计划人员制订的，而实施则要依靠市场营销管理人员，由于这两类人员之间往往缺乏必要的沟通和协调，导致下列问题的出现。

(1) 企业的专业人员只考虑总体战略而忽视实施中的细节，使计划过于笼统和流于形式。

(2) 专业计划人员往往不了解计划实施过程中的具体问题，所以计划脱离实际。

(3) 专业计划人员和市场营销管理人员之间缺少充分的交流与沟通，致使市场营销管理人员在实施过程中经常遇到困难。

(4) 专业计划人员和市场营销管理人员相互对立和不信任。现在，许多西方企业已经认识到，不能仅靠专业计划人员为市场营销人员制订计划，而正确的做法应该是让计划人

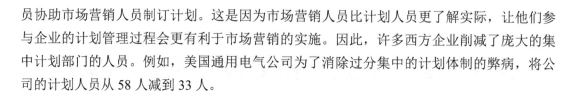

员协助市场营销人员制订计划。这是因为市场营销人员比计划人员更了解实际，让他们参与企业的计划管理过程会更有利于市场营销的实施。因此，许多西方企业削减了庞大的集中计划部门的人员。例如，美国通用电气公司为了消除过分集中的计划体制的弊病，将公司的计划人员从 58 人减到 33 人。

**2. 长期目标和短期目标相矛盾**

市场营销战略通常着眼于企业的长期目标，涉及今后三至五年的经营活动。但具体实施这些战略的市场营销人员通常是根据他们的短期工作绩效，如销售量、市场占有率或利润率等指标来评估和奖励的。一般市场营销人员常选择短期行为。对美国大公司的一项调查表明，这种情况非常普遍。例如，某公司的长期产品开发战略半途夭折，其原因是市场营销人员追求眼前效益和个人奖金而置新产品开发战略于不顾，将公司的主要资源都投入到现有的成熟产品中了。因此，许多公司正在采取适当措施，克服这种长期目标和短期目标之间的矛盾，设法求得两者的协调。

**3. 因循守旧的惰性**

企业当前的经营活动往往是为了实现既定的战略目标，新的战略如果不符合企业的传统和习俗就会遭到抵制。新旧战略的差异越大，实施新战略可能遇到的阻力也就越大。要想实施与旧战略截然不同的新战略，常常需要改变企业传统的组织机构和供销关系。比如，为了实施给老产品开辟新的市场战略，就必须创建一个新的推销机构。

**4. 缺乏具体明确的实施方案**

实践证明，许多企业面临困境，就是因为缺乏一个能够使企业内部各有关部门协调一致的具体实施方案。有些战略计划之所以失败，是因为计划人员没有制定明确具体的实施方案。

企业的高层决策和管理人员不能有丝毫"想当然"的心理；相反，他们必须制定详尽的实施方案，规定和协调各部门的活动，编制详细周密的项目时间表，明确各部门经理应负的责任。只有这样，企业市场实施才有保障。

## 10.1.2　营销战略的实施过程

整个营销战略的实施可以从四个层次来看：第一层次是营销目标层次。在这个层次，营销人员必须思考组织的使命与界定营销的目标，最后必须撰写营销目标说明书。第二个层次是营销战略层次。在这个层次，营销人员必须拟订其营销战略，内容包括细分市场的选定、定位与营销组合的设计。第三个层次是营销详细计划书层次，系指将各种营销战略变成一套具体可行的行动计划，营销人员必须撰写详细实施计划，包括时程规划、预算、人力安排与配置及组织的运作方式。第四个层次是营销守则层次，包括一些政策、工作细则与标准作业程序的设计等。其具体实施过程主要包括下列步骤。

### 1. 制定行动方案

为了有效地实施市场战略营销，必须制定详细的行动方案。这个方案应该明确市场营销战略实施的关键性决策和任务，并将实施这些决策和任务的责任落实到个人或小组。另外，还应包含具体的时间表，定出行动的确切时间。

### 2. 建立组织结构

企业的正式组织在市场营销实施过程中起着决定性的作用，组织将战略实施的任务分配给具体的部门和人员，规定明确的职权界限和信息沟通渠道，协调企业内部的各项决策和行动。企业的战略不同，相应建立的组织结构也应有所不同。这也就是说，组织结构具有两大职能，首先是提供明确的分工，将全部工作分解成管理的几个部分，再将它们分配给各有关部门和人员。其次是发挥协调作用，通过正式组织联系沟通网络，协调各部门和人员的行动。

### 3. 设计决策和报酬制度

为实施市场营销战略，还必须设计相应的决策和报酬制度。这些制度直接关系到战略实施的成败。就企业对管理人员工作的评估和报酬制度而言，如果以短期的经营利润为标准，则管理人员的行为必定趋于短期化，他们就不会有为实施长期战略目标而努力的积极性。

### 4. 开发人力资源

市场营销战略最终是由企业内部的工作人员来实施的，所以有人力资源的开发至关重要。这涉及人员的考核、选拔、安置、培训和激励等问题。在考核、选拔管理人员时，要注意将适当的工作分配给适当的人，做到人尽其才；为了激励员工的积极性，必须建立完善的工资、福利和奖惩制度。此外，企业还必须决定行政管理人员、业务管理人员和一线工人之间的比例。许多美国企业已经削减了公司一级的行政管理人员，目的是减少管理费用和提高工作效率。

应当指出的是，不同的战略要求具有不同性格和能力的管理者。"拓展型"战略要求具有创业和冒险精神的、有魄力的人员去完成；"维持型"战略要求管理人员具备组织和管理方面的才能；"紧缩型"战略则需要寻找精打细算的管理者来实施。

### 5. 建设企业文化

企业文化是指一个企业内部全体人员共同持有和遵守的价值标准、基本信念和行为准则。企业文化对企业经营思想和领导风格、对职工的工作态度和作风均起着决定性的作用。企业文化包括企业环境、价值观念、模范人物、仪式、文化网五个要素。企业环境是形成企业文化的外界条件，它包括一个国家、民族的传统文化，也包括政府的经济政策以及资源、运输、竞争等环境因素。价值观念是指企业职工共同的行为准则和基本信念，是企业文化的核心和灵魂。模范人物是共同价值观的人格化，是职工行为的楷模。仪式是指为树立和强化共同价值观，有计划地进行的各种例行活动，如各种纪念、庆祝活动等。文化网则是传播共同价值观和宣传介绍模范人物形象的各种非正式的渠道。总之，企业文化主要是指企业在其所处的一定环境中逐渐形成的共同的价值标准和基本信念，这些标准和信念是通过模范人物的塑造和体现的，是通过正式和非正式组织加以树立、强化和传播的。由于企业文化体现了集体责任感和集体荣誉感，它甚至关系到职工的人生观和他们所追求的最高目标，它能够起到把全体员工团结在一起的"黏合剂"的作用。因此，塑造和强化企业文化是实施企业管理不容忽视的一环。

与企业文化相关联的是企业的管理风格。有些管理者的管理风格属于"专权型"，他们发号施令，独揽大权，严格控制，坚持采用正式的信息沟通，不容忍非正式的组织和活动。另一些管理者的管理风格属于"参与型"，他们主张授权给下属，协调各部门的工作，鼓励下属的主动精神和非正式的交流与沟通。这两种对立的管理风格各有利弊。不同的战略要求不同的管理风格，这主要取决于企业的战略任务、组织结构、人员和环境。

企业文化和管理风格一旦形成，就具有相对稳定性和连续性，不易改变。因此，企业战略通常应适应企业文化和管理风格的要求来制定的，企业原有的文化和风格不宜轻易改变。

### 6. 市场营销战略实施系统各要素间的关系

为了有效地实施市场营销战略，企业的行动方案、组织结构、决策和报酬制度、人力资源、企业文化和管理风格这五大要素必须协调一致，相互配合。

## 10.1.3　市场营销战略的实施技能

### 1. 市场营销层次

市场营销实施如果出现问题的话，常常出现于企业的以下三个层次。

(1) 市场营销职能，即基本的市场营销职能能否顺利实施，如企业怎样才能从某广告公司处获得更有创意的广告。

(2) 市场营销方案，即把所有的市场营销职能协调地组合在一起，构成整体行动，这一层次出现的问题常常发生在一项新产品引入另一个新市场时。

(3) 市场营销政策，例如，企业需要所有雇员对待所有的顾客都用最好的态度和最好的服务。

**2. 营销技能**

为了有效地执行市场营销方案，企业的每一层次(即职能、方案、政策等)都必须善于运用以下四种技能。

1) 配置技能

配置技能是指市场营销经理在职能、政策和方案三个层次上配置时间、资金和人员的能力。例如，确定究竟花多少钱用于展销会等。

2) 调控技能

调控技能包括建立和管理一个对市场活动效果进行追踪的控制系统。控制有四种类型：年度计划控制、利润控制、效率控制和战略控制。

3) 组织技能

组织技能常用于发展有效工作的组织中，理解正式和非正式的市场营销组织对于开展有效市场营销实施活动是非常重要的。

4) 互动技能

互动技能是指影响他人把事情办好的能力。市场营销人员不仅必须有能力推动本企业的人员有效地实施理想的战略，还必须推动企业外的人或企业(如市场调查公司、广告公司、经销商、批发商、代理商等)来实施理想的战略。

# 10.2　企业营销战略管理

## 10.2.1　企业营销战略管理的实施步骤

由于在企业营销战略的实施中会出现许多意外情况，企业营销的成功也离不开对企业战略实施情况的监测、检查，即有效的企业营销管理。所以必须连续不断地管理各项企业营销活动，根据企业营销管理的结论及时地调整企业战略战术。所谓企业营销战略，是指企业根据自己的企业营销目标，在特定的环境中，按照总体计划所拟订的一系列行动方案。由于市场营销环境变化很快，往往会使企业制定的目标、战略、方案失去作用。因此，在企业市场营销战略实施过程中必然会出现战略管理问题。战略管理是指市场营销管理者采取一系列行动，使实际市场营销工作与原计划尽可能一致，在管理中通过不断评审和信息反馈对战略不断修正。市场营销战略的管理既重要又难以准确，因为企业战略的成功是总体的和全局性的，战略管理注意的是管理未来，是未发生的事件。战略管理必须根据最新的情况重新评价计划和进展，因而难度也较大。有效的营销管理系统能确保营销活动的完成，以达成其所追求的营销目标。决定营销管理系统是否有效能的标准，在于营销管理系统对促进和确保营销目标达成的贡献程度。营销管理程序由三个彼此不同的步骤所组成。

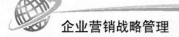
第一，衡量实际的营销绩效。

第二，比较绩效标准和实际绩效的差异。

第三，采取修正行动来更正偏离或修改不当的绩效标准。绩效标准是衡量营销成果的特定营销目标，这些营销目标是在执行营销规划功能时所建立起来的。营销管理的基本模型如图 10-1 所示。

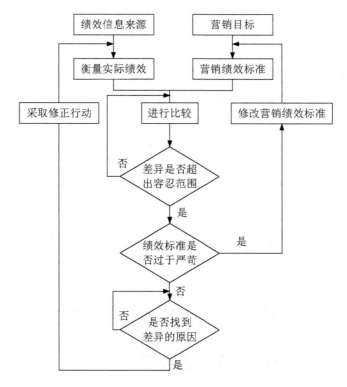

图 10-1　营销管理的基本模型

以下针对营销管理程序的步骤进行具体探讨。

### 1. 衡量实际的营销绩效

管理的第一个步骤即为衡量实际的营销绩效，包括衡量的方式与衡量的内容。

1)　衡量的方式

衡量的方式是指营销管理人员如何取得实际绩效的信息。取得实际绩效信息的方式会受实际绩效的内容影响。不过衡量方式不外乎个人观察、统计报告、口头报告、书面报告及电子回馈等五种信息来源。营销人员可同时运用这五种方式来衡量。

个人观察主要是通过营销管理人员的亲身观察，因此其涵盖的范围相当广泛。但个人观察需要花费相当多的时间，往往也很主观。而统计报告资料则比较容易且有效显示变数的关系，不过统计报告大多只能显示几个重点部分，因此经常会忽视其他重要的因素。口头报告取得的方式较为迅速，并可以进行双向沟通，其最大的缺憾在于保存资料的不易。

书面报告较为正式且易于登录和备查，不过取得时间较长。电子回馈信息是指利用电子或科技装置来取得相关信息，如 POS 系统、电子监控信息以及一些通过电子管道所回收的信息。电子回馈方式通常较为迅速，也较不易出错。

2)　衡量的内容

衡量的内容是指衡量什么。在管理程序中，衡量的内容要比衡量的方式更为关键。错误的指标将会误导整个战略修正的方向，衡量的内容也决定了组织内员工未来所应努力表现的方向。大致上来说，衡量的内容不外乎信息(市场情报的搜集)、作业(拜访客户的次数)、财务(销售金额高低)或人员(出勤的勤惰)等项目。

### 2. 比较绩效标准和实际绩效的差异

管理者通过比较的程序，来决定营销实际的绩效和标准之间的差距。一般而言，完全无差异的机会并不大，因此营销管理人员会制定一个差异的容忍范围，在此范围内的差异，营销管理人员视为一种偶发的差异，不需要采取修正行动。然而，当差异超过这一容忍范围，则视为产生差异，必须采取修正行动，因此，决定差异的容忍范围是非常重要的。

### 3. 采取修正行动来更正偏离或修改不当的绩效标准

管理程序的第三个，也是最后的步骤是采取修正行动。当营销管理人员决定采取修正行动时，他应分辨治标或治本的修正行动。治标行动是可以马上修正问题，并暂时修正偏差的行动；而治本行动是先探讨绩效如何及为何产生偏差，然后再正本清源来修正偏差。有时营销管理人员没有时间采取治本的改善行动，于是采用治标的修正行动来"到处救火"。然而，有效率的营销管理人员会分析偏差的原因，从根本上去修正偏差即治本。

## 10.2.2　营销管理的类型

依据管理点的所在，营销管理可分为三种：事前管理、事中管理和事后管理。当管理点是放在活动开始着手之前的，称为事前管理；当管理点是放在活动中进行的，称为事中管理；当管理点是放在活动之后进行的，称为事后管理。

### 1. 事前管理

事前管理是最确切的管理方式，因为事前管理是一种防范问题的管理方式。由于管理是发生在实际活动之前，所以它是导向型的。同时，因为事前管理的重点是在问题发生以前就已采取管理行动，所以其成本往往比较低。

因为事前管理促使管理阶层事前预防问题的发生，而免于事后再补救，所以是比较理想的管理方式。不过，此种方式需要获得及时和正确的信息，且所要管理的对象也要能够在事前加以管理才行。一般而言，若所牵涉的管理对象本身失控的成本很大，或是投入的资金很大，则以事前控制的方式较佳。例如，从广告活动来看，在广告 CF 实际拍摄之前所

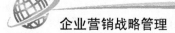

做的脚本测试，或是广告毛片出来之后所做的毛片测试，都是在实际广告 CF 上片之前所做的测试，就整个广告活动而言，都是属于事前管理的一种。由于整个广告活动所牵涉的广告预算很大，若能做好广告片本身的事前管理，则后续的风险相对较低。

### 2. 事中管理

事中管理是指发生在整个活动进行当中，也就是在活动进行当中同时实施管理，因此，管理阶层就可以在问题尚未造成重大损失之前及时针对问题采取修正行动。

一般事中管理的形式大多是采用直接监督的方式。例如，营销管理人员直接观察销售人员的行为，同时也在监督销售人员的行为，并在问题发生时(如业绩落后)立即加以改进。虽然销售人员的活动和营销管理人员的修正行动之间可能明显地有一些时间落差，不过该落差可以通过密集的事中管理来降至最低。例如，以广告活动来看，在广告 CF 上片之后，针对媒体排程所做的调整便是一种事中管理。之所以会对媒体排程进行调整，主要可能是发现原先的媒体排程计划无法达成预设的目标，因此，在整个广告活动进行中采取及时地调整。就整个广告活动而言，这是属于事中管理的一种。

### 3. 事后管理

事后管理是很多企业最常用的管理方式。事后管理主要是依赖活动的反馈来进行调整，因此管理发生在行动之后。这种营销管理方式的主要缺点是，当营销管理人员知道有问题发生时，损失已经产生，因此所能做的弥补很少。但就许多情况而言，事后管理是唯一可行的方式。例如，有些促销活动在还没完全结束之前很难知道该促销活动结果的好坏，因此只得采用事后管理。从广告活动来看，在整个当季广告活动结束之后，针对整个广告活动的绩效所做的检讨与评估便是一种事后管理。这是因为整季的广告活动已经结束，所有的检讨与评估只能供作下一季广告活动的参考，对这季的营销绩效已经没有帮助。因此就整个广告活动而言，这是属于事后管理的一种。

## 10.2.3　营销审计

企业在进行战略管理时，可以运用市场营销审计这一重要的工具。所谓市场营销审计，是对一个企业市场营销环境、目标、战略、组织、方法、程序和业务等进行综合的、系统的、独立的和定期的核查，以便确定困难所在和各项机会，并提出行动计划的建议，改进市场营销管理效果。市场营销审计实际上是在一定时期对企业全部市场营销业务进行总体效果评价，其主要特点是不限于评价某些问题，而是对全部活动进行评价。虽然市场营销审计尚未建立一套规范的控制系统，有些企业往往只是在遇到危急情况时才进行，其目的是为了解决一些临时性的问题。但目前，在国外已有很多企业在运用市场审计进行战略管理。

### 1. 市场营销审计的发展

第二次世界大战以后，发达国家产品翻新加快，需求趋向个性化、多样化，市场竞争日益激烈，企业市场营销呈现危机。企业为了提高经济效益，必须对市场营销活动加强检查、分析和控制，逐步展开市场营销审计。进入 20 世纪 70 年代以后，美国许多工商企业，尤其是一些跨国公司，日益从单纯关注利润和效率发展到全面检查经营战略、年度计划和市场营销组织，高瞻远瞩地改善企业经营管理，更有效地扩大经济效果。它们对市场营销活动的检查范围逐步扩大，包括用户导向、市场营销组织、市场营销信息、战略控制以及作业效率等；同时制定了检查的具体要求，确立了检查标准并采用记分办法加以评核。从此，市场营销审计开始成熟，并逐步发展，越来越多的企业把它当作加强市场营销管理的一个有效工具。

### 2. 市场营销审计的内容

市场营销审计的基本内容包括市场营销环境审计、市场营销战略审计、市场营销组织审计、市场营销系统审计、市场营销盈利能力审计和市场营销管理职能审计。

对于市场营销战略管理而言，市场营销战略审计的内容主要有：企业是否能按照市场导向确定自己的任务、目标并设计企业形象；是否能选择与企业任务、目标相一致的竞争地位；是否能制定与产品生命周期、竞争者战略相适应的市场营销战略；是否能进行科学的市场细分并选择最佳的目标市场；是否能恰当地分配市场营销资源并确定合适的市场营销组合；企业在市场定位、企业形象、公共关系等方面的战略是否卓有成效。

## 10.2.4　营销绩效的评估

整个营销管理活动的核心在于营销绩效的评估。有关营销绩效的评估，营销管理人员可以通过销售分析、市场占有率分析、营销费用与成本分析、获利分析、市场服务分析及营销组合效率分析六种分析进行评估。

### 1. 销售分析

销售分析包括衡量及评估实际的销售数值与销售目标之间的差距。此项分析可分为两个层次来进行。由总体面来看，首先，要了解组织整体的销售金额与销售数量，以及两者在实际与目标之间的差异。其次，则要进行销售变异分析，即评估造成差异的因素，也就是销售绩效的差异有多少是因为价格的涨跌因素，又有多少是因为销售量的变化。如此，可衡量出不同因素对销售绩效差异相对影响的百分比。通过销售变异分析，便可找出未能达到预期销售目标的原因。

基本上，以某一项产品的利润变异来看，造成该产品利润变异的原因可归类为"来自于销售量的变异"与"来自于单位利润的变异"。而"来自于销售量的变异"又可分为"来自于市场规模的变异"与"来自于市场占有率的变异"。在"来自于单位利润的变异"方面则进一步分类为"来自于价格的变异"与"来自于成本的变异"两种，有关这些变异间的数量关系，如图 10-2 所示。

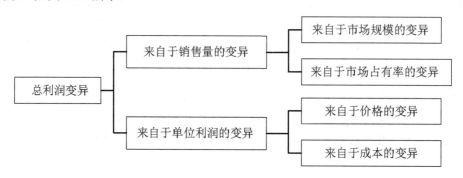

图 10-2　变异分析

其次，由个体面来看，营销人员应就产品别、顾客别、时间别及渠道别等进行详细的销售分析。通过详细的销售分析，营销人员可以进一步理清问题的症结所在。

### 2. 市场占有率分析

企业的绝对销售金额或销售量并不能表达企业的绩效。例如，整个市场的成长率是 10%，而企业的成长率是 5%，则企业的销售是在退步中。当然，这也意味着所增加的市场成长金额和数量正被竞争者所瓜分，也就是竞争者相对较为进步。为了了解这种相对于竞争者的经营状况，营销管理人员可以利用市场占有率分析。如果公司的市场占有率上升，表示公司超越了竞争者；如果公司的市场占有率降低，则表示公司相对于竞争者已居劣势。

衡量市场占有率的关键在于市场的界定。在不同的市场界定方式下，其市场占有率的差异很大。不过，由于市场的界定又受到所谓"相对替代性"的影响，因此，我们可以依照相对替代性的高低，将市场分为以下几类。

(1) 需要替代市场：将所有满足顾客同一需要的产品均视为同一市场，此种方式打破了传统产业的分法。例如，昂贵手表代表身份地位，可以满足顾客象征自己身份地位的需求，因此昂贵手表和珠宝、高尔夫球、名牌服饰、高级轿车及荣誉博士学位等相互竞争。由需要替代的角度来看，这些产品均视为同一市场。

(2) 同型替代市场：将所有同样类型的产品视为同一市场，一般这些产品是属于同一产业的划分之内。例如，昂贵手表和其他的手表相互竞争。

(3) 顾客替代市场：将所有同样类型且争取同一细分市场顾客的产品视为同一市场。例如，昂贵手表和其他的昂贵手表竞争高价位的细分市场。

(4) 战略替代市场：将所有同样类型并以同样战略来争取同一细分市场顾客的产品视为同一市场。例如，昂贵手表和其他以相同诉求、相同渠道及相类似推广手段的昂贵手表，竞争同一高价位的细分市场，这种替代的竞争性最强。

不同市场界定下的市场占有率分析，其所隐含的含义不同。以整个产业所有公司的全部销售量来衡量某公司市场占有率的方式，未必很贴切；事实上，公司经营的绩效应相较于高替代性的竞争者或主要竞争者来衡量，较为恰当。因此，替代性越高的市场占有率，往往较能显示其竞争压力下的绩效。从短期来看，战略替代市场的意义较大；但就长期来看，需要替代市场、同型替代市场及顾客替代市场均代表对未来成长机会的可能发展，所以亦不能完全忽略。

### 3. 营销费用与成本分析

从需求面来看，营销人员关切销售量、销售金额与市场占有率；但从供给面来看，营销人员则关切营销费用与成本。营销费用与成本分析便是从这个角度着手，关切公司在达成其销售目标下，营销费用与成本是否合理。

营销费用与成本分析可以使用绝对金额与相对比率两种方法。相对比率方法一般较具合理性，大部分经常采用的基准是销售金额。以下几种即是常见的比值。

(1) 营销费用占销售金额的比率。

(2) 推广费用占销售金额的比率。

(3) 人员销售的成本占销售金额的比率。

(4) 营销研究占销售金额的比率。

(5) 新产品研发支出占销售金额的比率。

(6) 营销行政及管理支出占销售金额的比率。

不过，也可使用详细费用针对某类费用来比较，例如：

(1) 广告占推广费用的比率。

(2) 促销占推广费用的比率。

(3) 人员销售的成本占推广费用的比率。

(4) 公关支出占推广费用的比率。

营销管理人员必须监视这些比率，如果比率的波动超过可容许的范围，则须采取必要的修正行动。

### 4. 获利力分析

企业获利力即企业赚取利润的能力，也称盈利能力。

根据营销的销售金额和营销所产生的成本与费用，营销管理人员可进行获利力分析。营销管理人员可以依照利润中心的控制方式来进行各利润中心的获利力分析。例如，营销人员可以就产品别、顾客别、地区别、时间别及渠道别等来进行获利力分析。进行获利力分析的方式是通过编制损益表来完成，而编制损益表的关键在于收益的归属与成本的分摊。现在较为流行的成本归属方式是活动基础成本会计。相较于全部成本法主张"所有的成本皆须加以归属，如此才能决定真正的获利力"，活动基础成本会计主要专注在那些重要的成

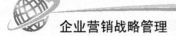

本，以掌握发生在个别产品、顾客或其他实体的可控制成本，而不是着重于计较那些整体分摊的不可控制成本。

### 5. 市场服务分析

前述几种分析大多属于财务性分析，但我们也不可忽视非财务面的分析，因为这些非财务面的分析也代表着组织内的潜在问题与未来机会。市场服务分析便是其中一种很重要的非财务面分析。市场服务分析主要是想了解营销人员对市场的服务绩效。常见的市场服务分析指标包括：

(1) 新顾客开发的数目；

(2) 目标市场的忠诚度与偏好度；

(3) 不满意的顾客数目；

(4) 相对的产品质量；

(5) 失去顾客的数目；

(6) 相对的服务质量；

(7) 目标市场知名度与评价；

(8) 新旧顾客的比率变动。

营销管理人员应该针对每个衡量项目设定标准，当营销管理人员发现有结果偏离标准时，应立即采取修正行动。

### 6. 营销组合效率分析

销售分析、市场占有率分析和获利力分析可能都只能显示公司在某些产品、地区或市场上的绩效不佳。若要进一步知道造成绩效不佳的原因，则需要进行营销组合效率分析。通过营销组合效率分析，可以检讨造成绩效不佳的战略原因。营销组合效率分析包括以下几个项目。

(1) 新产品效率：包括新产品推出的数目，新产品上市成功的比率，新产品的销售额占全部销售额的百分比等。

(2) 渠道的效率：包括新渠道的增加及渠道的成长性，分销的及时性等。

(3) 销售团队效率：包括每位销售人员平均每天进行销售访问的次数；每进行 100 次销售访问所接下的订单百分比；每次接洽的平均销售访问时间；每一期间的新顾客开发数目；每次销售访问所产生的平均收益；每一期间所丧失的顾客数目；每次销售访问的平均成本高低；销售成本占总销售额的百分比；以及平均每次销售访问所发生的交际成本。

(4) 广告效率：包括对于每一种传播媒体工具，计算接触每千人目标顾客所花费的广告成本(CPM)；目标顾客注意到、回想及阅读每个媒体工具上的广告信息的人数比例；消费者对于广告内容的接受度及期望广告效果的达成度；衡量消费者在广告前后使用产品的态度改变；播放广告后所引发对产品询问的次数；引起每次询问所花下的成本。

（5）促销效率：包括因为促销活动而增加销售百分比；每一元销售额所花费的促销费用；折价券回收的百分比；因促销而产生的顾客询问次数。

### 7. 战略管理成功的三个特质

战略管理的成功必须包含以下三个特质。

（1）战略规划并不是每年公式化的管理，也不是一旦完成就束之高阁，而应将其视为一种企业定期检讨与内省的机制。

（2）战略规划要有创造性，经理人应该挑战公司和环境的假设，并且建立新的战略。战略无法标准化，只有根据公司的内外部分析，才能建立一种独特而合适自己的战略。良好的战略并不容易被竞争者模仿，因为竞争者不一定具有相同的 SWOT。

（3）决定战略管理成功最重要的因素，是要获得高层主管的支持及参与。战略管理所面对的是战略性决策，其所牵涉的资源很多，因此，必须获得高层主管的支持及参与，才能在面对各种不确定因素时，仍能朝成功的方向迈进。

# 10.3　企业营销战略评估与调整

## 10.3.1　营销战略实施结果评价

在整个战略期内，企业通过年度营销计划的编制和执行推动营销战略的实施，在这一过程中，企业同时应当加强对营销战略实施过程的控制，及时对营销战略的实施结果做出评价。

### 1. 年度实施进度结果评价

在每一个经营年度结束时，企业需要对该年度营销工作进行评价和总结，检查该年度的营销活动是否出色地完成了年初计划规定的任务，是否实现了既定的目标。与此同时，由于企业 3～5 年或者更长一段时间的营销战略是通过年度计划执行得到实施的。因此，企业必须在检查计划完成情况的同时，检查该年度营销计划执行结果对于整个战略的实施做出了多大的贡献，这一贡献是否完成了战略规定的阶段性任务，按照这样的进度安排，在未来的战略期满之际，企业能否如期实现既定的战略目标。营销年度工作对整个战略实施的贡献程度和完成阶段性目标的程度，将作为对营销主管的工作业绩进行考核的重要内容。

### 2. 战略实施最终结果评价

在整个营销战略期结束之际，企业需要对过去若干年间营销战略的实施结果和实施过程进行全面的回顾、检查和评价。主要内容包括以下几个方面。

（1）企业是否通过实施该营销战略实现了其营销目标，包括销售额、利润率、市场占有率、品牌地位、市场竞争力、在不同地区市场的业务分布等。

(2) 企业在整个战略实施过程中是否始终沿着战略确定的方向开展各项营销活动。如果其中出现过偏离，检查偏离的原因和造成的影响。

(3) 企业在战略期之初制定战略时对环境和内外条件所做的分析判断是否准确。将企业营销活动走过的历程同最初做出的各种分析假设进行对照，分析最初判断与后来发展过程之间的差异及出现这些差异的原因。

(4) 实施结果和过程为未来的营销战略制定和实施提供了哪些经验教训。企业通过分析过去几年间营销战略的实施情况，可以获得许多有益的启示。例如，营销环境在过去几年间实际上发生了哪些变化，这些变化对本企业来说意味着什么；如何有效地分析包括竞争对手在内的营销环境，如何事先把握可能出现的动态变化；在营销战略的实施过程中需要特别注意哪些问题等。

### 3. 奖惩

企业对管理人员、技术人员、操作人员等的奖惩，主要是每年年终根据年度工作业绩所做的奖励和惩处。为了加强员工之间的沟通，提高员工之间的凝聚力，同时也为了将整个企业营销活动纳入到"战略制定—战略实施—战略制定"的良性循环过程中，使企业的营销工作具有很强的战略意识，企业有必要根据战略实施结果做出一定的奖惩。这一奖惩主要包括：

(1) 决定企业营销主管的续聘或者解聘；

(2) 给予营销主管和各营销部门负责人以必要的奖励或者惩罚；

(3) 对实施过程中贡献突出的人员给予物质或者精神奖励，对实施过程中造成严重损失的给予必要的惩罚。

## 10.3.2 营销战略变更

企业选择了适当的营销战略，并得到有效的实施，继而圆满地完成了事先确定的各项营销目标，是最为理想的情形。在该战略期结束之前，企业根据新的外部环境和内部条件，制定出未来战略期内的营销战略，在上一个战略期结束的同时启动下一个战略期的有关工作。如此反复进行，企业在战略制定、实施、再制定、再实施的循环往复中不断发展壮大。不过，企业营销活动的现实环境和条件的发展变化，常常超出企业预先的考虑，企业需要在战略实施过程中对营销战略进行必要的变更和调整。

### 1. 营销战略的局部调整

在营销战略实施过程中，一般不进行战略调整。调整的往往是企业具体的营销活动，即当发现企业的营销活动偏离战略规定的方向时，企业及时采取措施予以纠正。但是，在战略实施过程中，有时也需要根据具体情况对事先制定的营销战略做出必要的调整。营销战略的局部调整主要发生在如下情形。

1)　营销战略存在一些瑕疵

在战略制定过程中，由于对未来的分析不够全面、判断不够准确或者预测出现失误，致使营销战略制定过程中对部分关键变量的假设出现偏差，在战略实施过程中，营销人员发现原有营销战略在制定时存在着一些错误之处。为了能够使战略更好地指导营销行动，营销人员可以要求企业营销主管等经过调查研究，对营销战略进行修正。

2)　营销环境或者条件出现一些新的变化

尽管营销战略制定者对企业的营销环境和条件做出了细致的分析，并由此制定了适合企业发展的营销战略。但在营销战略实施过程中，由于一些事先不可预测因素的出现，致使企业的营销环境或者条件发生了局部变化。这些变化使营销战略建立的基础条件发生了变化，企业必须根据环境条件的变化对营销战略做出调整。

3)　企业对经营战略和长期经营目标做出调整

营销战略必须与企业的经营战略保持一致，并服务于企业经营目标的实现。虽然企业的外部环境和条件没有发生太大的变化，但经营战略的调整和经营目标的调整也将使企业营销战略与经营战略的一致性受到冲击。而且，现有营销战略可能无法充分保证企业经营目标的实现，企业需要依据新的经营战略和经营目标对营销战略做出调整。

### 2. 全面调整

在一些特殊情况之下，企业需要完全放弃先前选择的营销战略，确定全新的与以往战略完全不同的营销战略方案。

1)　企业发生重大变革

在企业自身经营条件发生以下重大变化的情况下，原有营销战略或者没有存在的价值，或者根本不能指导企业的营销活动。

(1)　企业与其他企业合并，或企业被其他企业收购。由于原有企业不再独立存在，因而原先的营销战略已经没有存在的价值，新形成的企业需要重新考虑制定新的战略。

(2)　企业收购了其他企业，本企业的经营业务发生重大变化。原有营销战略成为用以指导部分业务的战略，不能很好地指导全部业务活动。

(3)　企业经营发生严重失误。由于出现重大失误。企业原先确定的营销目标不可能实现，原先确定的营销战略无法实施，企业不得不放弃这一战略，转向采用其他战略。例如，一家经营失败的企业面临破产清算的危险，最重要的问题就是如何自救，而原先制定的需要投入大量资金开展一系列营销活动以保证企业成为市场领先者的营销战略因失去存在的条件而不得不放弃。

(4)　企业原先确定的营销目标提前实现。由于战略目标提前实现，为了实现该目标而

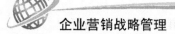

制定的战略也就完成了其使命，企业需要确定新的目标，并根据新目标制定出新战略。

(5) 企业经营战略发生重大变化。企业对原有经营战略做出了重大变革，致使整个企业的经营方向发生重大变化，营销战略相应需要做出重大调整。

2) 企业外部环境发生重大变化

在营销活动过程中，企业外部经营环境出现重大变化，致使企业原有营销战略不能适应外部环境的要求。例如，中国加入 WTO，许多外国零售商准备在未来几年内进入中国市场，一些中国零售企业原先制定的市场定位战略需要根据这一变化重新做出调整。再如，在中国政府做出投入巨额资金对城乡电网进行改造的重大举措之后，许多相关企业看到了迅速到来的巨大市场需求，及时对营销战略做出全面调整。

3) 营销战略本身存在严重错误

企业事先制定的营销战略由于分析不当或者判断失误，完全没有指导实践的价值，如果企业按照这一战略开展营销活动，势必造成重大损失。

企业在战略实施过程中发现需要对原有战略进行全面变更时，战略制定者往往需要在较短的时间内提出适当的战略方案。因此，如果有备用的战略方案，企业可以优先考虑在备用战略方案的基础上进行必要的调整。如果没有备用战略方案，企业需要在分析若干重大内外影响因素及其变化趋势的基础上提出一个初步的战略方案，然后在实施过程中不断充实、完善。

**案例：**

### 韩国汽车怎样打入美国市场

美国是世界上最大的小轿车市场，而且也是世界利润最高的轿车市场。据分析，日本汽车制造商的利润大部分来自北美市场。不难想象，各国汽车制造商都想打入美国市场。但在过去的几年中，进入美国的汽车商中韩国的现代汽车取得显著的成功。分析原因有以下三个有利因素。

1. 时机有利

当前世界贸易保护主义盛行，但由于国与国之间的经济发展不平衡，对一个国家的贸易壁垒可能成为其他国家打入市场的绝好机会。由于日本对美国的汽车出口受到所谓"自愿配额"的限制，出口数量停留在每年 230 万辆上。日本采取了向高档车转移的方针，逐步提高售价。美国的三大汽车商出于最优利润的考虑，采取了保持销量、提高售价的做法。这就使低档小型的经济车的市场出现了缺口，这给韩国汽车提供了打入美国市场的机会。

2. 币值有利

由于韩元对美元是稳定的，比价基本不变。因美元对日元大幅度贬值，韩元对日元也就相对贬值，这就使韩国汽车的美元成本大大低于日本汽车的美元成本。

3. 员工素质有利

美国轿车工业趋向于"夕阳工业"，三大美国汽车商相继关闭多条生产线、解雇工人，新一代有才华的青年都不愿去汽车业谋职，使得工人年龄相对上升，素质相对下降。而韩国的汽车工业正处于上升时期，汽车工人社会地位很高，汽车厂可毫不费力地招到最优秀、最能干的工人，而其工资只是美国汽车工人的 1/10。现在韩国汽车工人的平均年龄只有 27 岁，比日本的 34 岁还要年轻 7 岁。在自己的产品上，现代汽车采用的并不是当代最先进的汽车技术，而是 20 世纪 80 年代初日本三菱汽车公司技术，这一技术在美国市场上已有 5 年历史，产品可靠、耐用、标准度高，维修非常方便。与之成为对照的日本铃木汽车，采用的是当代最新技术生产的马达，油耗量是轿车问世以来最低的，但其维修难度相应上升，产品成本也相应偏高，而其可靠性、耐久性还是一个问号。

在产品的价格上，现代汽车采用了快速渗透定价策略，比同等级的日本车定价约低 1000 美元，被美国汽车界评为"日本技术，韩国价格"。

现代汽车采取了在产品的开发与生产过程中联合，但在销售环节上独立，保证 100%销售控制的市场运作方法。

在渠道上，现代汽车选择了先出口加拿大，后打入美国的迂回路线。加拿大市场与美国市场极为相似，世界主要厂商均在加拿大销售汽车。由于加拿大市场比美国市场小得多，有问题易于发现，也易于及时解决，代价也小得多。现代汽车采取了"少而精"的网点策略，在全美只建立了总共 200 个经销点，使每个经销点都有较高的销售量，保证了经销商有厚利可图。

现代汽车充分考虑了政治因素，把零部件的采购纳入到整个经营战略中统一考虑，尽可能地采用美国零部件，以保证其产品有较高的 "美国成分"。而在加拿大，现代汽车中的"加拿大成分"也是进口国中最高的。现代汽车集团总经理说，我们必须考虑双向贸易。

(资料来源：http://wenku.baidu.com/view/f129cc0e6c175f0e7cd137c6.html?from=search)

**问题与讨论：**
试用跨国经营战略的相关原理分析韩国汽车成功打入美国市场的原因。

# 思考与练习

1. 企业营销战略如何实施？
2. 企业营销战略实施需要什么技能？
3. 企业营销战略管理的过程是什么？
4. 企业营销战略如何进行评估和调整？

# 参 考 文 献

[1] 李升. 现代市场营销学[M]. 广州：中山大学出版社，2004.

[2] 江辛. 企业营销战略管理[M]. 北京：中国物资出版社，2002.

[3] 赵晓燕. 市场营销管理——理论与应用[M]. 北京：北京航空航天大学出版社，2008.

[4] 王克修. 构建企业营销文化新体系[M]. 长沙：中南大学出版社，2001.

[5] 江辛. 企业营销战略管理[M]. 北京：中国物资出版社，2002.

[6] 李桂华，王淑翠. 现代营销管理[M]. 上海：华东师范大学出版社，2008.

[7] 马建军. 市场营销学[M]. 北京：机械工业出版社，2011.

[8] 郝渊晓. 市场营销管理学[M]. 西安：陕西人民出版社，2004.

[9] 王瑜. 现代市场营销学[M]. 北京：高等教育出版社，2006.

[10] 郭兰，邓亚卿，王翠敏. 物流管理基础[M]. 北京：北京理工出版社，2011.

[11] 陶翔，张左之. 竞争环境监视[M]. 北京：华夏出版社，2006.

[12] 黄旭. 战略管理思维与要径[M]. 北京：机械工业出版社，2011.

[13] 文理，谢武，孙超平. 企业战略管理原理·实例·分析[M]. 2 版. 合肥：中国科学技术大学出版社，
    2009.

[14] 覃常员. 市场营销理论与实践[M]. 北京：北京交通大学出版社，2009.

[15] 王云峰，郭继鸣. 现代营销管理[M]. 北京：中华工商联合出版社，2002.

[16] 李尔华，杨益新. 国际营销实务[M]. 北京：北京大学出版社，2005.

[17] 陈凯. 营销调研[M]. 北京：中国人民大学出版社，2011.

[18] 欧阳卓飞. 市场营销调研[M]. 北京：清华大学出版社，2006.

[19] 董新春，谢芳，涂宇胜. 市场营销策划实务[M]. 北京：北京理工大学出版社，2010.

[20] 吴涛. 市场营销学[M]. 北京：清华大学出版社，2011.

[21] 周明. 营销策划——策略与方法[M]. 北京：北京大学出版社，2010.

[22] 严宗光. 市场营销学——理论、案例与实务[M]. 北京：科学出版社，2011.

[23] 姚莉. 企业战略管理[M]. 武汉：武汉大学出版社，2010.

[24] 刘仲，康司岩. 企业经营战略[M]. 武汉：武汉大学出版社，2005.

[25] 徐大佑，吕萍. 市场营销学[M]. 北京：科学出版社，2011.

[26] 陈昭玖，郭锦墉. 市场营销学[M]. 北京：中国人民大学出版社，2010.

[27] 李东红. 营销战略[M]. 北京：首都经济贸易大学出版社，2010.

[28] 丁兴良. 品牌战略与市场策略[M]. 长春：吉林出版集团有限责任公司，2010.

[29] 张秋林，倪杰. 市场营销与策划[M]. 南京：江苏科学技术出版社，2008.

[30] 戢守峰. 现代市场营销学[M]. 北京：北京工业大学出版社，2002.

[31] 王文华. 市场营销学[M]. 北京：中国物资出版社，2010.

[32] 中国物流行业岗位规范指导丛书编委会. 物流企业营销策划指导[M]. 北京：中国海关出版社，2008.

[33] 王英辉，李文陆. 国际市场分析与营销策略[M]. 北京：中国物价出版社，2003.

[34] 白硕，黄俊. 营销管理[M]. 重庆：西南师范大学出版社，2008.

[35] 刘子安. 中国市场营销[M]. 北京：对外经济贸易大学出版社，2006.

[36] 王艳. 国际市场营销[M]. 北京：北京交通大学出版社，2012.

[37] 李继承. 市场营销学[M]. 成都：西南交通大学出版社，2011.

[38] 许以洪. 市场营销学[M]. 北京：机械工业出版社，2012.